Excel 2016

会计与财务管理应用

新阅文化　张明真·编著

人民邮电出版社

北　京

图书在版编目（CIP）数据

Excel 2016会计与财务管理应用 / 新阅文化, 张明
真编著. -- 北京：人民邮电出版社，2017.12
ISBN 978-7-115-47206-9

Ⅰ. ①E… Ⅱ. ①新… ②张… Ⅲ. ①表处理软件－应
用－会计②表处理软件－应用－财务管理 Ⅳ. ①F232
②F275-39

中国版本图书馆CIP数据核字(2017)第269616号

内 容 提 要

本书以 Excel 2016 的使用和操作作为基础，以 Excel 2016 众多的功能特点为辅，穿插整个财务应用和管理点面。作者结合自身多年的财务管理经验，努力把本书做到易学易用、细致全面，通过一个个典型的职场例子将经济理论和操作实践层层结合，为广大读者朋友们提供职场之路的第一块"敲门砖"。

本书共分为 21 章，各章又根据所述主题划分为各个小节。从 Excel 的建表、填制、函数使用到各图表使用、报表制作和网络管理，以新颖、条理、系统、实用为原则，以大量的开发实例贯穿全书，可谓是面面俱到，非常实用。

本书既可以作为初入职场年轻人迅速提升自我竞争力的"捷径之路"，又可作为计算机专业、财务管理专业的参考教材，相信读者在读完本书之后一定会受益匪浅。

◆ 编　　著　新阅文化　张明真
　　责任编辑　李永涛
　　责任印制　彭志环

◆ 人民邮电出版社出版发行　　北京市丰台区成寿寺路 11 号
　　邮编　100164　　电子邮件　315@ptpress.com.cn
　　网址　http://www.ptpress.com.cn
　　北京市艺辉印刷有限公司印刷

◆ 开本：787×1092　　1/16
　　印张：32.75
　　字数：817 千字　　　　　　　　　　2017 年 12 月第 1 版
　　印数：1 – 2 500 册　　　　　　　2017 年 12 月北京第 1 次印刷

定价：79.00 元（附光盘）

读者服务热线：(010)81055410　印装质量热线：(010)81055316
反盗版热线：(010)81055315

前　言

　　"信息时代"来临，人工手动的数据处理方式正在被快速取代。这种变化在财务应用与管理中显得更为明显。微软公司开发的 Excel 软件一直深受办公人群的喜爱，发展至今，Excel 2016 以其多功能化、易学易用、便捷迅速等特点在财务管理方面独领风骚。Excel 2016 强大的数据处理能力已经被广泛用于各企业日常办公中，这使它成为应用最广泛的数据处理软件之一。

　　Excel 不仅具有强大的制表和绘图功能，而且还内置了数学、财务、统计和工程等多种函数，提供了强大的数据管理与分析功能。

　　本书将通过图文结合的方式，按照会计流程和财务管理的工作要点，结合大量示例及详尽的操作步骤更为全面、细致地为广大读者讲解 Excel 在财务管理工作之中的具体应用。

　　书中将会通过职场之中使用频率最高的表格类型作为案例，细致解析每个案例的适用场合、使用方法和使用技巧，以保证 Excel 2016 处理效果的最大化。另外，本书在一些章节内，附加了"实战技巧"模块，介绍办公中常用的 Excel 小技巧，合理地使用它们可以使办公效率迅速提升。在此希望读者朋友能够"照猫画虎"，拿来就用。

　　本书内容新颖、条理清晰、系统实用，适用的人群广泛。本书适合于公司文员、文秘、行政人员、公务员等需与 Excel 或财务管理打交道的各种人员作为自学参考书使用，还可作为计算机培训班和公司的 Excel 与办公类培训教材。此外，本书还可以作为高等院校经济管理类各专业学生学习会计原理的教材，或者作为会计人员的业务进修教材和教师授课的参考书。

新阅文化
2017.7

目 录

第1章　工作簿与工作表的基本应用

Excel 2016 是财务管理人员公认的一个强有力的数据管理与分析软件。Excel 2016 凭借其自身丰富的计算工具、精密分析工具及灵活多样的表达形式，使企业的会计工作与财务管理更加容易。财务管理人员能够根据企业多变的经济环境，建立各种管理分析模型，更加高效、准确地进行财务管理的分析工作。本章通过介绍工作簿与工作表的基本应用让读者先了解一下 Excel 2016 的工作界面，从而为后面的学习奠定基础。

1.1　启动与退出 Excel 应用程序

在详细介绍 Excel 2016 的工作界面之前，我们先来讲解一下如何启动与退出 Excel 2016 应用程序。

1.1.1　启动 Excel 2016

启动 Excel 2016 的具体方法如下。

方法 1：双击 Excel 2016 图标，如图 1-1 所示，即可打开图 1-2 所示的页面，Excel 的启动就完成了。

图1-1　双击 Excel 2016 图标

方法 2：右键单击 Excel 2016 图标，如图 1-3 所示，在弹出的页面中选择"Excel 2016"选项即可打开图 1-2 所示的页面。

图1-2　启动 Excel

图1-3　选择 "Excel 2016" 选项

1.1.2　Excel 2016 工作界面

在启动 Excel 2016 应用程序后，选择页面中的 "空白工作簿" 选项，如图 1-4 所示，即可打开图 1-5 所示的 Excel 2016 工作界面。

图1-4　选择 "空白工作簿" 选项

图1-5　Excel 2016 工作界面

1.1.3 退出 Excel 2016

如果我们想直接从 Excel 2016 工作界面退出该怎么做呢？

我们只需单击 Excel 2016 工作界面右上角的关闭按钮即可退出 Excel 2016，如图 1-6 所示。

图1-6 单击"关闭"按钮

1.2 工作簿与工作表的操作

本节我们将详细介绍工作簿与工作表的基本操作，首先我们需要知道工作簿与工作表的关系。

1.2.1 工作簿与工作表的关系

工作簿与工作表是包含和被包含的关系。通俗地讲，使用 Excel 程序创建的文件为一个工作簿，可以包含多张工作表，而工作表是由行和列组成的一张二维表，用户可以在实际应用中添加或删除工作簿中的工作表。

1.2.2 新建 Excel 工作簿

明白了工作簿与工作表的关系，那么如何创建新的工作簿呢？

我们可以通过前文介绍的打开 Excel 2016 工作界面的方法直接新建一个工作簿。除此之外，我们还可以通过快捷键的方式新建工作簿，具体步骤如下。

右键单击"桌面"，在弹出的菜单中选择"新建"/"Microsoft Excel 2016 工作表"命令，也可以完成工作簿的新建，如图 1-7 所示。

图1-7 选择"Microsoft Excel 2016 工作表"命令

接下来我们来看一下在已有工作簿的基础上新建工作簿的方法，具体步骤如下。

打开任意一个工作簿，这里我们打开一个新的工作簿，默认名称为"工作簿 1"。在主页面功能区选择"文件"选项卡下左侧导航栏中的"新建"选项，在"新建"页面中选择"空白工作簿"选项，如图 1-8 所示。这样就完成了工作簿的新建，新建后的工作簿默认名称为"工作簿 2"，如图 1-9 所示。

图1-8 选择"空白工作簿"选项

图1-9　新建"工作簿2"

1.2.3　保存 Excel 工作簿

　　工作簿制作完成后,我们需要对其命名以将多个工作簿区分开,怎么保存工作簿呢?我们以新建的"工作簿1"的保存为例,具体步骤如下。

1.　选择"工作簿1"的第一个工作表,在主页面功能区选择"文件"选项卡左侧导航栏中的"另存为"选项,选择存储的位置为"这台电脑",如图 1-10 所示。

图1-10　选择存储位置

2. 在弹出的"另存为"对话框中，选择存储的具体位置为"桌面"，这里我们将文件命名为"各部门工资统计表"，文件保存类型为"Excel 工作簿"，然后单击"保存"按钮，完成工作簿的保存，如图 1-11 所示。

图1-11　保存工作簿

1.2.4　插入工作表

我们在前文中已经提到工作簿与工作表是包含与被包含的关系，那么如何在工作簿中插入工作表呢？我们具体来操作一下。

一、方法 1

默认情况下，新建的 Excel 2016 工作簿只有一个工作表"Sheet1"，单击工作表标签右侧的"插入工作表"按钮，如图 1-12 所示，可以插入一个新的工作表"Sheet2"，效果如图 1-13 所示。

图1-12　单击"插入工作表"按钮

图1-13　工作表"Sheet 2"

二、方法2

1. 右键单击"Sheet1"工作表标签，选择快捷菜单中的"插入"命令，如图 1-14 所示。

图1-14　选择"插入"命令

2. 在打开的"插入"对话框中选择"常用"选项卡下的"工作表"选项，单击"确定"按钮，如图 1-15 所示，同样可以插入图 1-13 所示的工作表。

图1-15　选择"工作表"选项

1.2.5　删除工作表

　　工作表删除之后是不能恢复的，在执行删除操作之前我们需要确保该工作表不再使用。删除工作表的具体操作方法如下。

一、方法 1

　　右键单击要删除的工作表标签，然后选择弹出菜单中的"删除"命令，如 1-16 所示，即可删除一张工作表，如图 1-17 所示。

图1-16　选择"删除"命令

图1-17　删除后的效果

二、方法 2

切换到要删除的工作表，单击功能区"开始"选项卡"单元格"组中"删除"按钮右侧的下三角按钮，然后选择弹出菜单中的"删除工作表"命令，如图 1-18 所示，删除工作表，可以实现图 1-17 所示的效果。

图1-18　选择"删除工作表"命令

1.2.6 重命名工作表

工作簿中的工作表默认以"Sheet1"命名,在日常使用的过程中,如果工作簿中的工作表比较多,可以对其进行命名加以区分,如"各部门员工工资统计表""考勤表"及"员工培训计划表"等,具体操作方法如下。

一、方法 1

1. 右键单击"Sheet1"的工作表标签,然后选择弹出菜单中的"重命名"命令,如图 1-19 所示。

图1-19 选择"重命名"命令

2. 此时的 Sheet1 工作表标签处于编辑状态,如图 1-20 所示,将 Sheet1 工作表标签重新命名为"考勤表",如图 1-21 所示。

图1-20 显示可编辑状态

图1-21　输入工作表名称

二、方法 2

通过双击工作表标签的方法使工作表的标签处于编辑状态，然后输入工作表名称实现图1-21 所示的效果。

三、方法 3

单击功能区"开始"选项卡"单元格"组中"格式"按钮右侧的下三角按钮，然后在弹出的下拉列表中选择"重命名工作表"选项，使工作表标签处于编辑状态，对工作表进行重命名，如图 1-22 所示。

图1-22　选择"重命名工作表"选项

1.2.7　移动工作表

工作表的移动既可以是在同一个工作簿中，也可以位于不同的工作簿中。如果 Excel 工作簿中已经存在多张工作表，而恰好需要调整工作表间的位置，具体需要怎么操作呢？

一、方法 1

单击需要移动的工作表标签"考勤表"，然后将其拖动至目标工作表"员工培训计划表"的位置松开鼠标左键，如图 1-23 所示，效果如图 1-24 所示。

图1-23　选择移动位置

图1-24　移动的效果

二、方法 2

1. 用户还可以右键单击要移动的工作表标签"考勤表",选择弹出菜单中的"移动或复制"命令,如图 1-25 所示。

图1-25　选择"移动或复制"命令

2. 打开"移动或复制工作表"对话框,在"下列选定工作表之前"栏选择"员工培训计划表"选项,单击"确定"按钮,如图 1-26 所示,移动后的效果如图 1-24 所示。

图1-26　选择移动位置

三、方法 3

单击功能区"开始"选项卡"单元格"组中"格式"按钮右侧的下三角按钮,然后在弹出的下拉列表中选择"移动或复制工作表"选项,如图 1-27 所示,同样可以打开图 1-26 所示的对话框。

图1-27 选择"移动或复制工作表"选项

1.2.8 复制工作表

如果我们需要用两份一样的工作表，就需要知道怎么使用复制功能，下面我们分别用两种情况来讲解一下怎么复制工作表。

对同一个工作簿中的工作表进行复制，首先选中要进行复制操作的工作表标签，按"Ctrl"键的同时拖动工作表标签至目标位置，然后松开鼠标左键，完成工作表的复制，如图 1-28 所示。

图1-28 复制工作表

如果要在两个工作簿间对工作表进行复制，我们要怎么操作呢？

1. 首先需要同时打开这两个工作簿（此处为工作簿 1 和工作簿 2），右键单击要复制的工作表标签"考勤表"，然后在弹出的菜单中选择"移动或复制"命令，如图 1-29 所示。

图1-29　选择"移动或复制"命令

2. 打开"移动或复制工作表"对话框，单击"将选定工作表移至"下方的下拉列表，从中选择"工作簿 2"，在"下列选定工作表之前"的工作表选项中选择"Sheet1"工作表，选中"建立副本"复选框，然后单击"确定"按钮，如图 1-30 所示，移动后的效果如图 1-31 所示。

图1-30　选择建立副本

图1-31　移动复制工作表

1.2.9　隐藏与显示工作表

当工作簿中的某个工作表暂时不用时，我们可以将其隐藏，便于更好地操作其他工作表，具体操作方法如下。

一、方法 1

右键单击要隐藏的工作表标签，然后在弹出的菜单中选择"隐藏"命令，如图 1-32 所示，效果如图 1-33 所示。

图1-32　选择"隐藏"命令

图1-33　隐藏效果

二、方法 2

选中要隐藏的工作表标签，单击功能区"开始"选项卡"单元格"组中"格式"按钮右侧的下三角按钮，在弹出的下拉列表中选择"隐藏和取消隐藏"选项，然后选择级联菜单中的"隐藏工作表"选项，如图 1-34 所示，也可出现图 1-33 所示的效果。

图1-34　选择"隐藏工作表"选项

如果要查看工作簿中隐藏的工作表，可以任意选择以下一种方法进行操作。

(1)　方法 1。

右键单击工作簿中的工作表标签，然后在弹出的菜单中选择"取消隐藏"命令，如图 1-35 所示。

图1-35　选择"取消隐藏"命令

在弹出的"取消隐藏"对话框中选择要取消隐藏的工作表"考勤表"，单击"确定"按钮，如图 1-36 所示，即可显示原来隐藏的工作表，如图 1-37 所示。

图1-36　选择取消隐藏的工作表

图1-37　显示隐藏的工作表

(2)　方法 2。

单击功能区"开始"选项卡"单元格"组中"格式"按钮右侧的下三角按钮，在弹出的下拉列表中选择"隐藏和取消隐藏"选项，选择级联菜单中的"取消隐藏工作表"选项，如图 1-38 所示，随后会打开图 1-36 所示的"取消隐藏"对话框，单击"确定"按钮，也能够显示原来隐藏的"考勤表"。

图1-38 选择"取消隐藏工作表"选项

1.2.10 更改工作表标签颜色

Excel 工作表标签的颜色默认为灰色，通过对其设置不同的颜色，可以更好地区分不同的工作表内容，只需右键单击要更改标签颜色的工作表名称，在弹出的菜单中选择"工作表标签颜色"命令，然后从级联菜单中选择需要的颜色即可，这里选择的颜色为"黑色，文字1"，如图 1-39 所示。

图1-39 设置工作表标签颜色

1.3   快速创建最新会计科目表

软件的更新速度越来越快，作为一名合格的财务管理人员，我们需要及时学会并使用新的办公软件来保证公司的报表得到及时地更新，下面我们就以新旧会计科目表为例，来讲解一下如何快速创建最新的会计科目报表。

1.3.1   并排比较新旧科目表

比较新旧科目表时，如果我们一次次打开工作簿然后一项一项逐个对比，这样做比较麻烦，那怎么办呢？这时就要选择并排比较新旧科目表的方法来减少烦琐的工序。首先需要提醒大家，使用并排比较工作簿时必须保证两个工作簿是在打开的状态下。

1. 打开"旧会计科目表.xlsx"工作簿，功能区切换到"视图"选项卡，单击"窗口"组中的"并排查看"按钮，如图 1-40 所示。

图1-40   选择"并排查看"功能

2. 并排比较新旧科目表，我们便会快速地找到新会计工作簿的更新科目，如图1-41 所示。

图1-41   并排查看

1.3.2　使用查找与替换功能更新旧科目表

在更新旧会计科目表时我们不可能一个个地输入新的数据进行更新，这时我们可以使用查找与替换功能来更新旧科目表，这样既省时又省力。首先，我们必须先知道相比于旧的会计科目表，新的会计科目表中有哪些科目进行了更新。经过资料查询，新科目表更新了以下内容："资产类"科目中的"现金"科目改名为"库存现金"，"短期投资"科目改名为"交易性金融资产"，"低值易耗品"科目改名为"消耗性生物资产"，接下来我们就具体讲解一下如何使用查找与替换功能来更新这些科目。

1. 打开"旧会计科目表.xlsx"工作簿，主页功能区切换到"开始"选项卡，单击"编辑"组中的"查找和选择"下拉按钮，在下拉列表中选择"替换"选项，如图 1-42 所示。

图1-42　选择"替换"选项

2. 在弹出的"查找和替换"对话框中，切换到"替换"选项卡，在"查找内容"文本框中输入"现金"，在"替换为"文本框中输入"库存现金"，然后单击"全部替换"按钮，就会完成文本的替换，如图 1-43 所示。此时，系统会弹出"Microsoft Excel"对话框，单击"确定"按钮便会返回"查找和替换"对话框。

图1-43　输入替换内容

3. 按照第 2 步的操作方法依次将旧科目表中的"短期投资""低值易耗品"分别替换为"交易性金融资产""消耗性生物资产"，单击"关闭"按钮，完成对旧科目表的更新，如图 1-44 所示。

会计科目表		
顺序号	编号	会计科目名称
		二、资产类
1	1001	库存现金
2	1002	银行存款
3	1003	存放中央银行款项
4	1011	存放同业
5	1012	其他货币资金
6	1021	结算备付金
7	1031	存出保证金
8	1101	交易性金融资产
9	1111	买入返售金融资产
10	1121	应收票据
11	1122	应收账款
12	1123	预付账款
13	1131	应收股利
14	1132	应收利息
15	1201	应收代位追偿款
16	1211	应收分保账款
17	1212	应收分保合同准备金
18	1221	其他应收款
19	1231	坏账准备
20	1301	贴现资产
21	1302	拆出资金
22	1303	贷款
23	1304	贷款损失准备
24	1311	代理兑付证券
25	1321	代理业务资产
26	1401	材料采购
27	1402	在途物资
28	1403	原材料
29	1404	材料成本差异
30	1405	库存商品
31	1406	发出商品
32	1407	商品进销差价
33	1408	委托加工物资
34	1411	周转材料
35	1421	消耗性生物资产
36	1431	贵金属
37	1441	抵债资产
38	1451	损余物资
39	1461	融资租赁资产
40	1471	存货跌价准备

图1-44　查找替换效果

第2章　设置单元格格式和样式

在 Excel 工作表中，单元格就是工作表区域中行与列交叉的部分，例如，A 列与第 1 行交叉的部分为 A1 单元格，每一张工作表都由若干个单元格组成，而单元格就是组成工作表的基本单位。本章将通过设置记账凭证的格式和收款凭证的样式及表格的美化对单元格的具体操作进行介绍，以便用户更好地输入和修改单元格数据。

2.1　单元格的基本操作

在学习设置通用记账凭证格式之前我们先来讲解一下单元格的基本操作，包括单元格的选取、删除及如何为单元格设置行高与列宽。

2.1.1　选取单元格

在工作表中选取单元格时我们可能只需选取一个单元格，也可能需要选择多个单元格。下面我们将分情况介绍选取单元格的方法。

选取一个单元格的方法比较简单，具体操作如下。

打开"工作薄 1.xlsx"，直接单击工作表中的任一单元格即可，如选择 B3 单元格，如图 2-1 所示。

图2-1　选择 B3 单元格

如果要选取多个单元格，则需在选取第一个单元格后，按"Ctrl"键，然后依次单击要选取的单元格，效果如图 2-2 所示。

图2-2 选取多个单元格

2.1.2 选取单元格区域

单元格区域既可以是一个单元格，也可以是由多个连续单元格组成的区域，还可以是整行、整列、多行及多列的单元格，下面分别介绍选取这些单元格区域的操作方法。

选取单个单元格区域：从要选取单元格区域左上角单元格开始，按住鼠标左键拖动至单元格区域右下角的单元格，如选取 B1:D4 单元格区域，从 B1 单元格开始按住鼠标左键拖动至 D4 单元格，如图 2-3 所示。

图2-3 选取单个单元格区域

选取多个单元格区域：选取了第一个单元格区域后，按"Ctrl"键，然后按住鼠标左键拖动选取另外一个单元格区域，这里我们选择选取 4 个单元格区域，分别是 A3:B5，C7:D8，D2:E3，F5:G6，效果如图 2-4 所示。

图2-4　选取多个单元格区域

选取整行单元格：如选择第 3 行，单击该行单元格所在的行号 3，可快速选取整行单元格，如图 2-5 所示。

图2-5　选取整行单元格

选取整列单元格：如选择 B 列，单击该列单元格所在的列标，可快速选取整列单元格，如图 2-6 所示。

图2-6　选取整列单元格

2.1.3　删除表格中的单元格

实际应用 Excel 2016 的过程中，特别是在制表时常常需要删除一些不需要的单元格，操作方法很简单，具体的操作步骤如下。

1.　打开"序号列.xlsx"工作簿，选中要删除的单元格区域的某一个单元格，如选择 D3，单击功能区"开始"选项卡"单元格"组中的"删除"按钮，然后在下拉列表中选择"删除单元格"选项，如图 2-7 所示。

图2-7　选择"删除单元格"选项

2.　打开"删除"对话框，在"删除"栏中选择"整列"选项，单击"确定"按钮，如图 2-8 所示，即可删除 D3 所在的一列单元格，如图 2-9 所示。

图2-8　选择删除区域

图2-9　删除效果

2.1.4 设置行高与列宽

单元格默认的行高为 14.25，列宽为 8.38，用户可以根据需要更改工作表中的行高与列宽，具体操作方法如下。

一、更改行高

1. 打开"序列号.xlsx"工作簿，选中第一行单元格，右键单击第一行的行号，然后在弹出的菜单中选择"行高"命令，如图 2-10 所示，打开"行高"对话框。

图2-10 选择"行高"命令

2. 重新输入要设置的行高，输入"18"，然后单击"确定"按钮，如图 2-11 所示，完成操作，结果如图 2-12 所示。

图2-11 输入行高

图2-12 设置行高效果

二、改变列宽

1. 打开"序号列.xlsx"工作簿，选中 A 列，右键单击 A 列所在的列标"A"，然后在弹出的菜单中选择"列宽"命令，如图 2-13 所示。

图2-13　选择"列宽"命令

2. 打开"列宽"对话框，重新输入要设置的列宽，这里我们输入"12"，然后单击"确定"按钮，如图 2-14 所示，完成操作后的效果如图 2-15 所示。

图2-14　输入列宽

图2-15　更改列宽效果

2.2　设置通用记账凭证格式

不同的会计报表有不同的格式，下面我们以通用记账凭证为例来讲解单元格格式的设置方法。

2.2.1 合并单元格

1. 打开已经输入文本的"通用记账凭证.xlsx"工作薄，选择单元格区域 B1:G1，功能区切换到"开始"选项卡，单击"对齐方式"组中的"合并后居中"下拉按钮，在下拉列表中选择"合并后居中"选项，如图 2-16 所示。

图2-16　选择合并居中

2. 按照步骤 1 所述方法，将 B2:D2，C3:D3，B3:B4，E3:E4，F3:F4 和 G3:G4 单元格区域进行合并，效果如图 2-17 所示。

图2-17　合并单元格效果

2.2.2 设置文本格式

下面我们对表格中的文本进行具体设置。

1.　先对工作表的标题进行设置，选中文本"记账凭证"，功能区切换到"开始"
选项卡，在"字体"组中将字体改为"华文中宋"，字号改为"20"，"倾斜"
字体，然后单击"字体颜色符号"下拉按钮，在展开的下拉列表中选择字体
颜色"蓝色，个性色 1"，如图 2-18 所示。

图2-18　设置字体格式

2.　按照上述方法，对整个表格中的字体格式进行设置，并调整其行高和列宽，
最终效果如图 2-19 所示。

图2-19　设置文本格式效果

2.2.3 设置自动换行

当一个单元格中的文字过多时，文字并不能全部显示出来，设置自动换行可以显示超长文本，使得单元格中的文字全部显示。

选中 B1:G11 单元格区域，在主页功能区切换到"开始"选项卡，单击"对齐方式"组中的"自动换行"按钮，如图 2-20 所示，设置后的效果如图 2-21 所示。

图2-20 选择"自动换行"命令

图2-21 自动换行效果

2.2.4 设置表格边框格式

为了突出边框，我们可以设置边框格式，根据需要自己选择"线条"的样式，决定内外部边框的设置，我们以设置记账凭证的边框格式为例，介绍如何设置边框格式。

1. 选中 B1:G11 单元格区域，单击鼠标右键，在弹出的菜单中选择"设置单元格格式"命令，如图 2-22 所示。

图2-22 选择"设置单元格格式"命令

2. 在打开的"设置单元格格式"对话框中切换到"边框"选项卡，在"线条样式"中选择合适的"线条"，"颜色"设置为"自动"，然后分别单击"外边框"和"内部"为表格添加边框，边框的预览图可在"边框"选项卡下看到，最后单击"确定"按钮即可，如图 2-23 所示，设置边框后的效果图如图 2-24 所示。

图2-23 设置边框格式

图2-24 设置边框效果

2.2.5 设置单元格填充格式

我们不仅可以根据自己的需要对"边框"进行设置，还可以对单元格的填充背景进行设置，每个人可以根据自己的喜好选择不同的颜色。

1. 选中 B1:G11 单元格区域，单击鼠标右键，在弹出的菜单中选择"设置单元格格式"命令，如图 2-25 所示。

图2-25 选择"设置单元格格式"命令

2. 在打开的"设置单元格格式"对话框中切换到"填充"选项卡，选择"背景色"当中的"浅蓝色"，单击"确定"按钮，如图 2-26 所示，设置完成后的效果如图 2-27 所示。

图2-26　设置填充颜色

图2-27　填充效果

2.3　为收款凭证使用单元格样式

　　首先我们需要知道单元格样式是指一组特定单元格格式的组合。使用单元格样式可以快速对应用相同样式的单元格或单元格区域进行格式化，从而提高工作效率并使工作表格式规范统一。

2.3.1　套用单元格样式

Excel 2016 预置了一些典型的样式，用户可以直接套用这些样式来快速设置单元格样式。我们以收款凭证为例来进行单元格样式的设置，具体操作步骤如下。

打开"收款凭证.xlsx"工作簿，选中单元格区域 A1:O12，在主页功能区切换到"开始"选项卡，在"样式"组中单击"单元格样式"按钮，弹出"单元格样式"下拉列表，选择"数据和模型"选项卡下的"输入"选项，如图 2-28 所示，效果如图 2-29 所示。

图2-28　选择"输入"选项

图2-29　"输入"样式效果

2.3.2　新建单元格样式

除了套用已有的单元格样式以外，我们可以自己新建单元格样式，具体步骤如下。

1.　选中单元格区域 A1:O12，在主页功能区切换到"开始"选项卡，在"样式"组中单击"单元格样式"按钮，弹出"单元格样式"下拉列表，选择"新建单元格样式"选项，如图 2-30 所示。

图2-30　选择"新建单元格样式"选项

2.　在打开的"样式"对话框中，将"样式名"命名为"样式 3"，然后单击"格式"按钮，如图 2-31 所示。

图2-31　单击"格式"按钮

3.　在打开的"设置单元格格式"对话框中切换到"数字"选项卡，在"分类"

选项组中选择"数值"选项,"小数位数"设置为"2",单击"确定"按钮,返回"样式"选项卡,如图 2-32 所示。

图2-32　设置数字格式

4. 勾选"对齐"复选框,单击"确定"按钮,如图 2-33 所示,便完成新建单元格样式。

图2-33　新建单元格样式

2.3.3　合并样式

创建的自定义样式,只会保存在当前工作簿中,不会影响其他工作簿的样式,如果需要在其他工作簿中使用当前新创建的自定义样式,可以使用合并样式来实现。

首先我们需要打开模板工作簿"跨越合并.xlsx",然后将其单元格样式复制到"收款凭证.xlsx"工作簿中,具体步骤如下。

1. 打开"收款凭证.xlsx"工作簿,选中单元格区域 A1:O12,在主页功能区切换到"开始"选项卡,在"样式"组中单击"单元格样式"按钮,弹出"单元格样式"下拉列表,选择"合并样式"选项,如图 2-34 所示。

图2-34 选择"合并样式"选项

2. 在打开的"合并样式"对话框中,选择"合并样式来源"为"跨越合并.xlsx",单击"确定"按钮,如图 2-35 所示。这样,模板工作簿中的自定义模式就被复制到当前工作簿中了。

图2-35 选择合并样式来源

2.4 使用表格格式快速美化收款凭证表

我们在编辑工作表时会用到套用表格格式，那么这个套用表格格式是怎么用的呢？

2.4.1 套用内置表格格式美化收款凭证表

以收款凭证表为例，我们首先来学习内置表格格式的使用方法。

1. 选中 A2:O12 单元区域，在主页功能区切换到"开始"选项卡，单击"样式"组中的"套用表格格式"按钮，在下拉列表中选择"浅色"组中的"表样式浅色1"选项，如图 2-36 所示。

图2-36 选择表格格式

2. 打开"套用表格式"对话框，选择"表数据的来源"为 A2:O12，单击"确定"按钮，如图 2-37 所示，效果如图 2-38 所示。

图2-37 选择表数据的来源

图2-38 套用表格格式效果

3. 接下来我们取消掉多余的筛选标签，选中图表，在主页功能区切换到"设计"选项卡,在"外部表数据"组中单击"表格样式选项"的下三角按钮,在展开的"表格样式选项"中取消勾选"标题行"选项,如图 2-39 所示,效果如图 2-40 所示。

图2-39 取消勾选"标题行"选项

图2-40 套用表格格式完成后的效果

2.4.2 自定义表格样式

使用 Excel 2016 制作和编辑表格的时候,常常需要根据实际需求创建自定义的表格样式,便于日后使用。本节将以凭证汇总表为例来具体讲解创建自定义表格样式的方法。

1. 选中 A1:G25 单元格区域,在主页功能区切换到"开始"选项卡,单击"样式"组中的"套用表格格式"按钮，在下拉列表中选择"新建表格样式"选项，如图 2-41 所示。

图2-41　选择"新建表格样式"选项

2. 在打开的"新建表样式"对话框，将"名称"默认为"表样式 1"，单击"格式"按钮，如图 2-42 所示。

图2-42　单击"格式"按钮

3. 在打开的"设置单元格格式"对话框中切换到"边框"选项卡，在"线条样式"选项组中选择"线条"选项，然后分别单击"外边框"和"内部"，单击"确定"按钮，如图 2-43 所示。

图2-43　设置边框格式

4. 返回"新建表样式"对话框，单击"确定"按钮，如图 2-44 所示，完成自定义表格样式。

图2-44　单击"确定"按钮

第3章 建立财务报表的基本方法

在财务管理工作中，经常需要借助表格的形式来完成各种数据的分析、运算和预测。Excel 2016 作为优秀的电子表格工具软件，它集数据库、工作表、图形为一体，不但具备一般（即横竖交叉）网络表格的含义，而且具有电子的含义，即采用自动链接的方式来进行信息间的相互联系。在财务管理工作中，这种电子表格是非常有用的，利用此功能财务人员可以很容易地编制各种财务工作表，十分方便地管理财务数据。本章主要介绍利用 Excel 2016 建立财务报表的基本方法，包括建立报表前的准备工作、设计报表格式的方法、在报表中输入和建立公式及报表格式的设置等，通过本章的学习，我们可以在较短的时间内建立各种财务报表。

3.1 创建财务报表

财务管理工作表主要应用在财务工作中，在格式上通常应包括表标题、表日期、表头、表尾和表体固定栏目等。下面我们以图 3-1 所示的"天天公司损益表"为例，介绍创建财务管理工作表的操作方法。

图3-1 天天公司损益表

3.1.1 建立新工作簿

在建立财务管理工作表之前，首先应做的准备工作就是创建一个新的工作簿，在前面的章节中我们已经介绍了创建工作簿的方法，下面我们新建一个工作簿，并将其命名为"天天公司损益表.xlsx"，具体操作步骤如下。

1. 右键单击"桌面"，在弹出的菜单中选择"新建"/"Microsoft Excel 工作表"命令，如图 3-2 所示。

图3-2　新建工作簿

2. 选择"重命名"命令，将工作簿命名为"天天公司损益表"，效果如图 3-3 所示。

图3-3　为工作簿重命名

3.1.2　输入标题

财务管理工作表的标题一般都是文本数据类型，其输入方法非常简单。用户只需切换到中文输入法，然后选择标题文本所在的单元格位置，输入标题信息即可。

打开"天天公司损益表.xlsx"工作簿，使用鼠标单击 C3 单元格，使其成为当前活动单元格，然后在 C3 单元格中输入标题"天天公司损益表"，按"Enter"键结束文本输入，其结果如图 3-4 所示。

图3-4 输入标题

3.1.3 输入日期

日期不同于一般的文本类型的数据，在 Excel 2016 工作表中它是以数字的形式存在的，但又不同于数字。在工作表中输入日期类型的数据时，Excel 2016 提供了定义单元格格式的功能，因此在对于需要输入日期类型数据的单元格，可先将其定义成日期数据类型，然后按所需的日期类型格式输入日期数据。

下面我们将"天天公司损益表"工作表中的 C4 单元格定义为"×年×月"的日期格式，然后输入日期 2016 年 8 月，具体操作方法如下。

1. 选择 C4 单元格，单击鼠标右键，在弹出的菜单中选择"设置单元格格式"命令，如图 3-5 所示。

图3-5 选择"设置单元格格式"命令

2. 在打开的"单元格格式"对话框中选择"数字"选项卡，然后在"分类"列表框中选择"日期"选项，在右侧的"类型"列表框中选择日期类型为"2012 年 3 月"的格式，单击"确定"按钮即可，如图 3-6 所示。

图3-6　设置单元格格式

3. 在 C4 单元格中输入"2016-8"，按"Enter"键结束，则 Excel 2016 会自动将其转化为"2016 年 8 月"的形式，如图 3-7 所示。

图3-7　输入日期

3.1.4　输入表头

　　表头也就是表格的各个字段名，它也是文本型数据，其输入方法有两种：一种是在每个单元格中输入正文后，按"Enter"键，再将光标移到下一个单元格中继续输入；另一种是选择单元格区域，在一个单元格中输入正文后，按"Enter"键，便可在该单元格区域中的下一个单元格中输入正文。前面我们已经了解了单元格区域的选定方法，接下来我们就可以利用先选择单元格区域后输入内容的方法来输入工作表的表头了。下面我们需要在"天天公司损益表"中的 B5:E5 单元格区域分别输入表头"项目""理想""实际"和"差异"，具体操作方法如下。

1. 单击 B5 单元格，然后拖动鼠标到单元格 E5，选定单元格区域 B5:E5，如图 3-8 所示。

图3-8　选择单元格区域

2. 此时，B5 单元格为当前单元格，在其中输入"项目"文本，按"Enter"键，则 C5 单元格成为活动单元格，在其中输入"理想"文本，再按"Enter"键，则 D5 单元格成为活动单元格，在其中输入"实际"文本，再次按"Enter"键后，则 E5 单元格成为活动单元格，在其中输入"差异"文本，如果继续按"Enter"键，则第一个单元格又成为活动单元格，用鼠标单击任意单元格即可结束单元格区域文本的输入，其输入结果如图 3-9 所示。

图3-9　输入表头

3.1.5　输入表体固定栏目

在损益表中，销售收入、销售成本等被称为财务管理表格的固定栏目，它也是文本型数据，其输入方法很简单，可采用上述方法中的任意一种即可，输入后的结果如图 3-10 所示。

图3-10　输入表体固定栏目

3.2　输入数据与建立公式

定义好了财务管理工作表的格式后，用户就可以在其中输入相关的财务数据了。在财务管理工作表中有些数据是原始数据，是必须输入的，如上节"天天公司损益表"中的理想与实际销售收入、销售成本、管理及财务费用等，而有些数据如销售毛利、利润总额等则不需要输入，可以通过建立公式来让 Excel 2016 应用程序自动计算。下面就介绍一下输入数据和建立公式的方法。

3.2.1　输入数据

数值型数据的输入方法与文本的输入方法类似，用户也可以利用选择单元格区域进行输入。下面我们需要在"天天公司损益表"中输入理想与实际销售收入、销售成本等数据。具体操作如下。

1. 单击 C6 单元格，然后拖动鼠标到单元格 D7，选定单元格区域 C6:D7，如图3-11 所示。

图3-11　选定单元格区域

2. 此时 C6 单元格为当前单元格，在其中输入数据"5400"，按"Enter"键，在 C7 单元格中输入"4805"，再次按"Enter"键，在 D6 单元格中输入"6804"，再次按"Enter"键后，在 D7 单元格中输入"5012"，如图 3-12 所示。

图3-12　在单元格区域输入数据

3. 用同样的方法选择 C9:D10 单元格区域，并依次输入"320""100""140""50"，其结果如图 3-13 所示。

图3-13　输入基本数据

提示：在输入分数数据时，应首先在分数的前面先输入 0 或空格，然后再输入分数，如：01/2 表示 1/2 数，否则 Excel 2016 会解释为日期；此外，负数也可以用数字置于（）内的形式来表示，如（125）表示为-125。

3.2.2　建立公式

在财务管理工作表表格内，各种数据之间都存在着一定的逻辑关系，也就是说工作表项目之间有一定的核对关系。如毛利等于销售收入减销售成本，差异等于实际减理想数等。在 Excel 2016 中，表内数据的关系可以用公式的形式来表示。定义公式非常实用，当对公式进行一次定义后就可以多次使用，而且数据间的关系采用自动链接方式，当源数据发生变化时，目标数据会自动改变。

在 Excel 2016 中，公式的输入方法有两种，一种是直接输入，另一种是输入与复制相结合。下面我们以"天天公司损益表"中的数据为例具体介绍一下这两种方法。

在"天天公司损益表"中，其理想销售毛利等于理想销售收入与理想销售成本之差。其中 C6 单元格表示理想销售收入，C7 单元格表示理想销售成本，C8 单元格表示理想销售毛利，我们先利用直接输入公式法计算出损益表中理想的销售毛利的值，具体操作方法如下。

单击 C8 单元格，输入公式"=C6-C7"，按"Enter"键完成输入，即可在单元格 C8 中显示出计算结果，结果为"595"，如图 3-14 所示。

图3-14　输入公式

输入与复制相结合方法是指将表示形式相同，而单元格引用不同的公式利用复制的方法在另一需要输入公式的单元格中进行粘贴，这样就减少了建立公式的烦琐步骤，提高了工作效率。这种方法如何使用呢？下面我们就来看一下具体案例。

在"天天公司损益表"中，其实际销售毛利等于实际销售收入与实际销售成本的差。其中，D6 单元格表示实际销售收入，D7 单元格表示实际销售成本，D8 表示实际销售毛利。我们可以利用复制公式的方法计算出损益表中实际的销售毛利的值。

1. 单击 C8 单元格，单击鼠标右键，在弹出的快捷菜单中选择"复制"命令，如图 3-15 所示。

图3-15　选择"复制"命令

2. 单击 D8 单元格，然后再次单击鼠标右键，在弹出的快捷菜单中选择"粘贴"命令，选择"粘贴选项"为"公式"，如图 3-16 所示。

图3-16 设置粘贴选项

3. 此时，公式的内容自动调整为"=D6-D7"，输出结果为"1792"，如图 3-17 所示。

图3-17 复制公式后的效果

在损益表中，由于理想与实际的期间费用分别等于其销售费用与其管理及财务费用的和，其利润总额等于其销售毛利与其期间费用的差。所以利用同样的方法，在单元格 C11 中输入公式"=C9+C10"，在 C12 单元格中输入公式"=C8-C11"，然后利用复制的方法可求出实际期间费用、利润总额和实际与理想差异的值，结果如图 3-18 所示。

图3-18　计算期间费用与利润总额

另外，在利用复制的方法进行公式的输入时，除了利用命令来进行复制与粘贴外，Excel 2016 还提供了一种更为简便的操作方式，那就是利用鼠标拖动单元格的填充柄来复制公式。

在"天天公司损益表"中，理想与实际的差异等于实际数值与理想数值的差。计算差异的值，我们需要先在 E6 单元格中输入计算销售收入差异的公式，然后利用拖动填充柄的方法将该公式复制到 E7 至 E12 单元格区域中。

1. 单击 E6 单元格，输入公式"=D6-C6"，按"Enter"键确认输出，输出结果为"1404"，如图 3-19 所示。

图3-19　输入公式

2. 移动鼠标到 E6 单元格右下角的填充柄处，当鼠标指针变换样式时按住鼠标左键不放向下拖到 E12 单元格处，则所拖动过的单元格中，Excel 2016 会自动调整公式中相对引用的行坐标，将 6 个公式分别粘贴到 E7:E12 单元格区域中，并显示输出结果，效果如图 3-20 所示。

图3-20 显示输出效果

3.3 格式化财务报表

完善财务管理工作表的数据后，其工作并没有完成，还应该对工作表加以编排，如调整列宽、行高、数字格式、表格边框等，使财务管理工作表更加美观，数据格式更加符合财务人员的习惯。

3.3.1 设置字体格式

在 Excel 中每种字体都有一个字形、大小和格式，合理地设置工作表中的字体格式，能够使工作表更美观。

我们以"天天公司损益表"的表标题为例，对字体格式进行设置。具体设置要求如下。

将图 3-1 所示 C3 单元格中的"天天公司损益表"和 C4 单元格中的"2016 年 8 月"设置字号为"6"，字体为"楷体"，字形为"加粗带斜体"。

具体操作方法如下。

选择 C3:C4 单元格区域，在主页功能区切换到"开始"选项卡，将字体改为"楷体"，字号设置为"16"，字形设置为"加粗带斜体"，效果如图 3-21 所示。

图3-21 设置字体格式

3.3.2 设置数据对齐方式

在 Excel 2016 应用程序中，用户可以根据需要来手动设置数据的对齐方式。下面我们以"天天公司损益表"中的数据为例，来讲解怎么设置对齐方式。具体要求为将图 3-21 所示中的 B3:E3 单元格区域设置为合并后居中的效果，将单元格区域 B5:E5 设置为水平和垂直方向都居中，并向下倾斜 45°。

1. 选择 B3:E3 单元格区域，在主页功能区切换到"开始"选项卡，单击"对齐方式"组中的"合并后居中"下拉按钮，在展开的下拉列表中选择"合并后居中"选项，如图 3-22 所示。

图3-22 选择"合并后居中"选项

2. 选择 B5:E5 单元格区域，单击鼠标右键，在弹出的快捷菜单中选择"设置单元格格式"命令，如图 3-23 所示。

图3-23 选择"设置单元格格式"命令

3. 在弹出的"设置单元格格式"对话框中选择"对齐"选项卡，在"水平对齐"和"垂直对齐"下拉列表中选择"居中"选项，在"方向"区域中，拖动指针角度，使其指到向下 45°处，然后单击"确定"按钮，如图 3-24 所示，最后的效果如图 3-25 所示。

图3-24　设置对齐格式

图3-25　设置对齐方式后的效果

3.3.3　设置工作表的行高和列宽

我们在 2.1 节中已经介绍了设置行高和列宽的具体方法，按照上述方法我们将单元格区域 B3:E3 的行高设置为"24"，B 列和 C 列列宽分别设置为"18"和"17"，防止出现因为内容较多不能显示出来的情况，效果如图 3-26 所示。

图3-26　设置行高和列宽

3.3.4　设置数字的格式

除了对日期的格式进行设置，我们还需对数字格式进行调整，将其设置为会计专用的数字格式，具体操作步骤如下。

1. 选择 C6:E12 单元格区域，单击鼠标右键，在弹出的快捷菜单中选择"设置单元格格式"命令，如图 3-27 所示。

图3-27　选择"设置单元格格式"命令

2. 在弹出的"设置单元格格式"对话框中选择"数字"选项卡，单击"分类"
组中的"会计专用"选项，设置"小数位数"为"2"，"货币符号"为
"￥"，然后单击"确定"按钮，如图 3-28 所示，效果如图 3-29 所示。

图3-28　设置数字格式

图3-29　设置数字格式后的效果

3.3.5　设置单元格的边框和底纹

为了进一步加强表格的显示效果和表现力，我们将为"天天公司损益表"中的单元格区

域添加边框和底纹图案。

我们先为"天天公司损益表"中的单元格区域 B5:E12 添加边框。具体操作方法及效果如下。

1. 选择 B5:E12 单元格区域，单击鼠标右键，在弹出的快捷菜单中选择"设置单元格格式"命令，如图 3-30 所示。

图3-30 选择"设置单元格格式"命令

2. 在弹出的"设置单元格格式"对话框中，切换到"边框"选项卡，在"线条样式"栏中选择合适的样式，设置"颜色"为"自动"，然后分别单击"预置"栏中的"外边框"和"内边框"，为其添加线条边框，在"边框"栏我们可以看到设置后的预览效果，最后单击"确定"按钮即可，如图 3-31 所示，添加边框后的效果如图 3-32 所示。

图3-31 设置边框样式

图3-32 设置边框后的效果

接下来我们还需要为单元格区域C6:E12添加底纹，具体操作方法及效果如下。

1. 选择单元格区域 C6:E12，单击鼠标右键，在弹出的快捷菜单中选择"设置单元格格式"命令，如图 3-33 所示。

图3-33 选择"设置单元格格式"命令

2. 在弹出的"设置单元格格式"对话框中，切换到"填充"选项卡，设置"背景色"为"浅蓝色"，在"示例"栏可以看到预览效果图，然后单击"确定"按钮即可，如图 3-34 所示，设置底纹的效果如图 3-35 所示。

图3-34　设置填充颜色

图3-35　设置底纹后的效果

3.4　保存工作簿

当前的工作簿已经编辑好了，我们需要将其保存在桌面，具体操作方法如下。

在主页面功能区选择"文件"选项卡下左侧导航栏中的"另存为"选项，选择存储的位置为"这台电脑"，打开"另存为"对话框，在"另存为"对话框中选择存储的位置为"桌面"，文件名为"天天公司损益表"，保存类型为"Excel 工作簿"，最后单击"保存"按钮即可完成工作簿的保存，如图 3-36 所示。

图3-36　保存工作簿

第4章 账务处理表格管理

工作中的会计账簿包括日记账、明细账和总账，在进行账务处理的过程中我们需要把大量分散的数据进行分类整理，逐步加工成有用的会计信息的账簿，以此作为编制会计报表的重要依据。本章我们将结合一些具体的函数来介绍这些会计账簿的管理方法，包括现金日记账、银行存款日记账、明细分类账及总账，并结合 Excel 2016 应用程序对其进行实际操作，希望通过学习本章，给大家提供更多的账务管理经验。

4.1 登记现金日记账

现金日记账是由单位出纳人员根据审核无误的现金收、付款凭证进行登记的，它是用来逐日反映库存现金的收入、付出及结余情况的特种日记账。接下来我们以登记现金日记账为例，逐一介绍 Excel 中基本数据类型的输入。

4.1.1 相关函数介绍

在介绍基本数据类型的输入之前，我们先来学习一下现金日记账相关函数的语法和功能，这里我们重点讲解 SUMPRODUCT 函数和 INDEX 函数。

一、SUMPRODUCT 函数的语法和功能

SUMPRODUCT 函数的语法格式是 SUMPRODUCT（array1,array2,array3，...），Array 为数组，从字面上可以看出，SUMPRODUCT 由两个英文单词组成，sum 是和，product 是积，所以是乘积之和的意思。它的功能就是返回相应的数组或区域乘积的和。

(1) 基础用法。

当 SUMPRODUCT 函数中的参数只有一个数组时，即对数组｛1;3;5;7;9;6;7｝进行求和，1+3+5+7+9+6+7=38，如图 4-1 所示。

图4-1　在 E2 单元格中输入公式

当 SUMPRODUCT 函数中参数为两个数组时，两个数组的所有元素对应相乘，如图 4-2 所示。

公式"=SUMPRODUCT（A2:A8,B2:B8）"可转化为

"=SUMPRODUCT（数组 1，数组 2）"

"=SUMPRODUCT（{1；3；5；7；9；6；7}，{1；3；5；7；9；6；7}）"
=1*1+3*3+5*5+7*7+9*9+6*6+7*7=250。

图4-2　在E3单元格中输入公式

当 SUMPRODUCT 函数中参数为三个数组时，三个数组的所有元素对应相乘，在 E4 单元格中输入的公式为"=SUMPRODUCT(A2:A8,B2:B8,C2:C8)"，如图 4-3 所示。

图4-3　在E4单元格中输入公式

(2) 应用案例。

我们先来看第一个案例：单条件求和——统计上海发货平台的发货量，如图 4-4 所示。

在 D2 单元格中输入公式"=SUMPRODUCT((A2:A13="上海")*(B2:B13))"，看到这个公式你可能有疑惑，它跟语法格式好像不一样，其实把它看作是只有一个参数。因为当函数中出现由 TRUE 和 FALSE 组成的逻辑数组时，公式要写成"=SUMPRODUCT((A2:A13="上海")*1，(B2:B13))"，乘以 1，把它转化成数组才能参与运算。否则就写成最上面的那种形式。

公式分解

"=SUMPRODUCT（{数组 1}*{数组 2}）"

"=SUMPRODUCT（{ TRUE;.....TRUE;.....TRUE; .....TRUE } * {12089;…40111;…20869; …30520}）"

=1*12089+1*40111+1*20869+1*30520=103589。

图4-4　输入公式

第二个案例：多条件求和——求当发货平台为成都，收货平台为重庆的发货量，如图4-5 所示。在 E2 单元格中输入公式

"=SUMPRODUCT((A2:A13="成都")*(C2:C13="重庆")*(D2:D13))" 即可求出结果。

图4-5　在 E2 单元格中输入公式

需要注意的是，SUMPRODUCT 函数后面的参数必须是数组，即行和列的维度是一致的。

二、INDEX 函数的语法和功能

INDEX 函数的语法格式有两种，一种是数组形式，另一种是引用形式。

数组形式=INDEX (array,row_num,column_num)=INDEX（数据表区域，行数，列数）；

引用形式=INDEX(reference,row_num,column_num,area_num)

=INDEX（一个或多个单元格区域的引用，行数，列数，从第几个选择区域内引用）。

INDEX 函数的功能就是返回数据表区域的值或对值的引用。

(1) INDEX 函数数组形式案例。

如图 4-6 所示，在 B8 单元格中输入公式"=INDEX(B3:D6,4,3)"，其中，数据表区域

（B3:D6），数（4），列数（3），返回数据表区域（B3:D6）第 4 行第 3 列的值 500。

图4-6　在 B8 单元格中输入公式

第二个案例：通过 INDEX 函数和 MATCH 函数实现单条件匹配查找。

如图 4-7 所示，利用 INDEX 函数进行匹配查找，当数据很多时，我们不可能通过点数来确定 INDEX 函数中的行数和列数，而是要通过 MATCH 函数来确定行数和列数。

在 B9 单元格中输入公式

"=INDEX($F$2:$I$6,MATCH(A9,$F$2:$F$6,0),MATCH($B$8,$F$2:$I$2,0))"，这里使用绝对引用要注意，B8 代表 6 月份不变要使用绝对引用。

图4-7　在 B9 单元格中输入公式

(2)　INDEX 函数引用形式案列。

第一个案例：如图 4-8 所示，在 B8 单元格中输入公式"=INDEX((B3:D6,G3:I6),4,3)"，其中，一个或多个单元格区域的引用（两个区域 B3:D6,G3:I6），行数（4），列数（3），从第几个选择区域内引用（省略，默认第一个区域 B3:D6），所以返回 500。

图4-8　在 B8 单元格中输入公式

第二个案例：如图 4-9 所示，在 B8 单元格中输入公式 "=INDEX((B3:D6,G3:I6),4,3,2)"，其中，一个或多个单元格区域的引用（两个区域 B3:D6,G3:I6），行数（4），列数（3），从第几个选择区域内引用（第二个区域 G3:I6），所以返回 510。

图4-9　在 B8 单元格中输入公式

在使用的过程中需要注意一点，那就是 row_num 和 column_num 必须指向数组中的某个单元格。否则，INDEX 函数出错，返回 #REF! 错误值。

4.1.2　输入文本类型数据

文本类型数据是指由文字、数字、符号等组成的字符串，它在 Excel 中以文本的形式存储。Excel 中的文本类型数据包括普通文本类型和数值型。打开示例文件"现金日记账.xlsx"。

一、输入普通文本类型数据

1. 单击选择要输入内容的单元格，如单元格 D5，输入内容"期初余额"，如图 4-10 所示，还可以在编辑栏中输入数据。

图4-10 输入内容

2. 单击选择要输入内容的单元格，如单元格 D6，在编辑栏中输入"提取现金备用"，如图 4-11 所示。

图4-11 在 D6 单元格中输入文本

二、输入数值型文本数据

1. 在单元格 J2 中要输入现金日记账账页的编号，单击选择单元格 J2，输入内容"0125896"，如图 4-12 所示。

图4-12　直接输入数值

2.　按"Enter"键后，系统自动将输入的数字串存储为数字格式，删除最前面的 0，如图 4-13 所示。

图4-13　自动存储为数字

3.　在单元格 J2 中重新输入编号，先输入一个单撇号，然后输入一个空格，最后 再输入编号字符串，如图 4-14 所示。

图4-14　正确的输入方法

4. 按 "Enter" 键后，此时单元格中会显示输入的字符串，但同时单元格左上角会显示一个绿色的小三角，如图 4-15 所示。

图4-15　正确的输入结果

三、隐藏错误检查标记

在默认的情况下，如果将数字存储为文本格式，或者是数字前面有撇号，系统会在单元格的左上角显示错误检查标记，即绿色的小三角。用户也可以将它隐藏起来，操作方法如下。

1. 单击选中单元格 J2，此时单元格左侧会显示一个带下三角按钮的标记，单击标记中的下三角按钮，从展开的下拉列表中选择"错误检查选项"，如图 4-16 所示。

图4-16　选择"错误检查选项"

2. 随后弹出"Excel 选项"对话框。单击"公式"标签，在"错误检查规则"区域取消勾选"文本格式的数字或者前面有撇号的数字"复选框，然后单击"确定"按钮，如图 4-17 所示。

图4-17　设置"错误检查规则"选项

3. 返回工作表中，此时单元格 J2 左上角的绿色小三角消失了，如图 4-18 所示。

图4-18　隐藏错误检查标记

4.1.3　输入数值类型数据

数值类型的数据是 Excel 工作表中最为重要的数据类型之一，众所周知，Excel 最突出的一项特色就是对数据的运算、分析和处理，而最常见的数据类型就是数字类型，它常参与到各类运算中。数字通常包括整数、小数和分数，它们的输入方法介绍如下。

一、输入整数

单击选择要输入数据的单元格，如单元格 J5，直接输入整数，如"24800"，按"Enter"键后，数据自动靠单元格右侧对齐，如图 4-19 所示。

图4-19　输入整数

二、输入小数

在单元格 F6 中输入数据"42500.5"，按"Enter"键后，数据自动靠单元格右侧对齐，如图 4-20 所示。

图4-20　输入小数

三、输入分数

在单元格中输入整数和小数都非常简单，直接输入即可，但是，却不能直接输入分数。在输入分数时必须掌握一定的技巧才能正确地输入分数。当然，在平常的登记现金日记账时，很少会使用分数进行登记，这里仅仅是为了介绍分数的输入方法而举的特例。

1. 在单元格 H8 中输入"1/2"，如图 4-21 所示。

图4-21　直接输入分数

2. 按 "Enter" 键后，输入的数据自动显示为 "1月2日"，如图 4-22 所示。

图4-22 显示为日期值

3. 删除刚输入的内容，重新在单元格 H8 中输入 "0 1/2"，如图 4-23 所示。

图4-23 正确的分数输入方法

4. 按 "Enter" 键后，单元格 H8 中显示的内容为 "1/2"，如图 4-24 所示。

图4-24　显示为分数格式

4.1.4　输入符号

在实际工作中处理表格时，经常会需要输入各类符号，对于可以使用键盘输入的符号可以按"Shift"键，直接按符号所对应的键，但有一些符号却不能通过键盘直接输入，需要使用"符号"对话框插入。插入符号的具体操作方法如下。

1. 在现金日记账中输入业务发生的日期、凭证号数、摘要及借贷金额等数据，在单元格 J6 中输入公式"=J5+F6-H6"，按"Enter"键后，向下拖动单元格右下角的填充柄至单元格 J10，计算出每日的现金余额，如图 4-25 所示。

图4-25　完善数据

2. 在"插入"选项卡的"符号"组中单击"符号"按钮，如图 4-26 所示。

图4-26　单击"符号"按钮

3. 随后弹出"符号"对话框，拖动对话框中的滚动条，选择要插入的符号
"√"，然后单击"插入"按钮，如图4-27所示。

图4-27　选择符号

4. 返回工作表中，插入符号"√"到单元格G6中，如图4-28所示。

图4-28　插入符号到单元格中

4.2　登记银行存款日记账

银行存款日记账通常由出纳员根据审核后的有关银行存款收、付款凭证，逐日逐笔顺序登记的，它是用来反映银行存款增加、减少和结存情况的账簿。银行存款日记账也是各单位重要的经济档案之一，银行存款日记账的格式与"现金日记账"格式类似。本节将通过对上一节中创建的"现金日记账"进行修改，并另存为"银行存款日记账"。

4.2.1　相关函数介绍

在讲解关于银行存款日记账知识之前，我们先来学习一下 SMALL 函数、ROW 函数和 OR 函数的功能及用法。

一、SMALL 函数的语法和功能

SMALL 函数的语法格式是 SMALL(array,k)，其中，array 为数据的范围，k 为返回的数据在数据区域里的位置（从小到大），SMALL 函数的功能就是返回数据中第 k 个最小值。

(1) 基础应用方法。

我们先来看一下简单的应用方法。如图 4-29 所示，我们需要求数据中的倒数第 5 个最小值，该怎么办呢？即在 C4 单元格中输入公式"= SMALL(A1:A10,5)"，便可得出结果为 5。

图4-29　求数据中的倒数第 5 个最小值

(2) 案例应用。

下面我们来看一下第二个案例，已知 9 名学生的成绩，求最后 3 名的姓名。

1. 在 E3 单元格中输入公式"=VLOOKUP(SMALL(B2:B10,1),CHOOSE({1,2},B2:B10,A2:A10),2,0)"，即可得出结果，如图 4-30 所示。

图4-30　求最后一名学生的姓名

2. 在 E4 单元格中输入公式 "=VLOOKUP(SMALL(B2:B10,2),CHOOSE({1,2},B2:B10,A2:A10),2,0)",即可得出结果,如图 4-31 所示。

图4-31　求倒数第二名学生的姓名

3. 在 E5 单元格中输入公式 "=VLOOKUP(SMALL(B2:B10,3),CHOOSE({1,2},B2:B10,A2:A10),2,0)",即可得出结果,如图 4-32 所示。

图4-32　求倒数第三名学生的姓名

二、ROW 函数的语法和功能

ROW 函数的语法格式是 row(reference),ROW 函数的功能是返回所选择的某一个单元格的行数。下面我们来学习一下它的具体应用方法。

如图 4-33 所示,在 A1 单元格中输入公式 "=ROW(C6)",返回 C6 单元格所在行,返回 6。

图4-33　返回 C6 单元格所在行

如果 reference 为一个单元格区域，如图 4-34 所示，返回引用中的第一行的行号。这里第一行为 B5 所在行，返回 5。

图4-34　返回引用中的第一行的行号

在使用的过程中需要注意的是，如果省略 reference，则默认返回 ROW 函数所在单元格的行数。

三、OR 函数的语法和功能

OR 函数可以用来对多个逻辑条件进行判断，只要有 1 个逻辑条件满足时就返回"TURE"，OR 函数的形式是 OR(logical1,logical2, ...)，最多可以有 30 个条件。

下面我们用一个具体的案例来详细介绍 OR 函数的使用方法。

某公司对升职设置了条件："年龄大于 30 岁，或在本公司工作年限要大于 10 年（含）"，要筛选出符合条件的人选，如图 4-35 所示。

图4-35　公司人员表

具体操作方法如下。

1. 使用 OR 函数，在 G2 单元格中输入 "=OR(D2>30, E2>=10)"，按 "Enter" 键，得到的结果是 "FALSE"，因为张 1 的年龄小于 30 岁，在公司工作时间也没有超过 10 年。即 OR 函数中的两个逻辑条件都不满足，所以返回 "FALSE"，如图 4-36 所示。

图4-36 判断张1能否升职

2. 利用自动填充功能将单元格下拉，就可以得到所有人能否升职的结果，如图
4-37所示。

图4-37 利用自动填充完成表格

4.2.2 打开"现金日记账"工作簿

启动 Excel 2016 后，接下来使用"文件"选项卡来打开上一节中创建的最终文件"现金日记账"表格。

1. 在 Excel 工作表主页面功能区，单击"文件"选项卡，然后选择"打开"命令，选择要打开的文件位置，这里我们选择"这台电脑"中的"桌面"选项，然后打开"第4章表格"文件夹，选择"现金日记账.xlsx"工作簿，最后单击"打开"按钮，如图4-38所示。

图4-38　单击"打开"按钮

2.　打开后的工作簿如图 4-39 所示。

图4-39　打开后的工作簿

4.2.3　清除单元格内容和格式

对于已经输入内容和设置了格式的单元格区域，用户可以清除单元格内容和格式，也可以只清除格式保留内容，或者是只清除内容而保留格式。

一、清除全部

1.　选择要清除的单元格区域，如单元格 J2、单元格 A5:J10，如图 4-40 所示。

图4-40　选择单元格区域

2. 在"开始"选项卡的"编辑"组中单击"清除"下三角按钮，从展开的下拉
列表中选择"全部清除"选项，如图4-41所示。

图4-41　选择"全部清除"选项

3. 此时选定的单元格区域所有的内容和格式都被清除，显示为默认的单元格效
果，如图4-42所示。

图4-42 清除后的效果

二、清除格式

如果想要保留单元格区域的内容，不需要已设置的格式，可以只清除单元格区域的格式。首先在快速工具栏中单击"撤销"按钮撤销上面的"清除全部"操作。

1. 选中要清除格式的单元格区域，如单元格 J2、单元格 A5:J10，在"开始"选项卡的"编辑"组中单击"清除"下三角按钮，从展开的下拉列表中选择"清除格式"选项，如图 4-43 所示。

图4-43 选择"清除格式"选项

2. 此时，选定的单元格区域的边框、分数等格式被清除掉，系统以默认的格式
   显示，如图 4-44 所示。

图4-44　清除格式保留内容的效果

三、清除内容

如果不想要内容，希望保留格式，也可以。同样地，请先单击快速工具栏中的"撤销"
按钮来撤销上面的"清除格式"操作。

1. 选定单元格 J2、单元格区域 A5:J10，在"编辑"组中单击"清除"下三角按
   钮，从展开的下拉列表中选择"清除内容"选项，如图 4-45 所示。

图4-45　选择"清除内容"选项

2. 此时工作表中会保留单元格格式，而删除单元格内容，如图 4-46 所示。

图4-46　只清除内容后的效果

4.2.4　修改并另存为银行存款日记账

接下来，在"现金日记账表格"的基础上，修改表格格式后，另存为银行存款日记账，具体操作方法如下。

1. 右键单击列标 E，选中 E 列，从弹出的快捷菜单中选择"删除"命令，如图 4-47 所示。

图4-47　选择"删除"命令

2. 右键单击列标 D，从弹出的快捷菜单中选择"插入"命令，如图 4-48 所示。重复此操作，在"摘要"栏左侧插入两列。

图4-48　选择"插入"命令

3. 合并单元格 D3:E3，然后分别在 D3、D4、E4 中输入文本"结算方式""类"和"号码"，如图 4-49 所示。

图4-49　输入表格栏目

4. 选中单元格 A1，将单元格中的"现金"更改为"银行存款"，如图 4-50 所示。

图4-50　更改标题

5. 在 Excel 工作表主页功能区选择"文件"选项卡中的"另存为"命令，然后选择文件要保存的位置，这里我们选择的位置为"这台电脑"，打开"另存为"对话框。在"另存为"对话框中选择文件要保存的具体位置，这里是"桌面"位置"第 4 章表格"文件夹，在"文件名"文本框中输入"银行存款日记账"，选择保存类型为"Excel 工作簿"，单击"保存"按钮，如图 4-51 所示。

图4-51　另存为"银行存款日记账"

6. 此时工作簿的名称会更改为"银行存款日记账"，如图 4-52 所示。

图4-52　另存为新工作簿

4.2.5　使用填充功能快速录入相同数据

如果需要在某一个行或列区域输入相同的数据，可以只在其中的一个单元格中输入数据，然后通过填充功能来将数据快速输入到其余单元格中。

一、使用功能区中的命令填充数据

1.　在银行存款日记账中录入数据，如图 4-53 所示。

图4-53　录入数据

2.　选择单元格区域 J5:J15，如图 4-54 所示。

图4-54 选择单元格区域

3. 在"开始"选项卡的"编辑"组中单击"填充"下三角按钮,从展开的下拉列表中选择"向下"选项,如图 4-55 所示。

图4-55 选择"向下"选项

4. 此时,系统会将单元格 J5 中的文本"借"填充到其余选定的单元格中,如图 4-56 所示。

图4-56 填充结果

二、拖动填充柄填充相同数据

还可以直接拖动单元格右下角的填充柄来填充数据。请先撤销前面的填充操作,下面以同样的例子来介绍拖动填充柄填充相同数据。

1. 单击选中单元格 J5,拖动该单元格右下角的填充柄,向下拖动至单元格 J15,释放鼠标后,屏幕上会显示一个填充选项按钮,单击该按钮中的下三角按钮,从展开的下拉列表中单击选中"不带格式填充"单选按钮,如图 4-57 所示。

图4-57 拖动填充柄进行填充

2. 此时,将只填充内容,而不填充格式,如图 4-58 所示,单元格 J15 中保留了原有的格式。

图4-58　填充结果

3. 在单元格 K6 中输入公式 "=K5+G6-I6"，按 "Enter" 键后，拖动单元格 K6
右下角的填充柄向下复制公式至单元格 K15，得到图 4-59 所示的计算结果。

图4-59　计算余额

4.3　数量金额式明细分类账的设置与登记

　　"数量金额式"明细分类账的账页，其基本格式为"收入""发出"和"结存"三栏，
在这些栏内再分别设有"数量""单价"和"金额"等项，以分别登记实物的数量和金额。
这种格式的明细账适用于既要进行金额明细核算，又要进行数量明细核算的财产物资项目，
如"原材料""产成品"等账户的明细核算。本节将以"原材料"明细分类账为例，详细介
绍使用 Excel 2016 进行登记的方法，并设置数字格式。

4.3.1 录入"原材料"明细分类账数据

我们先打开实例文件"数量金额式明细账.xlsx",接下来先在表格中录入明细分类账的具体数据。在录入数据之前,可以先设置好字体格式。

1. 选择要输入数据的单元格区域 B2:P17,如图 4-60 所示。

图4-60 选择单元格区域

2. 单击"字体"下三角按钮,从展开的下拉列表中选择"华文行楷"选项,如图 4-61 所示。

图4-61 选择字体

3. 根据业务的发生情况,录入期初余额和本期发生额,如图 4-62 所示。

图4-62　输入数据

4.3.2　设置公式自动计算

对于可以使用公式计算得到的项目，可以设置公式自动计算。例如，借、贷、结存三栏的金额和结存栏的数量都可以通过计算得到。

1. 在单元格 I5 中输入公式 "=G5*H5"，按 "Enter" 键后，拖动单元格 I5 右下角的填充柄复制公式至单元格 I9，得到图 4-63 所示的数据。

图4-63　设置公式计算借方金额

2. 在单元格 L5 中输入公式 "=J5*K5"，按 "Enter" 键后，拖动单元格 I5 右下角的填充柄复制公式至单元格 L9，得到图 4-64 所示的数据。

图4-64 设置公式计算贷方金额

3. 在计算今年的结存数量时我们需要知道上年的结存数量，通过查询得知上年的结存数量为 7000，我们需要将该数据输入单元格 M5 中，然后在单元格 M6 中输入公式 "=M5+G6-J6"，按 "Enter" 键后，拖动单元格 M6 右下角的填充柄复制公式至单元格 M9，如图 4-65 所示。

图4-65 根据去年结存数量计算今年结存数量

4. 在单元格 O5 中输入公式 "=M5*N5"，按 "Enter" 键后，拖动单元格 O5 右下角的填充柄复制公式至单元格 O9，如图 4-66 所示。

图4-66 计算结存金额

5. 按住 "Ctrl" 键，拖动鼠标同时选中单元格区域 G5:G10、I5:J10、L5:M10、O5:O10，如图 4-67 所示。

图4-67 选择单元格区域

6. 在 "开始" 选项卡的 "编辑" 组中单击 "自动求和" 下三角按钮，从展开的下拉列表中选择 "求和" 选项，如图 4-68 所示。

图4-68 选择"求和"选项

7. 此时，选定的每个列区域的最后一个单元格中会显示对其上面的多个单元格的自动求和结果，如图 4-69 所示。

图4-69 自动求和结果

4.3.3 隐藏工作表中的零值

在使用公式进行计算时，对于空白单元格的计算结果，都会显示为零值。用户可以隐藏工作表中的零值，操作方法如下。

1. 在"原材料明细分类账"工作表主页功能区单击"文件"选项卡，然后选择

"选项"命令，如图 4-70 所示。

图4-70　选择"选项"命令

2. 在"Excel 选项"对话框中，单击"高级"标签，在"此工作表的显示选项"
区域取消勾选"在具有零值的单元格中显示零"复选框，然后单击"确定"
按钮，如图 4-71 所示。

图4-71　设置隐藏零值

3. 隐藏零值后的工作表效果如图 4-72 所示。系统会将所有零值所在的单元格显
示为空白。

摘要	数量	单价	金额	数量	单价	金额	数量	单价	金额
上年结存							7000	¥10.00	70,000.00
生产领用				5000	¥10.00	50000	2000	¥10.00	20,000.00
购入	2000	¥10.00	20000				4000	¥10.00	40,000.00
生产领用				1000	¥10.00	10000	3000	¥10.00	30,000.00
生产领用				800	¥10.00	8000	2200	¥10.00	22,000.00
本月合计	2000		20000	6800		68000	18200		182,000.00

图4-72　隐藏零值效果

4.4　总账设计

　　总账也称为总分类账，是根据总分类科目开设账户，用来登记全部经济业务，进行总分类核算，提供总括核算资料的分类账簿。总分类账所提供的核算资料，是编制会计报表的主要依据，任何单位都必须设置总分类账。总账一般采用借、贷、余三栏式，总分类账的登记依据和方法，主要取决于所采用的会计核算形式，它可以直接根据各种记账凭证逐笔登记，也可以先把记账凭证按照一定的方式进行汇总，编制成科目汇总表或汇总记账凭证等，然后据以登记总账。本节将以科目汇总表为登记总账的依据，请打开"2016 年总分类账.xlsx"工作簿。

4.4.1　创建总账表格

　　总分类账的账页格式，一般采用"借方""贷方""余额"三个栏式，根据实际需要，也可以在"借方""贷方"两栏内增设"对方科目"栏。接下来在 Excel 工作簿中创建总账表格。

1. 在打开的"2016 年总分类账"工作簿中单击"科目汇总表"右侧的"插入工作表"按钮，如图 4-73 所示。

图4-73　新建工作表

2. 在新工作表中输入图 4-74 所示的表项目，然后将工作表标签更改为"总账"，如图 4-74 所示。

图4-74　输入表项目

3. 选择单元格区域 A1:H1，使用合并后居中功能使标题位于表头居中位置，并在两个字体之间空出三个字符，然后设置标题字体为"黑体"，字号为"20"，从下划线下拉列表中选择"双下划线"选项，效果如图 4-75 所示。

图4-75　设置标题格式

4. 选择单元格区域 A2:H10，单击鼠标右键，在弹出的快捷菜单中选择"设置单元格格式"命令，如图 4-76 所示。

图4-76　选择"设置单元格格式"命令

5. 设置单元格格式。在弹出的"设置单元格格式"对话框中，切换到"边框"选项卡，首先从"颜色"下拉列表中选择适当的颜色，这里我们选择"绿色，个性色 6"，然后从"样式"列表中选择细实线，再分别单击"外边框"和"内边框"按钮为其添加边框，最后单击"确定"按钮即可，我们可在"边框"列表中对设置好的边框格式进行预览，如图 4-77 所示。

图4-77　设置边框格式

6. 设置好的总账表格效果如图 4-78 所示。

图4-78　总账表格效果

4.4.2　使用数据有效性设置总账科目下拉列表

当编制好科目汇总表后，需要根据科目汇总表中的数据来登记总账时，可以通过设置数据有效性来猎取总账科目，操作方法如下。

1. 单击选择单元格 B2，在"数据"选项卡的"数据工具"组中单击"数据验证"下三角按钮，从展开的下拉列表中选择"数据验证"选项，如图 4-79 所示。

图4-79 选择"数据验证"选项

2. 在打开的"数据有效性"对话框中的有效性验证条件区域单击"允许"列表
    下方的下三角按钮，从展开的下拉列表中选择"序列"选项，然后单击"来
    源"框右侧的单元格引用按钮，如图 4-80 所示。

图4-80 设置验证条件

3. 在"科目汇总表"中选择单元格区域 A6:A22，如图 4-81 所示。

图4-81 选择单元格区域

4. 返回"数据验证"对话框，此时在"来源"框中显示单元格引用公式"=科目
    汇总表! $A$6:$A$22"，如图 4-82 所示。

图4-82　确认来源区域

5. 单击"输入信息"标签，在"标题"框中输入"请选择科目"，在"输入信息"框中输入"请从下拉列表中选择总账科目"，如图 4-83 所示。

图4-83　设置输入信息

6. 单击"出错警告"标签，在"标题"框中输入"错误总账科目！"，然后单击"确定"按钮，如图 4-84 所示。

图4-84　设置出错警告

7. 选中单元格 B2 时，屏幕上会显示设置的提示信息，如图 4-85 所示。

图4-85 显示提示信息

8. 单击单元格 B2 右侧的下拉按钮，可以从下拉列表中选择科目，如图 4-86 所示。

图4-86 显示总账科目

9. 当试图在单元格 B2 中输入一个不存在的科目时，屏幕上会弹出图 4-87 所示的出错警告提示对话框。

图4-87 显示出错提示

第5章 常见的财务报表

　　财务报表是一套会计文件，是会计主体对外提供的反映会计主体财务状况和经营的会计报表，它反映一家企业过去一个财政时间段（主要是季度或年度）的财政表现及期末状况。它以量化的财务数字，分目表达，包括资产负债表、利润表和现金流量表。它是财务报告的主要部分，能帮助投资者和债权人了解企业的经营状况，进一步帮助其做经济决策。本章我们将运用 Excel 应用软件具体讲解资产负债表、现金流量表、科目余额表和利润表的相关知识，希望通过本章的学习，能让大家对这些财务报表有更进一步的了解。

5.1　资产负债表

　　资产负债表是反映会计主体在特定时间点财务状况的主要报表，它是根据基本会计等式"资产=负债+所有者权益"编制的。资产负债表作为会计、商业会计或薄记实务上的财务报表之一，与购销损益账、现金流量表、股东权益变动表并列为企业四大常用财务报表，本节重点介绍如何用 Excel 2016 来编制符合用户需要的资产负债表。

5.1.1　相关函数介绍

　　在编制资产负债表之前我们先来学习资产负债表中经常牵扯到的两个常用函数。

一、MAX 函数的语法和功能

MAX 函数的功能是返回一个最大数值，它的语法形式如下。

MAX(number1, [number2], ...) 其中，number1 是必需的，后续数字是可选的。

下面一起来看一下 MAX 函数的使用方法。

1. 打开 Excel 2016 应用软件，随便输入一些数据作为要查找最大值的操作对象，如图 5-1 所示。

图5-1　输入数据

2. 在 A6 单元格中输入文本 "最大的数"，把光标停留在 "最大的数" 后面的一个单元格中，单击红色方框中的 "fx" 按钮，可以进入函数设置页面，如图 5-2 所示。

图5-2 单击函数按钮

3. 单击 "fx" 按钮后进入 "插入函数" 的设置页面，如图 5-3 所示，就是在这里找要使用的函数。

图5-3 "插入函数" 对话框

4. 我们要使用的 MAX 函数是属于 "统计" 类别的，所以我们需要在 "或选择类别" 后面的下拉框中选择 "统计" 选项，如图 5-4 所示。

图5-4　选择类别

5. 选择"统计"选项之后，在"选择函数"下面的函数列表中列出的都是关于 "统计"的函数，选择要使用的"MAX"函数，之后单击右下方的"确定" 按钮，如图 5-5 所示。

图5-5　选择统计函数

6. 完成上一步之后，就进入到"函数参数"的设置界面，删除 Number1 后面的 内容，选择范围 A1:F4，然后单击"确定"按钮，如图 5-6 所示，即可关闭 "函数参数"设置对话框，回到表格中，这时发现已经查找到最大的数值 了，如图 5-7 所示。

图5-6　选择范围

图5-7　查找结果

此外，如果参数不包含数字，函数 MAX 返回 0。

二、ABS 函数的语法和功能

ABS 函数的功能是返回数字的绝对值。一个数字的绝对值是该数字不带符号的形式。正数和 0 返回数字本身，负数返回数字的相反数。

其语法格式为 ABS(number)，number 必需。参数必须为数值类型，即数字、文本格式的数字或逻辑值。如果是文本，则返回错误值"#VALUE!"。

示例：这里我们新建一个空白表格以计算温差为例来解释 ABS 函数的应用。具体操作如下。

在 D2 单元格中输入公式"=ABS(C2-B2)"，按"Enter"键输出结果，可得到数值为"3"，它表达的意思是两地温差的"绝对值"，如图 5-8 所示。

图5-8　计算温差

5.1.2　编制资产负债表

接下来我们将结合具体案例来讲解资产负债表的编制方法。

小明任职于新明股份有限公司的会计部门，在 2016 年即将结束之前，会计主管希望小明可以依据 2016 年的资产负债表相关数据，将它建立成计算机文件。具体操作方法如下。

1.　新建工作簿，在 Sheet1 工作表中逐一将资产负债表有关数据输入工作表中，效果如图 5-9 所示。

图5-9　输入数据

在工作表中，有些科目必须先完成合计的工作，才能继续计算总额的部分。

2. 应收账款净额是由"应收账款－坏账准备"计算出来的，坏账是指可能收不回来的账款，我们选定 C9 单元格，然后输入公式"=B8－B9"，即可计算出应收账款净额，如图 5-10 所示。

图5-10　计算应收账款净额

3. 再用同样的方法，在 C14 单元格中输入公式"=B13－B14"，计算出办公设备的现值；在 C16 单元格中输入公式"=B15－B16"，计算出机器设备的现值，结果如图 5-11 所示。

图5-11　计算现值

资产总额=流动资产合计+固定资产合计，所以我们需要根据工作表中的数据分别计算出流动资产合计和固定资产合计。

4. 在 C11 单元格中输入公式 "=SUM（C6:C10）" 计算流动资产合计，如图 5-12 所示。

图5-12　计算流动资产合计

5. 在 C17 单元格中输入公式 "=SUM(C14:C16)" 计算固定资产合计，如图 5-13 所示。

图5-13　计算固定资产

6. 这样就可以在 C18 单元格中输入公式 "=C11+C17" 计算出资产总额，如图 5-14 所示。

图5-14　计算资产总额

7. 负债总额=流动负债合计+长期借款，所以我们需要先在 C24 单元格中输入公式 "=C22+C23" 计算流动负债合计的值，如图 5-15 所示。

图5-15　计算流动负债合计

8. 然后我们需要在 C27 单元格中输入公式 "=C24+C26" 计算出负债总额，如图 5-16 所示。

图5-16　计算负债总额

9. "所有者权益总额"的计算更简单了，只需在 C33 单元格中输入公式 "=SUM
（B30:B32）"，按 "Enter" 键后便会显示输出结果，如图 5-17 所示。

图5-17　计算所有者权益总额

10. 最后我们再计算出"负债及所有者权益总额"，即在 C34 单元格中输入公式
"=C27+C33"，按 "Enter" 键后便会显示输出结果，如图 5-18 所示。

图5-18　计算负债及所有者权益总额

11. 这份资产负债表已经大致完成了，但在检查的过程中小明发现在计算"资产总额"时，将"累计折旧-机器设备"的金额抄错了，以至于计算出来的结果不符合"资产=负债+所有者权益"的基本原则，正确的金额是"181250"，把它更正后的结果就对了，最终效果如图 5-19 所示。

新明股份有限公司		
资产负债表		
	2016年	
资产		
流动资产		
现金		¥　1,620,290
银行存款		¥　5,955,130
应收账款	¥　432,000	
减：坏账准备	¥　125,600	¥　306,400
存货		¥　86,900
流动资产合计		¥　7,968,720
固定资产		
办公设备	¥　865,000	
减：累计折旧-办公设备	¥　75,200	¥　789,800
机器设备	¥　1,500,000	
减：累计折旧-机器设备	¥　181,250	¥　1,318,750
固定资产合计		¥　2,108,550
资产总额		¥　10,077,270
负债		
流动负债		
应付账款		¥　756,600
应付票据		¥　632,550
流动负债合计		¥　1,389,150
长期负债		
长期借款		¥　2,000,000
负债总额		¥　3,389,150
所有者权益		
资本	¥　3,000,000	
资金来往		
加：本期损益	¥　3,688,120	
所有者权益总额		¥　6,688,120
负债及所有者权益总额		¥　10,077,270

图5-19　资产负债表最终效果

5.1.3　设置万元显示格式

在 Excel 单元格里，如果表格中的数值太大，想直接以万元为单位进行显示，该怎么设置单位格式呢？这里我们以资产负债表的设置为例。

1. 按住"Ctrl"键，选择"数值"列，分别是 B 列和 C 列，单击鼠标右键，在弹出的菜单中选择"设置单元格格式"命令，如图 5-20 所示。

图5-20　选择"设置单元格格式"命令

2. 在弹出的"设置单元格格式"对话框中切换到"数字"选项卡，在"分类"栏选择"自定义"选项，弹出"自定义类型"页面，在"类型"文本框中输入"0!.!00000"，单击"确定"按钮，如图 5-21 所示，设置后的效果如图 5-22 所示。

图5-21　输入自定义格式

新明股份有限公司		
资产负债表		
	2016年	
资产		
流动资产		
现金		162.00290
银行存款		595.05130
应收账款	43.02000	
减：坏账准备	12.05600	30.06400
存货		8.06900
流动资产合计		796.08720
固定资产		
办公设备	86.05000	
减：累计折旧-办公设备	7.05200	78.09800
机器设备	150.00000	
减：累计折旧-机器设备	18.01250	131.08750
固定资产合计		210.08550
资产总额		1007.07270
负债		
流动负债		
应付账款		75.06600
应付票据		63.02550
流动负债合计		138.09150
长期负债		
长期借款		200.00000
负债总额		338.09150
所有者权益		
资本	300.00000	
资金来往		
加：本期损益	368.08120	
所有者权益总额		668.08120
负债及所有者权益总额		1007.07270

图5-22　设置万元格式效果

5.2　现金流量表

现金流量表是综合反映企业一定会计期间内现金来源和运用及其增减变动情况的报表。现金流量表主要分析经营活动产生的现金流量、投资活动产生的现金流量、筹资活动产生的现金流量、汇率变动对现金的影响、现金及现金等价物净增加额等。

5.2.1　编制现金流量表

1. 启动 Excel 2016 软件后新建空白工作薄，打开新建的空白工作薄，双击工作表的名称标签，使其处于编辑状态，将其名称设置为"现金流量表"，如图 5-23 所示。

2. 在表格中选择 B 列，在主页功能区切换到"开始"选项卡下，在"单元格"选项组中单击"格式"下拉按钮，在弹出的下拉列表中选择"列宽"选项，如图 5-24 所示。

图5-23　编辑名称

图5-24　选择"列宽"选项

3.　在弹出的"列宽"对话框中，将"列宽"设置为"32"，单击"确定"按钮，如图 5-25 所示。

图5-25　设置列宽

4. 使用同样的方法，将 C~F 列的"列宽"设置为"18"，完成后的效果如图 5-26 所示。

图5-26 设置列宽效果

5. 选择第 2 行单元格区域，在数字 2 的位置单击鼠标右键，在弹出的快捷菜单中选择"行高"命令，如图 5-27 所示。

图5-27 选择"行高"命令

6. 在弹出的"行高"对话框中，将"行高"设置为"43"，单击"确定"按钮，如图 5-28 所示。

7. 使用同样方法将第 3 行的"行高"设置为"13"，第 4 行的"行高"设置为"24"，第 5~37 行的"行高"设置为"20"，如图 5-29 所示。

图5-28 设置行高

图5-29　设置行高效果

8.　选择 B2:F2 单元格区域，在主页功能区切换到"开始"选项卡，在"对齐方式"组中单击"合并后居中"按钮，将其合并居中，如图 5-30 所示，效果如图 5-31 所示。

图5-30　单击"合并后居中"按钮

图5-31　合并居中效果

9.　在上一步合并单元格中配合空格键输入"现金流量表"，在主页面功能区切换到"开始"选项卡，在"字体"选项组中，将"字体"设置为"宋体"，"字号"设置为"18"，"字形"设置为"加粗"，如图5-32所示。

图5-32　设置字体

10. 使用前面讲过的方法将E3:F3单元格进行合并，并在合并的单元格中输入文字"年度：2016"，将"字体"设置为"宋体"，"字号"设置为"11"，如图5-33所示。

图5-33　输入文本

11. 在B4:F4单元格中结合空格键分别输入文字"项目名称""第一季度""第二季度""第三季度"和"第四季度"，将"字体"设置为"宋体"，"字号"设置为"14"并单击"加粗"按钮，在"对齐方式"组中单击"文本对齐"按钮, 效果如图 5-34 所示。

图5-34 输入文本

12. 在表格中选择 B4:F37 单元格区域, 在主页功能区切换到"开始"选项卡, 在
"字体"选项组中单击"边框设置"右侧的下三角按钮, 在弹出的下拉列表
中选择"其他边框"选项, 如图 5-35 所示。

图5-35 选择"其他边框"选项

13. 在弹出的"设置单元格格式"对话框中，切换到"边框"选项卡，选择图 5-36 所示的"线条样式"，单击"外边框"按钮，如图 5-36 所示。

图5-36　设置外边框

14. 继续选择"线条样式"，然后单击"内部"按钮，单击"确定"按钮，如图 5-37 所示。

图5-37　设置内边框

15. 设置边框后的效果如图 5-38 所示。

图5-38　边框效果图

16. 使用前面介绍的方法分别对 B5:F5、B16:F16、B27:F27 单元格进行合并，并在合并的单元格中分别输入文字 "一、经营活动产生的现金流量" "二、投资活动产生的现金流量" "筹资活动产生的现金流量"，并将 "字体" 设置为 "宋体"，"字号" 设置为 "12"，将 "填充颜色" 设置为 "黄色"，将 "字体颜色" 设置为 "红色"，完成后的效果如图 5-39 所示。

图5-39　预览效果图

17. 在 B 列单元格中输入文字，并将字体改为 "微软雅黑"，"字号" 设置为 "9"，如图 5-40 所示。

图5-40 在 B 列输入文本

18. 在单元格中输入数据，如图 5-41 所示。

图5-41 输入数据

19. 在 C9 单元格中输入公式 "=SUM(C6:C8)"，按 "Enter" 键完成公式的输入，如图 5-42 所示。

图5-42　计算第一季度现金流入小计

20. 在单元格中选择 C9 单元格，将光标置于该单元格的右下角，按住鼠标左键向右拖动至 F9 单元格中，复制公式，效果如图 5-43 所示。

图5-43　使用填充柄填充

21. 在 C14 单元格中输入公式 "=SUM(C10:C13)"，按 "Enter" 键完成公式的输入，将光标置于该单元格的右下角，按住鼠标左键向右拖至 F14 单元格中，复制公式，如图 5-44 所示。

22. 使用与上面相同的方法，分别在 C15 单元格中输入公式 "=C9-C14"，在 C21 单元格中输入公式 "=SUM(C17:C20)"，在 C25 单元格中输入公式 "=SUM(C22:C24)"，在 C26 单元格中输入公式 "=C21-C25"，在 C31 单元格中输入公式 "=SUM(C28:C30)"，在 C35 单元格中输入公式 "=SUM(C32:C34)"，在 C36 单元格中输入公式 "=C31-C35"，在 C37 单元格中输入公式 "=C15+C26+C36"，并以此对公式进行复制，完成后的效果如

图 5-45 所示。

图5-44 输入公式

现金流量表

年度：2016

项目名称	第一季度	第二季度	第三季度	第四季度
一、经营活动产生的现金流量				
销售商品，提供劳务收到的现金	58000	600000	630000	700000
收到的税费返还	1200	1500	1600	1800
收到的其他与经营活动有关的现金	8000	75000	6000	6300
现金流入小计	67200	676500	637600	708100
购买商品，接受劳务支付的现金	125000	132000	138000	143000
支付给职工以及为职工支付的现金	27000	31000	35000	37800
支付的各项税费	32800	43000	46000	48000
支付的其他与经营活动有关的现金	2600	2700	2800	2900
现金流出小计	187400	208700	221800	231700
经营活动产生的现金流量净额	-120200	467800	415800	476400
二、投资活动产生的现金流量				
收回投资所收到的现金	200000	162000	178000	164000
取得投资收益所收到的现金	18000	15000	16000	12000
处置固定资产无形资产其他资产收到的现金净额	4600	4000	4200	4300
收到的其他与投资活动有关的现金	1800	1600	1500	1700
现金流入小计	224400	182600	199700	182000
购建固定资产无形资产其他资产支付的现金	17500	17200	17800	19000
投资所支付的现金	2600	4300	5200	4000
支付的其他与投资活动有关的现金	560	780	850	930
现金流出小计	20660	22280	23850	23930
投资活动产生的现金流量净额	203740	160320	175850	158070
三、筹资活动产生的现金流量				
吸收投资收到的现金	120000	80000	170000	50000
借款所收到的现金	300000	230000	100000	120000
收到的其他与筹资活动有关的现金	5000	3000	2500	1800
现金流入小计	425000	313000	272500	171800
偿还债务所支付的现金	58000	120000	146000	20000
分配股利利润或偿付利息支付的现金	5000	12000	13200	20500
现金流出小计	73000	143000	167200	50500
筹资活动产生的现金流量净额	352000	170000	105300	121500
四、现金及现金等价物增加净额	435540	798120	696950	755970

图5-45 输入公式并填充

23. 在表格中选择带有数据的单元格，在主页功能区切换到"开始"选项卡，在"数字"选项组中将"数字模式"设置为"会计专用"，如图 5-46 所示，效果如图 5-47 所示。

图5-46 设置数字模式

图5-47 设置数字格式效果

24. 选择含有"现金流入小计""现金流出小计""现金流量净额"及"现金及现金等价物增加净额"的数字行，在主页功能区切换到"开始"选项卡，将填充颜色设置为"浅灰色，背景 2，深色 25%"，如图 5-48 所示，最终完成后的效果如图 5-49 所示。

图5-48 设置填充色

4	第一季度		第二季度		第三季度		第四季度	
5	一、经营活动产生的现金流量							
6	¥	58,000.00	¥	600,000.00	¥	630,000.00	¥	700,000.00
7	¥	1,200.00	¥	1,500.00	¥	1,600.00	¥	1,800.00
8	¥	8,000.00	¥	75,000.00	¥	6,000.00	¥	6,300.00
9	¥	67,200.00	¥	676,500.00	¥	637,600.00	¥	708,100.00
10	¥	125,000.00	¥	132,000.00	¥	138,000.00	¥	143,000.00
11	¥	27,000.00	¥	31,000.00	¥	35,000.00	¥	37,800.00
12	¥	32,800.00	¥	43,000.00	¥	46,000.00	¥	48,000.00
13	¥	2,600.00	¥	2,700.00	¥	2,800.00	¥	2,900.00
14	¥	187,400.00	¥	208,700.00	¥	221,800.00	¥	231,700.00
15	¥	-120,200.00	¥	467,800.00	¥	415,800.00	¥	476,400.00
16	二、投资活动产生的现金流量							
17	¥	200,000.00	¥	162,000.00	¥	178,000.00	¥	164,000.00
18	¥	18,000.00	¥	15,000.00	¥	16,000.00	¥	12,000.00
19	¥	4,600.00	¥	4,000.00	¥	4,200.00	¥	4,300.00
20	¥	1,800.00	¥	1,600.00	¥	1,500.00	¥	1,700.00
21	¥	224,400.00	¥	182,600.00	¥	199,700.00	¥	182,000.00

图5-49 填充效果

5.2.2 现金流量表的查看方式

Excel 2016 提供了多种视图方式，主要包括普通视图、页面布局视图、分页预览视图和自定义视图，用户可以根据需要在不同的视图方式下查看表格，默认的视图方式为普通视图方式。

一、普通视图

普通视图是 Excel 2016 默认的视图方式，适合于对表格进行设计和编辑。

操作步骤：将主页面功能区切换到"视图"选项卡下，在"工作薄视图"组中便可以看到表格默认的视图方式为"普通视图"，如图 5-50 所示。

图5-50 普通视图

二、页面布局视图

在"页面布局视图"中，既能对表格进行编辑修改，也能查看和修改页边距、页眉和页脚。同时，"页面布局视图"中还会显示水平和垂直标尺，这对于测量和对齐对象十分有用。

操作步骤：将主页面功能区切换到"视图"选项卡下，在"工作薄视图"组中单击"页面布局"按钮，表格就会以页面布局视图的方式来呈现表格的内容，如图 5-51 所示。

图5-51 页面布局视图

三、分页预览视图

在分页预览视图中可以调整当前工作表的分页符，还可以调整打印区域的大小及编辑工作表。

操作步骤：将主页面功能区切换到"视图"选项卡下，在"工作簿视图"组中单击"分页预览"按钮，就可以切换到分页预览视图，如图 5-52 所示。

图5-52　分页预览视图

四、自定义视图

如果上述视图某些用户都不喜欢，在 Excel 2016 中，用户可以根据自己的习惯来自定义视图方式，具体操作步骤如下。

1. 隐藏"现金流量表"工作表中的 C 列，在"工作簿视图"组中单击"自定义视图"按钮，如图 5-53 所示。

图5-53　单击"自定义视图"按钮

2. 在弹出的"视图管理器"对话框中单击"添加"按钮，如图 5-54 所示。

图5-54　单击"添加"按钮

3. 在"添加视图"对话框的"名称"框中输入"自定义视图 1"，其余保留默认设置，单击"确定"按钮，如图 5-55 所示。

图5-55　设置视图名称

4. 取消隐藏 C 列，然后在"工作簿视图"组中单击"自定义视图"按钮，如图 5-56 所示。

图5-56　取消隐藏

5. 在打开的"视图管理器"对话框的"视图"列表中选择"自定义视图 1"，然后单击"显示"按钮，如图 5-57 所示。

图5-57　选择显示的视图

6. 此时工作表按照"自定义视图1"显示，会自动隐藏 C 列，如图 5-58 所示。

	B		D		E		F
		一、经营活动产生的现金流量					
6	销售商品，提供劳务收到的现金	¥	600,000.00	¥	630,000.00	¥	700,000.00
7	收到的税费返还	¥	1,500.00	¥	1,600.00	¥	1,800.00
8	收到的其他与经营活动有关的现金	¥	75,000.00	¥	6,000.00	¥	6,300.00
9	现金流入小计	¥	676,500.00	¥	637,600.00	¥	708,100.00
10	购买商品，接受劳务支付的现金	¥	132,000.00	¥	138,000.00	¥	143,000.00
11	支付给职工以及为职工支付的现金	¥	31,000.00	¥	35,000.00	¥	37,800.00
12	支付的各项税费	¥	43,000.00	¥	46,000.00	¥	48,000.00
13	支付的其他与经营活动有关的现金	¥	2,700.00	¥	2,800.00	¥	2,900.00
14	现金流出小计	¥	208,700.00	¥	221,800.00	¥	231,700.00

图5-58　自定义视图1效果图

小技巧：删除自定义视图

如果要删除自定义视图方式，请先在"工作簿视图"组中单击"自定义视图"按钮打开"视图管理器"对话框，在"视图"列表中选择要删除的视图名称，然后单击"删除"按钮，在弹出的对话框中单击"是"按钮即可删除自定义视图，如图 5-59 所示。

图5-59　删除自定义视图

5.2.3　拆分和冻结窗口

当工作表中的数据量比较庞大时,可以通过拆分和冻结窗口来显示和比较工作表中不同区域的数据。例如,要比较查看现金流量表中"经营活动"和"投资活动"各自的现金流量情况,此时就可以拆分窗口来比较。如果希望现金流量表中的标题行和左侧列一直显示在屏幕上,则可以通过冻结窗口来实现。接下来我们为了明确拆分和冻结窗口的实际应用,将"现金流量表"中合并的 B5:F5、B1:F16、B2:F27 单元格区域取消合并。接下来我们就来学习一下怎么拆分单元格。

1. 选择要拆分位置的单元格,如单元格 D16,在"视图"选项卡的"窗口"组单击"拆分"按钮,如图 5-60 所示。

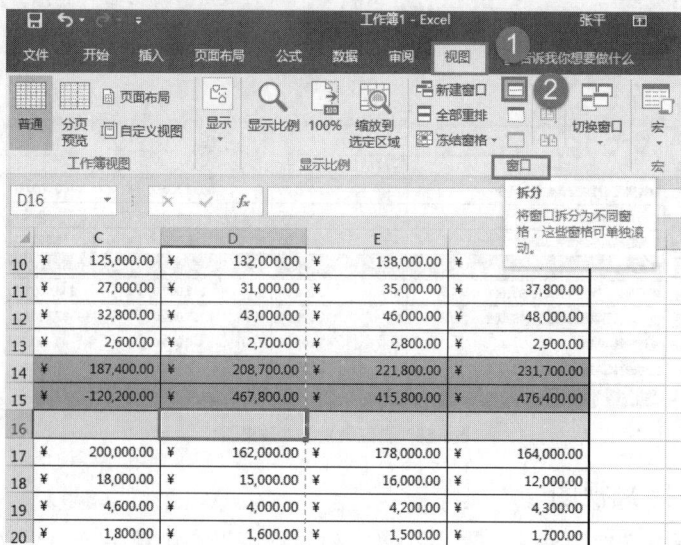

图5-60　单击"拆分"按钮

2. 此时,Excel 会从单元格 C15 位置将窗口拆分为 4 个窗口,每个窗口都有单独的滚动条,用户可以拖动滚动条以查看不同的区域,如图 5-61 所示。

图5-61　拆分为四个窗口

3. 鼠标指向水平和垂直拆分框的交叉位置，当指针变为双向黑色箭头时，拖动鼠标可更改拆分框的位置，如图 5-62 所示。如果要取消拆分窗口，只需再次单击"窗口"组中的"拆分"按钮即可。

图5-62　更改拆分框的位置

5.3　科目余额表

前两节我们已经细致地学习了资产负债表和现金流量表的编制，对于单元格的格式设置及文本和数值的输入与设置大家肯定都掌握了，那么对于接下来要学习的科目余额表，学习起来就相对简单多了，我们将会重点讲解它的计算步骤。

1. 新建一个工作表为"科目余额表"，按照前面学习的知识将"科目余额表"的文本、数字输入并进行设置，并对单元格格式进行设置，效果如图 5-63 所示。

科目余额表

科目代码	会计科目	期初余额	借方发生额	贷方发生额	借或贷	期末余额
1001	库存现金	430,000.00	70,000.00		借	
1002	银行存款	210,148,843.33	2,930,000.00		借	
1012	其他货币资金	–	–		借	
1101	交易性金融资产	1,302,005.28	642,000.00		借	
1121	应收票据	1,850,780.00	386,520.00		借	
1122	应收账款	57,628,580.70	3,448,765.00		借	
1123	预付账款	84,989,734.89	2,348,700.00		借	
1403	原材料	264,611,007.62	133,660,880.00		借	
1503	可供出售金融资产	96,357.00	667,500.00		借	
1601	固定资产	417,530,000.00	32,470,000.00		借	
1701	无形资产	82,060,399.15	1,265,800.00		借	
2001	短期借款	507,294,059.02		21,354,600.00	贷	
2201	应付票据	8,635,124.20		5,644,320.00	贷	
2202	应付账款	17,479,470.72		23,111,200.00	贷	
2203	预收账款	15,298,915.60		78,125,430.00	贷	
2211	应付职工薪酬	504,232.29		2,420,840.00	贷	
2221	应交税费	47,330,717.08		210,000.00	贷	
2501	长期借款	62,560,000.00		9,760,000.00	贷	
2502	应付债券	83,451,334.05		6,739,800.00	贷	
1002	银行存款	178,966,165.27		457,230.00	贷	
4101	盈余公积	1,268,778.74		8,445,656.00	贷	

图5-63　设置格式效果

2. 根据"资产类会计科目期末余额 = 期初余额+借方发生额-贷方发生额",选中 G3 单元格,输入"="符号;单击选中单元格 C3,然后输入运算符号"+";选择单元格 D3,然后输入运算符号"-";最后选择单元格 E3,按"Enter"键输出结果,如图 5-64 所示。

图5-64　计算资产类会计科目期末余额

3. 按"Enter"键后,拖动单元格 G3 右下角的填充柄向下复制公式至单元格 G13,计算后的效果如图 5-65 所示。

图5-65　查看计算效果

4. 根据"负债和权益类会计科目期末余额 = 期初余额+贷方发生额-借方发生额"

的公式，在单元格 G14 中输入公式 "=C14+E14-D14"，如图 5-66 所示。

图5-66 计算负债和权益类会计科目期末余额

5. 按 "Enter" 键后，拖动单元格 G14 右下角的填充柄向下复制公式至单元格 G23，计算出负债和权益类科目的期末余额，如图 5-67 所示，最终效果如图 5-68 所示。

图5-67 填充表格

科目余额表

会计科目	期初余额	借方发生额	贷方发生额	借或贷	期末余额
库存现金	430,000.00	70,000.00		借	500,000.00
银行存款	210,148,843.33	2,930,000.00		借	213,078,843.33
其他货币资金	—			借	—
交易性金融资产	1,302,005.28	642,000.00		借	1,944,005.28
应收票据	1,850,780.00	386,520.00		借	2,237,300.00
应收账款	57,628,580.70	3,448,765.00		借	61,077,345.70
预付账款	84,989,734.89	2,348,700.00		借	87,338,434.89
原材料	264,611,007.62	133,660,880.00		借	398,271,887.62
可供出售金融资产	96,357.00	667,500.00		借	763,857.00
固定资产	417,530,000.00	32,470,000.00		借	450,000,000.00
无形资产	82,060,399.15	1,265,800.00		借	83,326,199.15
短期借款	507,294,059.02		21,354,600.00	贷	528,648,659.02
应付票据	8,635,124.20		5,644,320.00	贷	14,279,444.20
应付账款	17,479,470.72		23,111,200.00	贷	40,590,670.72
预收账款	15,298,915.60		78,125,430.00	贷	93,424,345.60
应付职工薪酬	504,232.29		2,420,840.00	贷	2,925,072.29
应交税费	47,330,717.08		210,000.00	贷	47,540,717.08
长期借款	62,560,000.00		9,760,000.00	贷	72,320,000.00
应付债券	83,451,334.05		6,739,800.00	贷	90,191,134.05
银行存款	178,966,165.27		457,230.00	贷	179,423,395.27
盈余公积	1,268,778.74		8,445,656.00	贷	9,714,434.74

图5-68 最终效果

5.4 利润表

利润表是反映企业利润实际情况的会计报表。利润表把一定时期内的营业收入与同一会计期间相关的营业费用进行配比，以便计算出企业一定时期的净利润。通过利润表能够反映企业生产经营的收入、费用状况，反映企业的经营成果。通过不同时期利润数字的比较，可以反映企业今后的利润发展趋势，获利能力。

5.4.1 编制利润表

和科目余额表一样，我们重点介绍利润表的计算方法。但这次我们介绍的计算方法是引用其他表格数据，需要说明的是，编制利润报表需要参照前面的方法计算出"科目余额表"中各科目的余额。接下来我们以明尚公司利润表的编制为例。

1. 打开"明尚公司会计报表.xlsx"工作簿，其中包括"科目余额表""资产负债表""现金流量表"和"利润表"，切换到"利润表"工作表，如图 5-69 所示。

图5-69 切换到"利润表"工作表

2. 在单元格 C5 中输入公式"=科目余额表!K4"，从科目余额工作表中获取"营业收入"，如图 5-70 所示。

图5-70 引用"营业收入"数据

3. 在单元格 C6 中输入公式"=科目余额表!J5"，按"Enter"键后向下复制公式至单元格 C11，得到图 5-71 所示的数据。

图5-71 引用营业成本等数据

4. 在单元格 C13 中输入公式"=科目余额表!K11"，如图 5-72 所示。

5. 在单元格 C15 中输入公式"=C5-C6-C7-C8-C9-C10-C11+C12+C13"，计算结果如图 5-73 所示。

6. 在单元格 C16 中输入公式"=科目余额表!K12"，计算结果如图 5-74 所示。

图5-72 引用"投资收益"数据

图5-73 计算营业利润

图5-74 引用"营业外收入"数据

7. 在单元格 C17 中输入公式"=科目余额表!J13",计算结果如图 5-75 所示。

图5-75 引用"营业外支出"数据

8. 在单元格 C19 中输入公式"=C15+C16-C17"，按"Enter"键后，计算结果如图 5-76 所示。

图5-76 计算利润总额

9. 在单元格 C20 中输入公式"=科目余额表!J14"，引用得到的数据如图 5-77 所示。

图5-77 引用"所得税费用"数据

10. 在单元格 C21 中输入公式 "=C19-C20"，计算结果如图 5-78 所示，编制利润表的任务就完成了，效果如图 5-79 所示。

图5-78　计算净利润

利润表

会企02表

编制单位：　　　　　　　　　　　　　　　　　　　　　　　　单位：元（角分）

行次	科目	本期金额	上期金额（略）
001	一、营业收入	1,200,000.00	
002	减：营业成本	700,000.00	
003	营业税金及附加	1,500.00	
004	销售费用	15,000.00	
005	管理费用	120,000.00	
006	财务费用	40,000.00	
007	资产减值损失	50,600.00	
008	加：公允价值变动损益		
009	投资收益	40,000.00	
010	其中：对联营企业和合营企业的投资收益		
011	二、营业利润	312,900.00	
012	加：营业外收入	50,000.00	
013	减：营业外支出	18,500.00	
014	其中：非流动资产处置损失		
015	三、利润总额	344,400.00	
016	减：所得税费用	113,652.00	
017	四、净利润	230,748.00	
018	五、每股收益		
019	（一）基本每股收益		
020	（二）稀释每股收益		

图5-79　利润表预览图

5.4.2　创建费用统计图表

统计图表也可称为统计图或趋势图，是以统计图的方式呈现，如柱型图、曲线图、饼图、点图、面积图、雷达图等，来呈现某事物或某信息数据的发展趋势的图形。利用图表可以充分地表现出文字所无法展现的效果，因此在报表中使用图表来说明问题也是常见的一种表达方式。下面我们就来介绍如何利用工作表中的数据创建费用统计图表。

1. 打开"利润表.xlsx"工作簿，将页面切换到"利润表"工作表，选择 A4:C24 单元格区域，在主页面功能区切换到"插入"选项卡，在"图表"组中单击"饼图"下拉按钮，在弹出的下拉列表中选择"三维饼图"选项，如图 5-80 所示。

图5-80 选择"三维饼图"选项

2. 选择图表，单击"图表元素"按钮，在展开的对话框中勾选"图表标题"和"图例"选项，并将文本标题命名为"本期金额"，费用统计图表的创建就完成了，效果如图 5-81 所示。

图5-81 创建的图表效果

第6章　财务投资决策分析函数

在市场经济条件下，投资决策权都回到企业的手中，因此企业如果要维持较强的竞争力，就要根据市场竞争的需要来扩大现有的企业生产经营规模或扩大经营范围，同时需要自己来做出一些投资决策。这就需要企业的财务管理人员借助计算机工具做好可行性分析，合理地预测投资方案的收益和风险，然后决定投资方案。

本章我们就结合实际的计算案例来详细介绍 Excel 中最为常见的财务函数及应用，例如，固定资产折旧的计算、本金和利息的计算、投资计算、报酬率计算等。通过本章的学习，读者能够对投资项目进行可行性分析，合理地制定出适合需要的投资方案。

6.1　投资决策概述

投资是指对某一对象投放一定的财力，希望在未来获取一定收益的经济行为。投资按时间的长短来说，主要分为长期投资和短期投资两种。而投资决策是对投资项目进行可行性分析，合理地预测出的一种投资方案。下面我们就通过计算固定资产折旧、本金和利息、投资和报酬率等具体讲解财务投资决策分析的相关函数。

6.2　固定资产折旧计算

固定资产折旧指一定时期内为弥补固定资产损耗按照核定的固定资产折旧率提取的固定资产折旧。它反映了固定资产在当期生产中的转移价值。

各类企业和企业化管理的事业单位的固定资产折旧是指实际计提并计入成本费中的折旧费；不计提折旧的政府机关、非企业化管理的事业单位和居民住房的固定资产折旧是按照统一规定的折旧率和固定资产原值计算的虚拟折旧。计算资产折旧就是要根据它的原值与使用寿命来确定在某个时间某个点上的价值。Excel 的财务函数中专门提供了一类折旧函数，用于计算不同折旧方法下的资产折旧值。

6.2.1　直线折旧法与 SLN 函数

直线折旧法即平均年限法，它是最简单、最普遍的折旧方法，它是指按固定资产的使用年限平均计提折旧的一种方法。它假定折旧是由于时间的推移而不是使用的关系，认为服务潜力降低的决定因素是随时间推移所造成的陈旧和破坏，而不是使用所造成的有形磨损。平均年限法适用于各个时期使用情况大致相同的固定资产折旧。

直线折旧法的计算公式如下。

年折旧额＝（固定资产的原始价值-预计净残值）/预计使用年限

预计净残值＝固定资产报废时预计的残余价值-预计的报废清理费用

年折旧率＝（固定资产的年折旧额/固定资产的原始价值）×100％

在 Excel 中，用户无须再按上面的公式进行数学运算，只需调用对应的直线折旧函数 SLN，正确设置函数参数，即可由函数自动计算出结果。

SLN 函数的表达式为：SLN(cost,salvage,life)，它一共有 3 个参数，cost 为资产原值，salvage 为资产残值，life 为使用年限。

例如，已知天得企业购进一项价值 1288000 元的大型设备，使用年限为 15 年，预计净残值为 15500 元。现要求按直线折旧法，计算该设备每年的折旧费及年折旧率。首先请打开实例文件"直线折旧法.xlsx"。

1. 在单元格 B5 中输入" = SLN("，此时，屏幕上会自动显示出该函数的语法提示，用户可以根据屏幕提示依次设置函数参数，如图 6-1 所示。

图6-1 输入函数名

2. 在单元格 B5 中输入完整的公式"=SLN(B2，B3，B4)"，按"Enter"键后，得到图 6-2 所示的计算结果。

图6-2 输入参数

3. 在单元格 B6 中输入公式 "=B5/B2"，按 "Enter" 键后，将该单元格格式设置
   为 "百分比"，得到图 6-3 所示的年折旧率。

图6-3　计算年折旧率

6.2.2　固定余额递减折旧法与 DB 函数

固定余额递减折旧法是一种加速折旧法，即在预计使用年限内，将后期折旧的一部分移
到前期，使前期折旧额大于后期折旧额。固定余额递减法折旧的计算公式为：年折旧额＝
（资产原值－前期折旧总值）×固定的年折旧率，其中固定的年折旧率的计算公式为：年折
旧率＝1－（（残值/资产原值）^（1/折旧期限）），这个比率是固定不变的，然后乘以逐
年递减的固定资产现有价值。

在 Excel 中，使用固定余额递减法计算折旧的函数为 DB 函数，它的语法表达式为：
DB(cost,salvage,life,period,month)，该函数共有 5 个参数，cost 指资产原值；salvage 指资产
残值；life 指使用年限；period 为需要计算折旧值的期间；month 为每一年的月份数，如省
略该参数，则默认值为 12。

该函数对于第一个周期和最后一个周期的折旧属于特例。对于第一个周期，函数 DB 的计
算公式为：资产原值×年折旧率×第一年的月份数/12，对于最后一个周期，函数 DB 的计算公
式为：（（资产原值－前期折旧总值）×年折旧率×（12－第一年的月份数））/12。

例如，已知米其企业在 2016 年 3 月购进一项价值 15 万元的大型设备，使用年限为 8
年，预计净残值为 3 万元。现要求按固定余额递减折旧法，计算该设备每年的折旧费及累计
折旧额。请打开实例文件 "固定余额递减折旧法.xlsx"。

1. 在单元格 D4 中输入公式 "=DB(A2,B2,C2,C4,D2)"，按 "Enter" 键后，计算结
   果如图 6-4 所示。

图6-4 计算第1年折旧额

2. 公式中对于资产原值、资产残值等参数的引用都是固定的单元格，为了后面拖动复制公式，先将公式中引用固定单元格的方式更改为绝对引用，即将单元格 D4 中的公式更改为 "=DB($A$2,$B$2,$C$2,C4,$D$2)"，如图 6-5 所示。

图6-5 更改参数的引用方式

3. 拖动单元格 D4 右下角的填充柄，向下复制公式至单元格 D11，计算出其余年份的折旧额，如图 6-6 所示。

图6-6 填充单元格

4. 在单元格 D13 中输入公式 "=SUM(D4:D11)",计算出累计折旧额,如图 6-7
    所示。从结果可以看出,累计折旧额加上资产残值约等于资产原值。

图6-7 计算累计折旧额

在更改公式中单元格的引用方式时,除了可以手动输入绝对引用符号$外,还可以通过
按功能键 "F4" 来转换。

6.2.3 双倍余额递减折旧法与 DDB 函数

双倍余额递减折旧法，是在不考虑固定资产净残值的情况下，根据每年年初固定资产净值和双倍的直线法折旧率计算固定资产折旧额的一种方法。采用这种方法，固定资产的账面余额随着折旧的计提减少，而折旧率不变。因此，各期计提的折旧额必然逐年减少。折旧在第一阶段是最高的，在后继阶段中会减小。年折旧额的计算公式为：年折旧额＝（固定资产原值－累计折旧额）×（余额递减速率/预计使用年限）。

在 Excel 中，使用函数 DDB 来计算按双倍余额递减法计算折旧，该函数的语法表达式为 DDB(cost,salvage,life,period,factor)，它一共有 5 个参数：cost 为资产原值；salvage 为资产残值；life 为使用年限；period 为需要计算折旧值的期间；factor 为余额递减速率，如果该函数被省略，则默认为 2，此时会采用双倍余额递减法。

我们通过实例进行讲解，已知明海企业在 2016 年 3 月购进一项价值 15 万元的大型设备，使用年限为 8 年，预计净残值为 2 万元。不同的是现要求按余额递减速率分别为 2 倍和 3 倍计算该设备每年的折旧费及累计折旧额。请打开实例文件"双倍余额递减折旧法计算折旧.xlsx"。

一、按双倍余额计算折旧

1. 在单元格 D4 中输入公式 "=DDB($A$2,$B$2,$C$2,C4)"，按 "Enter" 键后，得到图 6-8 所示的计算结果。此处公式中省略了 factor 参数，默认值为 2。

图6-8　按双倍余额递减计算折旧

2. 拖动单元格 D4 右下角的填充柄，向下复制公式至单元格 D11，如图 6-9 所示。

图6-9　填充结果

3. 在单元格 D13 中输入公式 "=SUM(D4:D11)"，计算出累计折旧额，如图 6-10 所示。从结果可以看出，累计折旧额加上资产残值约等于资产原值。

图6-10　计算累计折旧额

二、按 3 倍余额计算折旧

1. 在单元格 E4 中输入公式 "=DDB($A$2,$B$2,$C$2,C4,$E$2)"，按 "Enter" 键后，复制公式至单元格 E11，得到图 6-11 所示的计算结果。从结果可以看

出，3 倍余额计算方法进一步加快了固定资产折旧，在第 5 年末就提前完成了
该项资产的折旧计提。

图6-11　按3倍余额计算折旧

2. 在单元格 E13 中输入公式 "=SUM(E4:E11)"，计算出累计折旧额，如图 6-12
所示。从结果可以看出，累计折旧额加上资产残值约等于资产原值。

图6-12　计算累计折旧额

上述两种折旧方法都属于加速折旧法，与 DB 函数不同之处在于，DDB 函数中不需要
指出第一年使用的月份数。

6.2.4 可变余额递减折旧法与 VDB 函数

可变余额递减法是指以不同倍率的余额递减法计算一个时期内折旧额的方法。在 Excel 中，对应的函数为 VDB，该函数的语法表达式为 VDB(cost,salvage,life,start_period,end_period,factor,no_switch)，该函数共有 7 个参数。Cost 为资产原值；salvage 为资产残值；life 为使用年限；start_period 为进行折旧计算的起始期间，必须与 life 的单位相同；end_period 为进行折旧计算的截止期间，其单位也必须与 life 的单位相同；factor 为余额递减速率，也可称为折旧因子，如果省略该参数，则默认为 2；no_switch 为一逻辑值，指定当折旧值大于余额递减计算值时，是否转用直线折旧法，该值如果为 TRUE，表示即使折旧值大于余额递减计算值，也不转用直线折旧法，如果为 FALSE 或省略，且折旧值大于余额递减计算值时，Excel 将转用线性折旧法。

现通过一个具体的实例来进一步理解可变余额折旧法。已知明海企业在 2016 年 3 月购进一项价值 15 万元的大型设备，使用年限为 8 年，预计净残值为 2 万元。

根据已知条件新建实例文件"可变余额递减法.xlsx"，打开"可变余额递减法.xlsx"工作簿。

1. 在单元格 B4 中输入公式"=VDB(A2,B2,C2*365,0,1)"，计算第一天的折旧额，计算结果如图 6-13 所示。

图6-13 计算第一天的折旧额

2. 在单元格 B5 中输入公式"=VDB(A2,B2,C2,0,1)"，计算第一年的折旧额，计算结果如图 6-14 所示。

图6-14　计算第一年的折旧额

3. 在单元格 B6 中输入公式 "=VDB(A2,B3,C2,2,3)"，计算结果如图 6-15 所示。

图6-15　计算第 3 年的折旧额

4. 在单元格 B7 中输入公式 "=VDB(A2,B2,C2*365,181,452)"，计算结果如图 6-16 所示。

图6-16 以天为单位计算某段时间内的折旧额

5. 在单元格 B8 中输入公式 "=VDB(A2,B2,C2*12,6,12)",计算结果如图 6-17 所示。

图6-17 以月为单位计算某段时间内的折旧额

6. 在单元格 B9 中输入公式 "=VDB(A2,B2,C2,4,6)",计算结果如图 6-18 所示。

图6-18 以年为单位计算某段时间内的折旧额

在使用 VDB 函数计算折旧时，需要注意参数 life 与参数 start_period 和 end_period 的单位必须一致。如果以"天"为单位，则都应以"天"为单位；如果以"月"为单位，则都应以"月"为单位；如果以"年"为单位，则都应以"年"为单位。

6.2.5 年数总和折旧法与 SYD 函数

年数总和法又称折旧年限积数法、年数比率法、级数递减法或年限合计法，是将固定资产的原值减去预计净残值后的净额乘以一个逐年递减的分数计算出每年的折旧额，这个分数的分子代表固定资产尚可使用的年数，分母代表使用年限的逐年数字总和。年限总和折旧法也是一种加速折旧法，它以固定资产的原始价值减去预计净残值后的余额乘以一个逐年递减的分数，作为该期的折旧额。计算公式为：年折旧额＝（固定资产原值－预计残值）×（尚可使用年数/年次数字的总和）。

其中，年次数字的总和＝life+(life-1)+(life-2)+…+1=(life×(life+1))/2。

在 Excel 中，年限总和折旧法对应的函数为 SYD，它的语法表达式为 SYD(cose,salvage,life,per)，前 3 个参数的含义与前面介绍的折旧函数类似，参数 per 为期间，其单位与 life 相同。

以明海企业为例，现假设要按年限总和法计算每一年的折旧。

首先根据已知条件新建"年限总和折旧法.xlsx"工作簿，打开"年限总和折旧法.xlsx"工作簿。

1. 在单元格 D4 中输入公式"=SYD($A$2,$B$2,$C$2,C4)"，按"Enter"键后，向下复制公式至单元格 D11，计算出各年的折旧额，如图 6-19 所示。

图6-19　计算各年折旧额

2. 从计算结果可以看出，每年的折旧额呈递减趋势。在单元格 D13 中输入公式
"=SUM(D4:D11)"，计算出累计折旧额，如图 6-20 所示。

图6-20　计算累计折旧额

6.3　本金和利息计算

本金，是指未来某一时间点上的一定量现金折合为现在的价值，是各类经济组织与个人
为进行生产经营活动而垫支的资金。而利息实质上是利润的一部分，是利润的特殊转化形
式。在 Excel 中，还有一类专门用于计算本金与利息相关的函数，它们是 PMT、PPMT、
IPMT、PPMT、CUMIPMT 和 CUMPRINC 等，下面我们就具体来介绍一下这些函数。

6.3.1 分期付款函数 PMT

PMT 函数的功能是基于固定的利率及等额分期付款方式，返回贷款的每期付款额。它的语法表达式为 PMT(rate,nper,pv,fv,type)。它一共有 5 个参数，rate 为贷款利率；nper 表示贷款周期；pv 表示本金；fv 表示在最后一次付款后希望得到的现金余额，如省略，则默认值为 0；type 为数字 0 或 1，用以指定各期的付款时间是在期末还是在期初。

下面通过一个具体实例介绍 PMT 函数及应用，我们先来了解一下案例。

王总向银行贷款 40 万元，贷款期限为 10 年，贷款利率为 8.78％，现要求计算每年偿还金额和每月偿还金额。

1. 打开实例文件 "PMT 函数.xlsx"，在单元格 B4 中输入公式 "=PMT(C2,B2,A2)"，按 "Enter" 键后，计算结果为 "-61725.78"，如图 6-21 所示。

图6-21 计算每年还款额

2. 在单元格 B5 中输入公式 "=PMT(C2/12,B2*12,A2)"，按 "Enter" 键后，计算得到的每月偿还金额为 "-5019.53"，如图 6-22 所示。

图6-22 计算每月还款额

6.3.2 计算付款中的本金和利息函数 PPMT 及 IPMT

PPMT 函数的功能是基于固定利率及等额分期付款方式下，返回投资在某一给定期间内的本金偿还额。它的语法表达式为 PPMT(rate,per,nper,pv,fv,type)。该函数一共有 6 个参数，rate 为贷款利率；per 用于计算本金数额的期数；nper 表示该项贷款的付款总期数；pv 表示本金；fv 表示在最后一次付款后希望得到的现金余额；type 用于指定各期的付款时间是在期初还是期末。

IPMT 函数的功能是基于固定利率及等额分期付款方式下，返回给定期数内对投资的利息偿还额。它的语法表达式为 IPMT(rate, per,nper,pv,fv,type)，其参数个数和含义等同于 PPMT 函数。

接下来，我们来看一下实际应用案例。王总向银行贷款 40 万元，贷款期限为 10 年，贷款利率为 8.78%，现要求我们分别计算出前 8 个月每个月还款的本金和利息。

1. 打开"本金和利息.xlsx"工作簿，在单元格 B5 中输入公式"=PPMT($C$2/12,A5,$B$2*12,$A$2)"，按"Enter"键后向下复制公式，计算出前 8 个月每个月支付的本金，如图 6-23 所示，从结果可以得知，本金在逐渐增加。

图6-23 计算本金

2. 在单元格 C5 中输入公式"=IPMT($C$2/12,A5,$B$2*12,$A$2)"，计算出前 8 个月每个月支付的利息数，计算结果如图 6-24 所示，从结果可以得知，每个月支付的利息在逐渐减少。

图6-24　计算利息

6.3.3　计算阶段本金和利息函数 CUMPRINC 及 CUMIPMT

在实际工作和生活中，有时也许需要计算某一个时间段内某项贷款所需要支付的本金和利息，在 Excel 中，可以使用阶段本金和利息函数 CUMIPMT 及 CUMPRINC 来完成此项计算。我们仍以上一节中的数据为例，请打开实例文件"计算阶段本金和利息.xlsx"。

1. 在单元格 B5 中输入公式 "=CUMPRINC(C2/12,B2*12,A2,18,36,0)"，按
   "Enter" 键后，计算结果如图 6-25 所示。

图6-25　计算 18~36 个月期间内应付本金

2.　在单元格 B6 中输入公式"=CUMPRINC(C2,B2,A2,2,4,0)",按"Enter"键后,计算结果如图 6-26 所示。

图6-26　计算 2～4 年期间内应付本金

3.　在单元格 C5 中输入公式"=CUMIPMT(C2/12,B2*12,A2,18,36,0)",按"Enter"键后,计算结果如图 6-27 所示。

图6-27　计算 18～36 个月期间内应付利息

4.　计算某些年期间内应付利息。在单元格 C6 中输入公式"=CUMIPMT(C2,B2,A2,2,4,0)",按"Enter"键后,计算结果如图 6-28 所示。

图6-28　计算2～4年期间内应付利息

本节所介绍的本金和利息计算函数，在使用时需要注意一点，即时间单位要保持一致性。如果要计算的是以"月"为单位的期间，则所有与时间相关的参数都必须统一为以"月"为单位，利率需转换为月利率，还款期限也必须转换为以"月"为单位的总期数。

6.4　投资计算

投资计算函数是用于计算投资与收益的一类函数，可以解决日常财务中的累计、贴现等问题。常见的投资计算函数有 FV、FVSCHEDULE、PV 和 NPV 等，下面我们就来重点讲解一下这些函数。

6.4.1　计算一笔投资的未来值函数 FV

FV 函数的功能是基于固定的利率及等额分期付款方式，返回某项投资的未来值。它的表达式为 FV(rate,nper,pmt,pv,type)。一共有 5 个参数，rate 为各期利率；nper 为总投资期；pmt 为各其应支付的金额；pv 表示从该项投资开始计算时已经入账的款项，即本金；type 用以指定各期的付款时间是在期初还是期末。

例如，现需要启动某项投资，已经存入指定专用账户先期存款 10 万元，年利率为 4.5%，并在今后的 36 个月每个月存入 3000 元到该账户。现需要计算两年后，该账户的存款金额。具体操作步骤如下。

1. 启动 Excel 2016 新建一个工作簿，在工作表 Sheet1 中根据上面的描述文字输入已知条件，并设置好单元格格式，如图 6-29 所示。

图6-29　创建 FV 函数模型

2. 在单元格 B5 中输入公式 "=FV(B2/12,D2,−C2,−A2,0)"，按 "Enter" 键后，计算结果为 "229823.05"，如图 6-30 所示。在该公式中，将存款额都输入为负数，因为现在是将它们看成为投资，应为支出。

图6-30　设置公式计算未来值

6.4.2　计算可变利率下投资的未来值函数 FVSCHEDULE

前面介绍的 FV 函数在计算投资的未来值时，其利率是固定的。如果某项投资的利率是可变的，要计算该项投资的未来值时就需要使用 FVSCHEDULE 函数。

FVSCHEDULE 函数的功能是计算某项投资在可变利率下的未来值。它的语法表达式为 FVSCHEDULE(principal,schedule)。它只有两个参数，principal 表示现值，即本金；schedule 为数组，表示利率数组。

例如，假设某人在 2016 年 1 月现存入 15 万元，协定按月计算利息。在该年中，存款年利率一共变化了 3 次，1～3 月份为 3.57％，4～6 月份为 3.48％，7～11 月份为 3.85％，12 月份再次上调为 3.88％，现需要计算一年后的存款总额。

请打开实例文件"FVSCHEDULE 函数.xlsx"。

1. 在单元格 C4 中输入公式"=B4/12"，按"Enter"键后，向下复制公式至单元格 C15，计算结果如图 6-31 所示。

图6-31　计算月利率

2. 在单元格 B17 中输入公式"=FVSCHEDULE(B1,C4:C15)"，按"Enter"键后，计算结果如图 6-32 所示。

图6-32　计算存款总额

在使用 FVSCHEDULE 函数时需要注意，schedule 参数必须为数组。但在本例中，需要注意，不能直接使用年利率数组，即不能直接将单元格区域 B4:B15 作为 schedule 参数。因为是按月份计算利息，而且每个月的年利率是不一致的，因此应先计算出每月的月利率。

6.4.3 计算投资的现值函数 PV

PV 函数的功能是返回某项投资的现值，它的语法表达式为 PV(rate,nper,pmt,fv,type)。它一共有 5 个参数，rate 为各期利率；nper 为总投资期；pmt 为各期所应支付的金额；fv 表示最后一次支付后希望得到的现金余额；type 用以指定各期的付款时间是在期初还是在期末。

例如，某人想通过贷款来进行一项投资，其能承受的每月还款额为 4500 元，贷款年利率为 5.6%，贷款年限为 15 年。在此基础上，计算他最多能承受的贷款总额。

1. 新建一个工作簿，命名为 "PV 函数.xlsx" 工作簿，在工作表 Sheet1 中创建一个表格并输入已知数据，如图 6-33 所示。

图6-33 输入已知数据

2. 在单元格 B6 中输入公式 "=PV(B3,B4,−B2,0,0)"，按 "Enter" 键后，计算结果为 "44870.43"，即此人能够承受的贷款总额，如图 6-34 所示。

图6-34 计算贷款总额

6.4.4 计算非固定回报的投资函数 NPV

NPV 函数的功能是通过使用贴现率及一系列未来支出和收入，返回一项投资的净现值。该函数的表达式为 NPV(rate,value1,value2,value3…)。它有一个固定参数 rate，为某一期间的贴现率，相当于竞争投资的利率；另外还有 1～29 个可选参数 value1,value2,…代表支出和收入。

例如，某企业要购买一项专利技术提高产品质量，投资成本为 200000 元，并且购买后第一年没有收益，以后连续 5 年的预计收益分别为：78000 元、100000 元、160000 元、182000 元、180000 元。假设该年利率为 5%，现需要计算该项投资是否值得。请打开实例文件"NPV 函数.xlsx"。

1. 在单元格 B12 中输入公式"=NPV(B2,B5:B10)"，按"Enter"键后，计算结果如图 6-35 所示，该数据即表示获得预计回报的现值。

图6-35 计算现值

2. 在单元格 B13 中输入公式"=IF(B12>B1,"值得","不值得")"，按"Enter"键后，计算结果如图 6-36 所示，因为投资的现值远远大于该项专利的购买成本，因此得出结论此项投资值得。

图6-36 判断投资是否值得

6.4.5　计算现金流的净现值函数 XNPV

XNPV 函数的功能是返回一组不定期发生的现金流的净现值。它的语法表达式为 XNPV(rate,values,dates)。它一共有 3 个参数，rate 表示现金流的贴现率；values 表示与 dates 中的支付时间相对应的一系列现金流；dates 表示与现金流支付相对应的支付日期表。

假设某公司欲购买一条进口生产流水线，预计一次性购买成本为 98000 元，在第 4 年需要进行一次全面保养，保养费为 5000 元。预计该流水线投入使用后，每年产生收益的现金流量分别为 5000 元、15800 元、16000 元、25000 元、35800 元。现需要计算该项投资所产生的净现金流量及衡量此项投资是否值得。请打开实例文件"XNPV 函数计算模型.xlsx"。

1.　在单元格 E10 中输入公式"=XNPV(B2,E2:E8,D2:D8)"，按"Enter"键后，计算出净现值为"−21269.71"，如图 6-37 所示。

图6-37　计算净现值

2.　在单元格 E11 中输入公式"=IF(E10>0,"值得","不值得")"，判断该项投资是否值得。由于计算出的净现值小于零，为负数，说明该项投资不值得，如图 6-38 所示。

图6-38　判断投资是否值得

6.4.6 计算投资回收率函数 RATE

函数 RATE 的功能是计算某项投资各期的利率（或回收率）。它的语法表达式为 RATE(nper,pmt,pv,fv,type)。它一共有 5 个参数，Nper 表示偿还期或投资期；pmt 为各期所应支付的金额，其数值在整个年金期间保持不变，通常包括本金和利息，但不包括其他费用和税款；pv 表示现值，即从该项投资开始计算时已经入账的款项，或一系列未来付款的当前值的累积和，也称为本金；fv 表示在最后一次付款后希望得到的现金余额；type 用以指定各期的付款时间是在期初还是期末。

例如，某公司欲进行一项投资，一次性投入资金约为 20 万元，如果要求在 5 年投资回收期中使资本增值为 60 万元，则年投资回收率应该不低于多少？

1. 新建一个工作簿，命名为"RATE 函数.xlsx"工作簿，在工作表 Sheet1 中创建图 6-39 所示的表格并输入数据。

图6-39　输入已知条件

2. 在单元格 B5 中输入公式"=RATE(B3,0,-B2,B4,0)"，按"Enter"键后，计算结果为"24.5731％"，如图 6-40 所示。意思是只有在回收率为 24.5731％ 的情况下，投资 20 万元在 5 年后才可能增值为 60 万元。

图6-40　计算回收率

6.5　报酬率计算

报酬率计算函数主要用于计算内部资金流量的回报率。比较常见的报酬率函数有 IRR 函数、MIRR 函数和 XIRR 函数，下面我们就来具体讲解一下这些函数及应用。

6.5.1　返回现金流的内部收益率函数 IRR

内部收益率通常指投资的回收率。Excel 中 IRR 函数的功能是返回由数值代表一组现金流的内部收益率。它的语法表达式为 IRR(values,guess)。它有两个参数，values 为数组类型，表示用来计算返回的内部收益率的数字；guess 为对函数 IRR 计算结果的估计值，如果省略，假设它为 0.1（10%）。

例如，某人打算开办一家新公司，投资额为 150 万元。预计在今后 5 年内的收益分别为 40 万元、45 万元、58 万元、65 万元和 72 万元，现需要计算投资 1 年后、3 年后和 5 年后的内部收益率。

1. 新建一个工作簿，在工作表 Sheet1 中创建图 6-41 所示的表格并输入已知数据。

2. 在单元格 E4 中输入公式 "=IRR(B3:B4,0.2)"，按 "Enter" 键后，计算结果为 "－73.33%"，表示一年后还未收回成本，如图 6-42 所示。公式中第二个参数输入为 0.2，表示假设 IRR 计算结果的估计值为 0.2。

图6-41　创建表格

图6-42　计算 1 年后的内部收益率

3. 在单元格 E6 中输入公式 "=IRR(B3:B6,0.2)"，按 "Enter" 键后，计算结果为 "－2.22％"，如图 6-43 所示。

图6-43　计算3年后的内部收益率

4. 在单元格 E8 中输入公式 "=IRR(B3:B8,0.2)"，按 "Enter" 键后，计算结果如图 6-44 所示。说明在第 5 年后，有 22.26％ 的收益率。

图6-44　计算 5 年后的内部收益率

6.5.2　返回现金流的修正内部收益率 MIRR

修正内部报酬率是指在不同的利率下计算支出和收入时所得的内部收益率，同时考虑投资成本和现金再投资收益率。

Excel 中用于计算现金流内部收益率的函数为 MIRR，它的语法表达式为 MIRR(values,finance_rate,reinvest_rate)。它一共有 3 个参数，values 为数组类型，表示用来计算返回的内部收益率的数字；finance_rate 表示现金流中使用的资金支付的利率；reinvest_rate 表示将现金流再投资的收益率。

例如，5 年前公司以 8.85％的年利率贷款 35 万元购买了一批设备，这批设备在这 5 年内带来的收入分别为 30000 元、89000 元、108500 元、120000 元和 132500 元。其中又将这些收入用于再投资，每年的收益率为 15%。现要计算购买这批设备 3 年后及 5 年后的修正内部收益率。请打开实例文件 "MIRR 函数计算修正内部收益率.xlsx"，该工作簿中已创建好表格并输入已知数据。

1. 在单元格 E5 中输入公式 "=MIRR(B2:B5,B8,B9)"，按 "Enter" 键后，计算结果为 "-10.5%"，如图 6-45 所示。说明在投资的第 3 年，该项投资仍处于亏损状态。

图6-45　计算 3 年后的修正内部收益率

2. 在单元格 E7 中输入公式 "=MIRR(B2:B7,B8,B9)"，按 "Enter" 键后，公式计算结果为 "11.4%"，如图 6-46 所示，说明在投资后的第 5 年，收益率为 11.4%。

图6-46　计算 5 年后的修正内部收益率

6.5.3　返回不定期发生现金流的内部收益率 XIRR

XIRR 函数的功能是返回一组现金流的内部收益率，这些现金流不定期发生。它的语法表达式为 XIRR(values,dates,guess)。它一共有 3 个参数，values 表示与 dates 中的支付时间相对应的一系列现金流；dates 表示与现金流支付相对应的支付日期表；guess 为对函数 XIRR 计算结果的估计值，如果省略则默认为 0.1。

例如，某公司在 2013 年 3 月 10 日开始一项 19 万元的投资。它的回报金额和日期参考"XIRR 函数.xlsx"工作簿，现要求计算这项投资的内部收益率。请打开实例文件"XIRR 函数.xlsx"。

1. 在单元格 D11 中输入公式"=XIRR(D2:D9,C2:C9,0.2)"，这里假设函数 XIRR 结果的估计值为 0.2，按"Enter"键后，计算出的内部收益率为"20.15％"，如图 6-47 所示。

图6-47　计算内部收益率

2. 通常，如果该报酬率大于一般的定期存款利率，则说明此项投资值得。因此，在单元格 D12 中输入公式"=IF(D11>=0.05,"值得","不值得")"，按"Enter"键后，单元格中显示公式计算结果为"值得"，如图 6-48 所示。

图6-48　判断投资是否值得

第7章　进销存管理

进销存管理就是用计算机来管理企业日常经营中进货、销售、库存等基本的业务流程。它能够有效地辅助企业解决业务管理、分销管理、存货管理、营销计划的执行和监控、统计信息的收集等方面的业务问题。本章我们将通过实例详细介绍如何利用 Excel 工作表输入原始的单据，自动生成一套进销存明细账和汇总报表，从而能够及时、准确地为企业提供进销存全面的管理信息。

7.1　商品列表的制作

商品列表是进销存管理系统中的基本商品数据列表，表格结构比较简单。在商品列表的制作中将讲述"冻结窗格"等功能的使用，具体操作步骤如下。

1. 打开"进销存管理.xlsx"工作簿，将 Sheet1 重命名为"商品列表"，并在工作表第 1 行中输入标题文本：商品编码、商品名称、型号规格、单位，并设置字体颜色为"黑色"，字号为"11"，填充颜色为"黄色"，效果如图 7-1 所示。

图7-1　标题栏

2. 在对应的列中输入数据，效果如图 7-2 所示。

图7-2 输入数据

3. 选中第 2 行，在主页功能区切换到"视图"选项卡，单击"窗口"组中的"冻结窗口"下三角按钮，在展开的下拉列表中选择"冻结首行"选项，使第 1 行固定显示在表中，如图 7-3 所示。

图7-3 冻结窗口

7.2 进销记录工作表的制作

进销记录工作表是商品进货和销售数据的记录表，表格结构主要由 3 部分组成：商品基本数据、进货数据、销售数据。

7.2.1　商品基本数据

下面介绍商品基本数据工作表的格式设置，并根据商品编码查找商品信息。具体操作步骤如下。

1. 在商品列表右侧新建工作表，并将其重命名为"进销记录"，如图7-4所示。

图7-4　新建工作表

2. 在工作表第 1 行中输入标题文本：日期、凭证号、摘要、商品编码、商品名称、型号规格、单位、进货数量、进货单价、进货金额、销售数量、销售单价、销售金额。设置字体颜色为"黑色"，字号为"11"，填充颜色为"黄色"。其中，A~G列是凭证和商品基本数据，H~J列是进货数据，K~M列是销售数据，如图 7-5 所示。

图7-5　标题栏

3. 试着输入一张凭证的收据，E、F、G、J、K 列因为要设置公式，不输入数据，如图 7-6 所示。

图7-6　输入数据

4. 接下来我们需要根据商品编码查找商品名称，在 E2 单元格输入公式 "=VLOOKUP（D2,商品列表!A:D,2,0）"，按 "Enter" 键输出结果，如图 7-7 所示。

图7-7　查找商品名称

5. 根据商品编码查找型号规格，我们需要在 F2 单元格输入公式 "=VLOOKUP(D2,商品列表!A:D,3,0)"，按 "Enter" 键输出结果，如图 7-8 所示。

图7-8　查找型号规格

6. 根据商品编码查找单位，我们需要在 G2 单元格中输入公式 "=VLOOKUP(D2, 商品列表!A:D,4,0)"，按 "Enter" 键输出结果，如图 7-9 所示。

图7-9　查找单位

7.2.2　进货数据

进货数据主要为手工输入，在 7.1 节中我们已经将其输入，接下来我们计算进货金额，在 J2 单元格输入公式 "=H2*I2" 计算进货金额，如图 7-10 所示。

图7-10　计算进货金额

7.2.3　销售数据

销售数据和进货数据一样需要手工输入，但因为同一张凭证不可能有进货又有销售，所以不能与进货数量和进货单价输入在相同的行中，具体操作步骤如下。

1. 销售数量和销售单价分别输入在 K 列和 L 列，但需对每一行设置公式，计算销售金额，在 M2 单元格中输入公式 "=K2*L2"，如图 7-11 所示。

图7-11　计算销售金额

2. 输入凭证数据，并将上面设置的 5 个公式填充到第 20 行，效果如图 7-12 所示。

	F	G	H	I	J	K	L	M
1	型号规格	单位	进货数量	进货单价	进货金额	销售数量	销售单价	销售金额
2	方便购物袋012	个	20	2	40			0
3	行李车013	个	2	22	44			0
4	休闲小背包700	个	2	24	48			0
5	JA-15香花包	个	5	65	325			0
6	旅行包556	个	2	68	136			0
7	EVA子弹头拉杆箱21寸	个	1	50	50			0
8	休闲小背包700	个	3	42	126			0
9	休闲手提包	个	2	52	104			0
10	旅行包556	个			0	5	26	130
11	旅行包531	个	22	220	4840			0
12	方便购物袋012	个			0	6	3	18
13	大网车014	个	2	68	136			0
14	方便购物袋012	个			0	7	3	21
15	休闲腰包	个	10	15	150			0
16	方便购物袋012	个			0	2	2.8	5.6
17	休闲手提包	个	5	86	430			0
18	休闲腰包	个			0	5	18	90
19	方便购物袋012	个	10	1.5	15			0
20	方便购物袋012	个			0	5	2.5	12.5
21								

图7-12　完善表格

3. 表格中含有多个零值，为了美观，我们可以将其隐藏。在主页功能区单击"文件"选项卡，在左侧的功能列表中单击"选项"按钮，随即打开"Excel选项"对话框，然后单击"高级"按钮，取消勾选"在具有零值的单元格中显示零"复选框，最后单击"确定"按钮即可，如图 7-13 所示，最终效果如图 7-14 所示。

图7-13　设置取消零值

F	G	H	I	J	K	L	M
型号规格	单位	进货数量	进货单价	进货金额	销售数量	销售单价	销售金额
方便购物袋012	个	20	2	40			
行李车013	个	2	22	44			
休闲小背包700	个	2	24	48			
JA-15香花包	个	5	65	325			
旅行包556	个	2	68	136			
EVA子弹头拉杆箱21寸	个	1	50	50			
休闲小背包700	个	3	42	126			
休闲手提包	个	2	52	104			
旅行包556	个				5	26	130
旅行包531	个	22	220	4840			
方便购物袋012	个				6	3	18
大网车014	个	2	68	136			
方便购物袋012	个				7	3	21
休闲腰包	个	10	15	150			
方便购物袋012	个				2	2.8	5.6
休闲手提包	个	5	86	430			
休闲腰包	个				5	18	90
方便购物袋012	个	10	1.5	15			
方便购物袋012	个				5	2.5	12.5

图7-14 最终效果

7.3 进销存汇总工作表的制作

进销存汇总工作表是对进销数据工作表的数据进行统计，求得进货和销售的汇总数据，并在数据透视表中计算出存货的数量和金额。

7.3.1 数据透视表

本小节介绍利用数据透视表和数据透视图对进销记录数据进行分类汇总。具体操作步骤如下。

1. 在主页功能区切换到"插入"选项卡，单击"图表"组中的"数据透视图"下三角按钮，在展开的下拉列表中选择"数据透视图和数据透视表"选项，如图 7-15 所示。

图7-15 选择图表类型

2. 在弹出的"创建数据透视表"对话框中设置选择一个表/区域为"进销记录 A1:M20"，选择放置数据透视表的位置为"进销存汇总 A3"，最后单击"确定"按钮，如图 7-16 所示。

图7-16　设置数据透视表位置

3. 将数据透视图字段中的"日期"添加到"筛选"区域，如图 7-17 所示。

图7-17　拖动字段到"筛选"区域

4. 将数据透视图字段中的"商品编码""商品名称"和"型号规格"添加到"轴（类别）"区域中，如图 7-18 所示。

图7-18　拖动字段到"轴（类别）"区域

5. 将数据透视图字段中的"进货数量""进货金额""销售数量"和"销售金额"添加到"值"区域中，效果如图 7-19 所示。

	B	C	D	E
1				
2	(全部) ▼			
4	计数项:进货数量	求和项:进货金额	计数项:销售数量	求和项:销售金额
5	2	55	4	57.1
6	2	55	4	57.1
7	1	136	1	130
8	1	136	1	130
9	1	4840		0
10	1	4840		0
11	1	44		0
12	1	44		0
13	1	44		0
14	1	136		0
15	1	136		0
16	1	136		0
17	1	150	1	90
18	1	150	1	90
19	1	150	1	90
20	2	534		0
21	2	534		0
22	2	534		0
23	1	174		0

图7-19 拖动字段到"值"区域后的效果

6. 数据透视图表的最终效果如图 7-20 所示。

行标签	计数项:进货数量	求和项:进货金额	计数项:销售数量	求和项:销售金额
日期 (全部) ▼				
⊟11007	2	55	4	57.1
⊞背包	2	55	4	57.1
⊟11008	1	136	1	130
⊞背包	1	136	1	130
⊟11009	1	4840		0
⊞背包	1	4840		0
⊟12001	1	44		0
⊟行李车	1	44		0
行李车013	1	44		0
⊟12002	1	136		0
⊟行李车	1	136		0
大网车014	1	136		0
⊟13001	1	150	1	90
⊟休闲包	1	150	1	90
休闲腰包	1	150	1	90
⊟13002	2	534		0
⊟休闲包	2	534		0
休闲手提包	2	534		0
⊟13003	2	174		0
⊟休闲包	2	174		0
休闲小背包700	2	174		0
⊟14001	1	50		0
⊟拉杆箱	1	50		0
EVA子弹头拉杆箱21寸	1	50		0
⊟15001	1	325		0
⊟香包	1	325		0
JA-15香花包	1	325		0
总计	13	6444	6	277.1

图7-20 数据透视表的最终效果

7.3.2　数据透视表计算字段

本小节介绍修改字段的汇总方式，设置计算字段和修改汇总字段的显示名称。具体操作步骤如下。

1. 选中 B4 单元格，在主页功能区切换到"数据透视表工具—分析"选项卡，单击"活动字段"组中的"字段设置"按钮，如图 7-21 所示。

图7-21　单击"字段设置"按钮

2. 随即弹出"值字段设置"对话框，切换到"值汇总方式"选项卡，更改计算类型为"求和"，最后单击"确定"按钮，如图 7-22 所示。

图7-22　更改计算类型

3. 随即返回工作表页面，效果如图 7-23 所示。

图7-23　修改计数项为求和项

4.　按上述步骤将 D4 单元格中的"计数项：销售数量"修改为"求和项：销售数
　　量"。

5.　选中 B4 单元格，在主页功能区切换到"数据透视表工具—分析"选项卡，单
　　击"计算"组中的"字段、项目和集"下三角按钮，在展开的下拉列表中选
　　择"计算字段"选项，如图 7-24 所示。

图7-24　选择"计算字段"选项

6.　在弹出的"插入计算字段"对话框中，输入名称"存货数量"，公式"=进货
　　数量-销售数量"，单击"添加"按钮完成插入计算字段，如图 7-25 所示。

图7-25　插入计算字段"存货数量"

7. 随后单击"确定"按钮，返回工作表，效果如图 7-26 所示。

求和项:进货数量	求和项:进货金额	求和项:销售数量	求和项:销售金额	求和项:存货数量
30	55	20	57.1	10
30	55	20	57.1	10
2	136	5	130	-3
2	136	5	130	-3
22	4840		0	22
22	4840		0	22
2	44		0	2
2	44		0	2
2	44		0	2
2	136		0	2
2	136		0	2
10	150	5	90	5
10	150	5	90	5
10	150	5	90	5
7	534		0	7
7	534		0	7
7	534		0	7
5	174		0	5
5	174		0	5
5	174		0	5
1	50		0	1
1	50		0	1
1	50		0	1
5	325		0	5
5	325		0	5
5	325		0	5
86	6444	30	277.1	56

图7-26　插入计算字段"存货数量"后的效果

8. 再次打开"插入计算字段"对话框，输入名称"存货金额"，公式"=（进货金额/进货数量）*存货数量"，单击"添加"按钮完成插入计算字段，如图 7-27 所示。

图7-27　插入计算字段"存货金额"

9. 单击"确定"按钮返回工作表，效果如图 7-28 所示。

求和项:进货数量	求和项:进货金额	求和项:销售数量	求和项:销售金额	求和项:存货数量	求和项:存货金额
30	55	20	57.1	10	18.33333333
30	55	20	57.1	10	18.33333333
2	136	5	130	-3	-204
2	136	5	130	-3	-204
22	4840		0	22	4840
22	4840		0	22	4840
2	44		0	2	44
2	44		0	2	44
2	44		0	2	44
2	136		0	2	136
2	136		0	2	136
2	136		0	2	136
10	150	5	90	5	75
10	150	5	90	5	75
10	150	5	90	5	75
7	534		0	7	534
7	534		0	7	534
7	534		0	7	534
5	174		0	5	174
5	174		0	5	174
5	174		0	5	174
1	50		0	1	50
1	50		0	1	50
1	50		0	1	50
5	325		0	5	325
5	325		0	5	325
5	325		0	5	325
86	6444	30	277.1	56	4196.093023

图7-28　插入计算字段"存货金额"后的效果

10. 数据透视表的一个特点是各数据字段的名称前有"求和项："等字符，使列宽偏大，影响美观。我们可以按快捷组合键"Ctrl+H"，随即弹出"查找和替换"对话框，在"查找内容"文本框中输入"求和项："，在"替换为"文本框中输入"|"，然后单击"全部替换"按钮，如图 7-29 所示。

图7-29 输入替换文本

11. 随即返回工作表，完成进销存汇总数据透视表，如图 7-30 所示。

进货数量	进货金额	销售数量	销售金额	存货数量	存货金额
30	55	20	57.1	10	18.33333333
30	55	20	57.1	10	18.33333333
2	136	5	130	-3	-204
2	136	5	130	-3	-204
22	4840		0	22	4840
22	4840		0	22	4840
2	44		0	2	44
2	44		0	2	44
2	44		0	2	44
2	136		0	2	136
2	136		0	2	136
2	136		0	2	136
10	150	5	90	5	75
10	150	5	90	5	75
10	150	5	90	5	75
7	534		0	7	534
7	534		0	7	534
7	534		0	7	534
5	174		0	5	174
5	174		0	5	174
5	174		0	5	174
1	50		0	1	50
1	50		0	1	50
1	50		0	1	50
5	325		0	5	325
5	325		0	5	325
5	325		0	5	325
86	6444	30	277.1	56	4196.093023

图7-30 进销存汇总

第8章 固定资产管理

固定资产，指单位价值在规定限额以上，使用期限在一年以上，在长期使用中能保持原有物质形态的劳动资料和消费资料。属于产品生产过程中用来改变或影响劳动对象的劳动资料，是固定资本的实物形态。固定资产在生产过程中可以长期发挥作用，长期保持原有的实物形态，但其价值则随着企业生产经营活动而逐渐地转移到产品成本中去，并构成产品价值的一个组成部分。固定资产分有生产性固定资产和非生产性固定资产。固定资产的财务处理是会计的重要业务之一，企业的固定资产日常核算、固定资产折旧处理是一项烦琐的工作，而使用 Excel 2016 创建固定资产表并对其管理核算，可以帮助财务人员快速高效地管理固定资产。

8.1 建立固定资产管理表

财务部门需要对固定资产进行固定资产的登记编号、记录报废、折旧计提等，根据财务部门对固定资产的日常管理，需要建立一个固定资产管理表，以实现固定资产相关计算与管理的目的。

8.1.1 建立固定资产表

固定资产表应当从公司固定资产数据中获取，罗列出相应的资产清单，操作步骤如下。

1. 启动 Excel 2016，单击"文件"选项卡，选择新建"空白工作簿"，将工作簿命名为"固定资产管理"，然后将 Sheet1 表命名为"固定资产表"。
2. 输入"固定资产名称""年限""价值"和"数量"等固定资产标志项，根据公司现有的数据如实地输入相应的数据内容。将标题文本内容设置为"固定资产表"。设置合适的文本字体与大小，设置合适的对齐方式并设置相应的底色，设置合适的表格边框。最终效果如图 8-1 所示。

图8-1 初步建立"固定资产表"

8.1.2 格式添加使用时间

在添加使用时间的过程中，需要对添加的时间进行格式设置，以方便对时间数据进行统一管理。具体操作步骤如下。

1. 在固定资产表中选中 D 列，单击"开始"选项卡，单击"数字选项"中的"数字格式"按钮，如图 8-2 所示。

图8-2 单击"数字格式"按钮

2. 在弹出的"设置单元格格式"对话框中，选择"数字"中的自定义选项，然后选择"yyyy/m/d"类型，之后单击"确定"按钮，如图 8-3 所示。

图8-3 设置时间格式

3. 根据现有的数据输入开始使用时间，同时输入"使用年限"，如图 8-4 所示。

图8-4　输入时间

8.1.3　计算总价

固定资产的总价等于固定资产的单价乘以数量，单击 H3 单元格，在公式编辑栏里输入公式"=F3*G3"，按"Enter"键，得到运输车的总价数据；然后选中 H3 单元格，将鼠标光标定位到该单元格的右下角，当出现黑色的十字形状时鼠标向下拖动复制公式，可一次性得出所有固定资产的总价，如图 8-5 所示。

图8-5　计算"总价"

8.1.4　计算使用状态

固定资产的使用状态是指固定资产当前的使用情况，例如，"使用中""未使用""不需用"和"出租"等，确定使用状态的计算方法可以利用 IF 函数得到，具体操作步骤如下。

1. 选中 I3 单元格，在公式编辑栏中输入公式 "=IF((DAYS360(D3,TODAY())/365<E3),"正常使用","报废")"，按"Enter"键得到固定资产的目前使用状态情况。

2. 再次选中 I3 单元格，将光标定位到该单元格的右下角，当出现黑色的十字形状时向下拖动复制公式，可一次性得出所有固定资产的"使用状态"，如图 8-6 所示。

图8-6　计算使用状态

8.1.5　计算净残值

固定资产净残值是指固定资产使用期满后，用残余的价值减去应支付的固定资产清理费用后的那部分价值。固定资产净残值属于固定资产的不转移价值，不应计入成本、费用中去。在计算固定资产折旧时，采取预估的方法，从固定资产原值中扣除，到固定资产报废时直接回收。固定资产净残值占固定资产原值的比例一般在 3%～5%之间。

固定资产净残值=固定资产原值×预计残值率，在这里，我们将净残值率设置为 5%，净残值的具体计算步骤如下。

1. 选中 K3 单元格，在公式编辑栏中输入公式 "=H3*J3"，按"Enter"键得到固定资产的总值。

2. 再次选中 K3 单元格，将光标定位到该单元格的右下角，当出现黑色的十字形状时向下拖动复制公式，可一次性得出所有固定资产的"净残值"，如图 8-7 所示。

图8-7 计算"净残值"

实战技巧：利用数据有效性填充数据

使用数据有效性可定义单元格序列，这样可以直接在下拉列表中选择所需的数据，避免再次重复输入相同的数据，从而提高工作效率，达到事半功倍的效果。在固定资产表中，固定资产的"车辆、电器、工具"等类别名称大部分是需要重复输入的文字，我们可以利用数据的有效性进行快速输入，具体操作步骤如下。

1. 打开固定资产表，选中"类别"列区域，在"数据工具"选项中，单击"数据验证"下拉按钮，在弹出的下拉列表中选择"数据验证"选项，如图 8-8 所示。

图8-8 选择数据验证

2. 在弹出的"数据验证"对话框中，单击"设置"选项卡，在"允许"项里设置为"序列"，并输入相应的来源内容，在这里我们输入"车辆、电器、工具、其他"。之后单击"确定"按钮完成数据验证的设置，如图8-9所示。

图8-9　设置数据验证

3. 此时当我们在类别列里再次输入新的数据时，会弹出下拉列表，方便快速输入，效果如图 8-10 所示。

图8-10　数据有效性效果

8.2　固定资产筛选与排序

当企业的固定资产较多时，如果逐一寻找起来会十分不方便。此时，我们可以利用已知的条件，在 Excel 2016 中运用相应的查询与筛选功能，从而完成对固定资产数据的快速管理。

8.2.1 按类别查找固定资产

当我们想查询某个类别下的固定资产清单时，可以在类别中利用筛选功能进行查找，具体操作步骤如下。

1. 打开"固定资产表"，选择 C 列单元格，切换至"数据"选项卡，在"排序和筛选"栏里单击"筛选"按钮，如图 8-11 所示。

图8-11　单击"筛选"按钮

2. 单击数据下拉框，在数据下拉框中只选择"车辆"复选框，单击"确定"按钮，如图 8-12 所示。此时，表中筛选出所有的车辆类固定资产，效果如图 8-13 所示。

图8-12　选择"车辆"类别固定资产

图8-13　筛选车辆类别后的效果

同样，当我们想筛选电器或工具类的固定资产时，重复上述步骤，在相应的复选框中打勾即可。对于按数量、使用状态等筛选时，也可以按照上述步骤进行操作，这里不再赘述。

8.2.2　按年限段查找固定资产

在固定资产的管理中，我们有时需要按照某一数值段查找固定资产，例如，要查找年限为2~5年年限段的固定资产，只需按照以下操作步骤进行查找。

1. 选择 F2 下的所有单元格，切换至"数据"选项卡，单击"筛选"按钮。
2. 单击数据下拉框，在数据下拉框中选择"数字筛选"选项，然后选择"介于"选项，如图 8-14 所示。

图8-14　选择"介于"选项

3. 在弹出的"自定义自动筛选方式"对话框中,在"大于或等于"后输入"2",在"小于或等于后"输入"5",然后单击"确定"按钮,如图 8-15 所示。完成筛选设置后,结果如图 8-16 所示。

图8-15 "自定义自动筛选方式"设置

图8-16 筛选结果

8.2.3 按总价对固定资产排序

在管理固定资产的过程中,有时我们需要按价值大小了解各个固定资产的分布情况,进行合理的资产划分。此时,可以利用 Excel 2016 中的排序功能快速实现,具体操作步骤如下。

1. 在"固定资产表"中,选中 H 列单元格,切换至"数据"选项卡,在"排序和筛选"栏中单击"排序"按钮,如图 8-17 所示。

2. 在弹出的"排序提醒"对话框中,选择"扩展选定区域"选项,然后单击"排序"按钮。

图8-17　单击"排序"按钮

3. 在弹出的"排序"对话框中，如图 8-18 所示，在"列"里选择主要关键字"（列 H）"，在"排序依据"里选择"数值"，在"次序"里我们按"升序"进行排序，然后单击"确定"按钮，完成排序设置，排序后的效果如图 8-19 所示。

图8-18　排序设置

图8-19　"总价"排序效果

8.2.4 标记报废固定财产

在实际的固定资产管理过程中，有时需要将固定资产某个范围内的数值标记出来，方便我们清楚地看到数据，从而对固定资产数据进行下一步的操作。可以利用 Excel 2016 的标记方法进行标记。例如，我们将"报废"的固定资产做标记，具体操作步骤如下。

1. 选择 I2 下的所有单元格数据，切换至"开始"选项卡，单击"条件格式"按钮，选择"突出显示单元格规则"选项，然后选择"等于"选项，如图 8-20 所示。

图8-20　选择"等于"选项

2. 在弹出的"等于"对话框中，将等于的值设为"报废"，并将效果设置为"浅红色填充"格式。单击"确定"按钮，如图 8-21 所示。此时，对于报废的固定资产，我们可以清晰地看到被标记为浅红色，效果如图 8-22 所示。

图8-21　设置单元格突出格式

图8-22　标记"报废"使用状态效果

8.3　固定资产折旧

固定资产的价值是根据它本身的磨损程度逐渐转移到新产品中去的，它的磨损分有形磨损和无形磨损两种情况。固定资产折旧是指在固定资产使用寿命内，按照确定的方法对应计折旧额进行系统分摊。使用寿命是指固定资产的预计寿命，或者该固定资产所能生产产品或提供劳务的数量。应计折旧额是指应计提折旧的固定资产的原价扣除其预计净残值后的金额。已计提减值准备的固定资产，还应扣除已计提的固定资产减值准备累计金额。

固定资产计提折旧应注意以下问题。

(1) 注意计提折旧的范围，按现行企业会计准则规定，除以下情况外，企业应对所有固定资产计提折旧。

- 已提足折旧仍继续使用的固定资产；
- 按照规定单独计价作为固定资产入账的土地；
- 处于更新改造过程中的固定资产。未使用的机器设备、仪器仪表、运输工具、工具器具，季节性停用也要计提折旧。

(2) 注意再计提固定资产折旧时应考虑固定资产减值准备。

(3) 注意折旧期间跨年度时年折旧额的确定。

8.3.1　计算折旧时间

在进行固定资产的折旧计算时，首先要计算出当前时间、折旧月份、已提折旧年份等数据，具体操作步骤如下。

1. 打开固定资产表，选中 L3 单元格，在公式编辑栏里输入公式"=TODAY()"，按"Enter"键,即可显示当前的日期。接着我们再次选中 L3 单元格,将光标定位到该单元格的右下角,当出现黑色的十字形状时,鼠标向下拖动复制公式填充序列,可一次性让所有单元格显示当前的日期,如图 8-23 所示。

图8-23　显示"当前日期"

2.　计算"已提折旧月份",可以利用"DAYS360"函数,选中 M3 单元格,在公式编辑栏中输入公式"=INT(DAYS360(D3,L3)/30)",按"Enter"键,即可显示已折旧月份。再次选中 M3 单元格,将光标定位到该单元格的右下角,当出现黑色的十字形状时,鼠标向下拖动复制公式填充序列,可一次性得到所有已折旧月份数据,如图 8-24 所示。

图8-24　计算"已折旧月份"

3.　计算"已提折旧年份"可用已折旧月份除以 12,先选中 N3 单元格,在公式

编辑栏中输入公式 "=M3/12"，按 "Enter" 键得到 "已提折旧年份"，再次选中 N3 单元格，拖动鼠标向下填充序列，得到所有的 "已提折旧年份" 数据，如图 8-25 所示。

图8-25　计算 "已提折旧年份"

4. 在本年已提月份里输入相关数据，完成折旧计算前基础数据的所有计算。

8.3.2　年数总和法计算折旧值

年数总和法又称折旧年限积数法、年数比率法、级数递减法或年限合计法，是将固定资产的原值减去预计净残值后的净额乘以一个逐年递减的分数计算每年的折旧额，这个分数的分子代表固定资产尚可使用的年数，分母代表使用年限的逐年数字总和。

逐年递减分数的分子代表固定资产尚可使用的年数；分母代表使用年数的逐年数字之总和，假定使用年限为 n 年，分母即为 1+2+3+……+n=n（n+1）÷2，相关计算公式如下。

年折旧率=尚可使用年数/年数总和×100%

年折旧额=（固定资产原值－预计残值）× 年折旧率

月折旧率=年折旧率/12

月折旧额=（固定资产原值－预计净残值）× 月折旧率

年数总和法主要用于计算技术进步、产品更新换代较快的或常年处于强震动、高腐蚀的固定资产。我们以台式电脑为例，计算其折旧值，具体操作步骤如下。

1. 在 "固定资产管理表" 工作簿中，将 Sheet2 表命名为 "年数总和法" 表，建立相关的折旧数据信息，调整合适的字体，设置边框、表格底色等，效果如图 8-26 所示。

图8-26 建立"年数总和法"表

2. 选中 B5 单元格，切换到"公式"选项卡，单击"财务"按钮，选择"SYD"公式，如图 8-27 所示。

图8-27 选择"SYD"公式

3. 在弹出的函数对话框中输入相应的"Cost""Salvage""Life""Per"的值，并按住"F4"键，将单元格的相对引用设置成绝对引用，单击"确定"按钮，完成函数参数的设置，如图 8-28 所示。

图8-28　设置 SYD 函数参数

4. 得出计算结果后，再次选中 M3 单元格，将光标定位到该单元格的右下角，当出现黑色的十字形状时，鼠标向下拖动复制公式填充序列，可一次性得到所有已折旧月份数据，结果如图 8-29 所示。

图8-29　计算 1～8 年折旧额

年数总和法对影响折旧分配需要考虑的因素也不能完全考虑并体现。采用年数总和法计提固定资产折旧，体现了会计的谨慎性原则。

8.3.3　直线法计算折旧值

直线法又称年限平均法，是指将固定资产的应计折旧额均衡地分摊到固定资产预计使用寿命内的一种方法。采用这种方法计算的每期折旧额均相等。它假定折旧是由于时间的推移而不是使用的关系，认为服务潜力降低的决定因素是随时间推移所造成的陈旧和破坏，而不是使用所造成的有形磨损。因而假定资产的服务潜力在各个会计期间所使用的服务总成本是相同的，而不管其实际使用程度如何。即指按固定资产的使用年限平均计提折旧的一种方法。它是最简单、最普遍的折旧方法。直线法适用于各个时期使用情况大致相同的固定资产折旧。

固定资产在一定时间计提折旧额的大小，主要取决于下列因素：固定资产的原值、预计使用年限、固定资产报废清理时所取得的残余价值收入和支付的各项清理费用。

直线法折旧计算公式：年折旧额=固定资产－净残值/使用年限

例如，我们计算购买的运输车的年折旧额和累计折旧数据，具体操作步骤如下。

1. 在"固定资产管理表"工作簿中，将 Sheet3 表命名为"直线法"表，输入"年限""年折旧额""累计折旧"和"账面价值"等标志项，调整合适的字体，设置相应的边框、表格底色等，效果如图 8-30 所示。

图8-30 建立"直线法"表

2. 选中 B5 单元格，切换至"公式"选项卡，单击"财务"按钮，选择"SLN"公式。

3. 在弹出的"函数参数"对话框中依次输入"Cost""Salvage"和"Life"的值，并按住"F4"键，将单元格的相对引用设置成绝对引用，单击"确定"按钮，完成函数参数的设置，如图 8-31 所示。

图8-31 设置 SLN 函数的参数

4. 当得到第一年的年折旧额后，再次选中 B6 单元格，将鼠标光标定位到该单元格的右下角，当出现黑色的十字形状时，鼠标向下拖动复制公式，可一次性得出所有年份的年折旧额，如图 8-32 所示。

图8-32   计算各年份的年折旧额

5. 接着我们计算累计折旧数据，累计折旧等于之前年折旧额相加累计所得。选中 C8 单元格，在公式编辑栏中输入公式 "=C5+B6"，按 "Enter" 键，得到第一年的 "累计折旧" 数据。拖动鼠标序列填充柄到该列底部，得到所有年限的 "累计折旧" 数据，如图 8-33 所示。

图8-33   计算 "累计折旧" 数据

6. 最后我们计算 "账面价值"，"账面价值" 可以由原值减去累计折旧值所得。

单击 D5 单元格，在公式编辑栏中输入公式"=$D$5-C6"，按"Enter"键，得到第一年的账面价值，拖动鼠标序列填充柄复制公式到该列底部，得到所有年限的账面价值数据，如图 8-34 所示。

图8-34　计算各年的"账面价值"

8.3.4　双倍余额递减法计算折旧值

双倍余额递减法是用年限平均法折旧率的两倍作为固定的折旧率乘以逐年递减的固定资产期初净值，得出各年应提折旧额的方法。与加速折旧法类似，可让你在第一年折减较大金额。这种计算方法以加速的比率计算折旧，因此折旧在第一阶段是最高的，但在后继阶段中将会减少。

双倍余额递减法计算公式为：

年折旧率=2/预计折旧年限×100%

年折旧额=（固定资产原值－预计净残值）×年折旧率

在使用双倍余额递减法计算时，必须注意不能使固定资产的账面净值降到其预计残值收入以下。我国现行的会计制度规定：实行双倍余额递减法计提折旧的固定资产，应当在其固定资产折旧年限到期以前两年内，将固定资产净值扣除预计净残值的余额平均摊销。

下面我们以购置的小轿车为例，利用双倍余额法计算年折旧额，具体操作步骤如下。

1. 在"固定资产管理"工作簿中，新建工作表，并将其名称命名为"双倍余额法"表，建立相关的折旧数据信息，调整合适的字体，设置相应的边框、表格底色等，效果如图 8-35 所示。

图8-35 建立"双倍余额法"表

2. 选中 B5 元格，切换到"公式"选项卡，单击"财务"按钮，选择"DDB"公式。

3. 在弹出的"函数参数"对话框中输入相应的"Cost""Salvage""Life""Period"和"Factor"的值，并按住"F4"键，将单元格的相对引用设置成绝对引用，单击"确定"按钮，完成函数参数的设置，如图 8-36 所示。

图8-36 输入函数参数

4. 得出计算结果后，再次选中 B5 单元格，将鼠标光标定位到该单元格的右下角，当出现黑色的十字形状时，鼠标向下拖动复制公式填充序列到第 4 年，可一次性得到 1~4 年的"年折旧额"，结果如图 8-37 所示。

图8-37　计算年折旧额结果

5. 选中 B16 单元格，在公式编辑栏中输入第 5 年的折旧额计算公式 "=($C$2-SUM($B$5:$B$8)-$D$2)/2"，按 "Enter" 键，得到第 5 年的折旧额，如图 8-38 所示。

图8-38　计算第 5 年的年折旧额

6. 右键单击 B9 单元格并在弹出的快捷菜单中选择 "复制" 命令，再右键单击 B10 单元格，在弹出的快捷菜单中选择 "选择性粘贴" 命令，打开 "选择性粘贴" 对话框，选择 "公式" 选项，即可显示第 6 年的折旧额，如图 8-39 所示。

　　运用双倍余额递减法计提折旧的固定资产，在其固定资产折旧年限到期之前的两年内，要将固定资产净值扣除预计净残值后的余额平均摊销，因此，最后两年的折旧额是相等的。由于双倍余额递减法不考虑固定资产的残值收入，因此，不能使固定资产的帐面折余价值降低到它的预计残值收入以下。当上述条件不成立时，应改用直线法计提折旧。

图8-39　选择性粘贴公式

实战演练：显示和隐藏公式

在实际的财务管理中，有时我们想直接查看某个表或某个区域数据的计算公式，如果单击逐一进行查找记录会十分烦琐不便，我们可以利用 Excel 2016 显示公式的小技巧来达到查看公式的目的。同时，我们也可以再次隐藏公式。其具体操作步骤如下。

1. 打开需要显示公式的工作表，在这里我们选择"固定资产表"。
2. 切换到"公式"选项卡，在"公式审核"选项里，单击"显示公式"按钮，如图 8-40 所示，此时可以看到工作表由公式计算的数据单元格直接显示出计算公式来，如图 8-41 所示。

图8-40　单击"显示公式"按钮

图8-41　显示公式效果

3.　如果想将公式再次隐藏起来，只需重复上述步骤，单击"隐藏公式"按钮即可完成相应的隐藏操作。

第9章　员工工资管理

员工工资表又称工资表，是按车间、部门编制的，每月一张。正常情况下，工资表会在工资正式发放前的 1~3 天发放到员工手中。员工可以就工资表中出现的问题向上级反映。在 Excel 2016 建立工资表的过程中，要根据工资卡、考勤记录、产量记录及代扣款项等资料按人名填列 "应付工资" "代扣款项" 和 "实发金额" 三大部分并完成相关计算，进而合理管理员工工资，完善公司薪资制度。

9.1　建立基本工资表单

员工基本工资表单是工资管理必不可少的部分，各项表用于记录员工信息的基本工资、各类工资加减项。基本工资表单是用于发放工资的基础。本节将介绍用 Excel 2016 建立基本工资表单并进行相关的工资项目计算。

9.1.1　建立基本工资表

基本工资表用于记录员工的基本信息及基本工资情况，是核算应发工资的基础，基本工资表应当包含员工 "基本信息" "工龄工资" "基本工资" 和 "备注" 等标志项。其具体的创建过程如下。

1. 启动 Excel 2016，新建 "空白工作簿"，并将其命名为 "员工工资管理表"。重命名 Sheet1 工作表为 "员工基本工资管理表"，然后在表格中添加员工基本信息、基本工资等相关内容，并在表格中设置合适的文字格式、边框底纹格式等，设置完毕后，效果如图9-1所示。

图9-1　建立 "基本工资表"

2. 工龄是指职工以工资收入为生活资料的全部或主要来源的工作时间。工龄的长短标志着职工参加工作时间的长短。计算工龄可以利用 YEAR 函数。先单击 E3 单元格，在公式编辑栏中输入公式 "=YEAR(TODAY())-YEAR(D3)"，按 "Enter" 键得到日期值。再次选中 E3 单元格，将光标定位到该单元格右下角，当出现黑色十字形状时，向下拖动鼠标复制公式填充数据，可以一次性计算出所有员工的工龄，如图 9-2 所示。

图9-2　计算员工工龄

9.1.2　计算工龄工资

工龄工资，是某些企业按照员工的工作年数，即员工的工作经验和劳动贡献的积累给予的经济补偿。工龄工资是企业分配制度的一个重要组成部分，我们可以利用 Excel 2016 中的 "IF" 函数来实现快速计算员工的工龄工资。

例如，我们约定工龄工资的计算标准为：当工龄不足 1 年时不计工龄工资，当工龄大于 1 年时按照每年 300 元递增。具体操作步骤如下。

1. 选中 G3 单元格，在公式编辑栏中输入公式 "=IF(E3<=1,0,(E3-1)*300)"，按 "Enter" 键，即可根据员工的工龄计算出 "工龄工资"。
2. 选中 G3 单元格，将光标定位到该单元格的右下角，当出现黑色的十字形状时向下拖动复制公式，可一次性得出所有员工的 "工龄工资"，如图 9-3 所示。

图9-3　计算"工龄工资"

9.1.3　建立考勤统计表

考勤表是公司员工每天上班的凭证，也是员工领工资的凭证，考勤统计表记录员工上班的天数。通过记录考勤可以维护企业的正常工作秩序，公司工资表的统计需要根据员工在考勤表中的旷工、迟到天数的罚款进行工资计算。具体创建过程如下。

1. 打开"员工工资管理表"，将 Sheet2 表命名为"考勤统计表"，建立"员工编号"和"员工姓名"等考勤统计信息，调整合适的字体大小，设置合适的文本格式，添加相应的表格边框，最终效果如图 9-4 所示。

图9-4　建立"考勤统计表"

2. 选中 B2 单元格，然后在公式编辑栏里输入公式"=VLOOKUP(A3,基本工资表!$A$3:$C$12,2,0)"，按"Enter"键得到员工编号为 101 的姓名；再次选中 B2 单元格，将鼠标光标定位到该单元格右下角，当出现黑色十字形状时，向下拖动鼠标复制公式，可以一次性得到所有员工的姓名，如图 9-5 所示。

图9-5　建立"考勤统计表"

3. 根据步骤 2 的方法，得到员工的职位信息，然后根据员工的出勤信息，填写"考勤统计表"，最终的表格如图 9-6 所示。

图9-6　填写考勤统计表信息

9.1.4　建立奖惩统计表

奖惩是企业对工作人员进行的奖励或惩罚，以强化人事管理。企业的工作人员业绩突出会得到相应的工作奖励，因为一些工作失误同样也会造成一定的罚款，利用 Excel 2016 建立一张奖惩管理表，可以记录奖惩数据并统计到员工工资表中。具体创建过程如下。

1. 打开"员工工资管理表"，将 Sheet3 表命名为"奖惩统计"表，建立"员工编号""员工姓名"和"奖惩统计"等信息，设置合适的文本格式，添加相应的表格边框，最终效果如图 9-7 所示。

图9-7　建立"奖惩统计表"

2. 选中 B2 单元格，在公式编辑栏里输入公式"=VLOOKUP(A3,基本工资表!\$A\$3:\$C\$12,2,0)"，按"Enter"键得到员工编号为 101 的姓名；再次选中 B2 单元格，将鼠标光标定位到该单元格右下角，当出现黑色十字形状时，向下拖动鼠标复制公式，可以一次性得到所有员工的姓名。

3. 根据步骤 2 的方法，得到员工的职位信息，然后根据员工的奖惩信息，填写"奖惩统计表"的"业绩提成"和"罚款"等信息，最终的表格如图 9-8 所示。

图9-8　填写考勤统计表信息

实战技巧：日期格式转换

对于已经设定的日期，我们可以根据需要对日期格式进行转换，例如，将横杠格式转换成斜杠等，以方便进行某些函数计算等。其具体操作步骤如下。

1. 选定需要转换的日期格式区域，我们以"基本工资表"为例，选中 D 列，切换至"开始"选项卡，在数字选项里单击"数字格式"按钮。
2. 在弹出的"设置单元格格式"对话框中，切换至"数字"选项卡，选择"日期"选项，在右侧日期格式里，选择所需日期格式，例如，我们选择带有年月日的日期格式，单击"确定"按钮，如图 9-9 所示。完成日期格式转换，效果如图 9-10 所示。

图9-9　选择日期格式

图9-10　日期格式转换效果

9.2　个人所得税计算

个人所得税是国家对本国公民、居住在本国境内的个人的所得和境外个人来源于本国的所得征收的一种税款。工资、薪金所得是指个人因任职或受雇而取得的工资、薪金、奖金、年终加薪、劳动分红、津贴、补贴及与任职或受雇有关的其他所得。这就是说，个人取得的所得，只要是与任职、受雇有关，不管其单位的资金开支渠道或以现金、实物、有价证券等形式支付的，都是工资、薪金所得项目的课税对象。员工所得工资，按照个人所得税率，需要缴纳一定的个人所得税后得到税后工资。

9.2.1　建立个人所得税表

在计算员工个人所得税之前，我们需要建立员工的"个人所得税表"，具体创建过程如下。

1. 打开"员工工资管理表"，将 Sheet3 表命名为"个人所得税统计"表，建立"员工编号""员工姓名"和"个人所得税"等信息，设置合适的文本格式，添加相应的表格边框，效果如图 9-11 所示。

图9-11　建立"个人所得税统计表"

2. 选中 B2 单元格，在公式编辑栏里输入公式"=VLOOKUP(A3,基本工资表!$A$3:$C$12,2,0)"，按"Enter"键得到员工编号为 101 的姓名；再次选中 B2 单元格，将光标定位到该单元格右下角，当出现黑色十字形状时，向下拖动鼠标复制公式，可以一次性得到所有员工的姓名。

3. 根据步骤 2 的方法，得到员工的职位信息。

9.2.2 计算应缴纳所得额

应缴纳所得额是指员工个人在获得的工资中应当缴纳税额的部分。个税免征额是 3500 元，所谓免征额是在征税对象总额中免予征税的数额。它是按照一定标准从征税对象总额中预先减除的数额。免征额部分不征税，只对超过免征额部分征税。所以应缴纳所得额等于应发工资减去个税免征额，其具体计算步骤如下。

1. 单击 D3 单元格，在公式编辑栏里输入公式"=SUM(基本工资表!F3,基本工资表!G3,考勤统计表!H3,奖惩统计表!D3,奖惩统计表!E3,) - 3500"，按"Enter"键得到员工编号为 101 的应缴纳所得额。
2. 再次选中 D3 单元格，将光标定位到该单元格右下角，当出现黑色十字形状时，向下拖动鼠标复制公式，可以一次性得到所有员工的应缴纳所得额，如图 9-12 所示。

图9-12　计算应缴纳所得额

9.2.3 计算适用税率

个人所得税率是个人所得税税额与应纳税所得额之间的比例。个人所得税率是由国家相应的法律法规规定的，根据个人的收入计算，其具体税率如图 9-13 所示。缴纳个人所得税是收入达到缴纳标准公民应尽的义务。

级数	含税级距	税率(%)	速算扣除数
1	0-1500	3%	0
2	1500-4500	10%	105
3	4500-9000	20%	555
4	9000-35000	25%	1005
5	35000-55000	30%	2755
6	55000-80000	35%	5505
7	80000以上	45%	13505

图9-13　个人所得税表

计算适用税率具体步骤如下。

1. 在个人所得税表里，单击 E3 单元格，然后在公式编辑栏里输入公式
   "=IF(D3<=1500,0.03,IF(D3<=4500,0.1,IF(D3<=9000,0.2,IF(D3<=35000,0.25,IF(E3<=80000,0.35,0.45)))))"，按 "Enter" 键得到第一位员工的适用税率。

2. 再次选中 E3 单元格，将光标定位到该单元格右下角，当出现黑色十字形状时，向下拖动鼠标复制公式，可以一次性得到所有员工的适用税率，如图 9-14 所示。

图9-14　计算适用税率

9.2.4　计算速算扣除数

"速算扣除数"是为简化级税程序而按全额累进方式计算累进税额时所使用的扣除数额，它是全额累进税额减去超额累进税额的差额。速算扣除数实际上是在级距和税率不变条件下，全额累进税率的应纳税额比超额累进税率的应纳税额多纳的一个常数。因此，在超额累进税率条件下，用全额累进的计税方法。只要减掉这个常数，就等于用超额累进方法计算的应纳税额，故称速算扣除数。

计算速算扣除数，可以利用 VLOOKUP 查找函数来实现。具体操作步骤如下。

1. 在个人所得税统计表里，选中 F3 单元格，在公式编辑栏中输入公式
   "=VLOOKUP(E3,{0.03,0;0.1,105;0.2,555;0.25,1005;0.3,2755;0.35,5505;0.45,13505},2,)"。公式中的 2 表示返回这个组列中第 2 列的值。按 "Enter" 键，根据税率会得到第一个人的速算扣除数。

2. 再次选择 F3 单元格，将光标定位到该单元格的右下角，当出现黑色的十字形状时向下拖动复制公式，可一次性得出所有员工的速算扣除数，如图 9-15 所示。

图9-15　计算速算扣除数

9.2.5　计算个人所得税

在完成以上所有的数据计算后，我们接下来就可以计算个人所得税了。其公式为

应纳个人所得税税额=应纳税所得额×适用税率－速算扣除数

具体计算步骤如下。

1. 单击 G3 单元格，在公式编辑栏里输入公式"=D3*E3-F3"，按"Enter"键得到第一位员工的应缴纳所得税。

2. 再次选中 G3 单元格，将光标定位到该单元格右下角，当出现黑色十字形状时，向下拖动鼠标复制公式，可以一次性得到所有员工的应缴纳所得税，如图 9-16 所示。

图9-16　计算"应缴纳所得税"

9.3　员工工资汇总管理

员工工资汇总，可以根据相关数据对员工进行工资发放并对工资数据统一管理，从而完善员工薪资体系。

9.3.1　建立工资汇总表

在进行工资管理前，先要创建员工工资汇总表，具体操作步骤如下。

1. 打开"员工工资管理表"，新建新工作表并重命名为"员工工资汇总表"，然后在表格中添加员工基本信息、基本工资、实发工资等相关内容，并在表格中设置合适的文字格式、边框底纹格式等，设置完毕后，效果如图 9-17 所示。

图9-17　建立"员工工资汇总表"

2. 选中 B4 单元格，在公式编辑栏里输入公式"=VLOOKUP(A3,基本工资表!$A$3:$C$12,2,0)"，按"Enter"键得到员工编号为 101 的姓名，再次选中 B4 单元格，将光标定位到该单元格右下角，当出现黑色十字形状时，向下拖动鼠标复制公式，可以一次性得到所有员工的姓名。

3. 利用步骤 2 的方法，得到职位、基本工资等信息，因为各地各公司福利不同，我们将五险一金规定为 1000 元，输入数据后如图 9-18 所示。

4. 选中 G4 单元格，在公式编辑栏里输入公式"=D3+E3+F3"，按"Enter"键得到第一位员工的应发工资小计；再次选中 G4 单元格，将光标定位到该单元格右下角，当出现黑色十字形状时，向下拖动鼠标复制公式，可以一次性得到所有员工的应发工资小计，如图 9-19 所示。

图9-18 输入其他信息

图9-19 计算应发工资

5. 选中 K4 单元格，在公式编辑栏里输入公式 "=H3+I3+J3+K3"，按 "Enter" 键得到第一位员工的应扣工资小计；再次选中 K4 单元格，将光标定位到该单元格右下角，当出现黑色十字形状时，向下拖动鼠标复制公式，可以一次性得到所有员工的应扣工资小计，如图 9-20 所示。

图9-20　计算应扣工资

6. 选中 M4 单元格，在公式编辑栏里输入公式 "=G4-L4"，按 "Enter" 键得到第
一位员工的实发工资；再次选中 M4 单元格，将光标定位到该单元格右下角，
当出现黑色十字形状时，向下拖动鼠标复制公式，可以一次性得到所有员工
的实发工资，如图 9-21 所示。

图9-21　计算实发工资

9.3.2　制作银行转账表

做完工资表后，我们就可以根据其数据制作银行转账表，银行转账表一般包括人员姓

名、工资卡账号、实发工资三项。只要将工资表的数据复制过来就可以了。可以利用选择性粘贴数值，也可以利用 VLOOKUP 函数，具体操作步骤如下。

1. 新建 Sheet 工作表并将其重命名为"银行转账表"。
2. 在表格中添加员工姓名、工资卡账号和实发工资，并在表格中设置合适的文字格式、边框底纹格式等，设置完毕后，效果如图 9-22 所示。

图9-22　建立"银行转账表"

3. 打开员工基本信息表，选择人员姓名列，在"开始"选项卡里单击"复制"按钮，然后返回"银行转账表"，选择 A3 单元格，在"开始"选项卡里单击"粘贴"按钮，在选择性粘贴里选择"粘贴"，完成数据的粘贴，如图 9-23 所示。

图9-23　选择性粘贴数据

4. 利用如上操作，分别建立人员姓名、实发工资等信息，同时，输入员工工资卡账号信息，完成银行转账表的制作。

9.3.3　制作工资条

工资条是员工所在单位定期给员工反映工资的纸条，一个简单的工资表，通常包括 9 个管理项目：工号、职工姓名、基本工资、职务工资、福利费、住房基金、应发工资、个人所得税和实发工资。利用 Excel 2016 制作工资条的步骤如下。

1. 新建 Sheet 工作表并将其重命名为"工资条"。将第 2 列作为空白列，方便工资条信息排列时清晰显示。将员工信息、工资数据等标志项从"员工工资表"中复制过来，并在表格中设置合适的文字格式、边框底纹格式等，设置完毕后，效果如图 9-24 所示。

图9-24　建立工资条

2. 在 A5 单元格里输入员工编号 101，选中 B5 单元格，在公式编辑栏中输入公式"=VLOOKUP($A5,员工工资汇总表!$A$2:$N$13,COLUMN(员工工资汇总表!B4:N4))"，按"Enter"键，得到第一位员工的基本工资。再次选中 B5 单元格，将光标定位到单元格右下角，出现黑色十字形状后按住鼠标向右拖动至 N5 单元格，释放鼠标即可一次性返回第一位员工的应发工资、应扣工资等，如图 9-25 所示。

图9-25　生成第一位员工的工资条信息

3. 选中 A2:N5 区域，将光标定位到单元格右下角，出现黑色十字形状后按住鼠标左键向下拖动单元格，释放鼠标直到得到所有员工的工资条信息，如图 9-26 所示。

图9-26　生成所有员工的工资条信息

4. 得到所有员工的工资条后，接下来我们要完成对工资条的打印设置，切换至"文件"选项卡，选择"打印"命令，可以看到页面右面显示打印预览的效果，如图 9-27 所示。

图9-27 工资条打印效果预览

5. 在"打印"预览状态下，单击"页面设置"超链接，打开"页面设置"对话框，选择"页面"选项卡，在"方向"栏中选中"横向"选项，如图 9-28 所示。

图9-28 打印页面设置

6. 切换到"页边距"选项卡，在"居中方式"栏中，同时选中"水平"对齐方式和"垂直"对齐方式的复选框，如图 9-29 所示；单击"确定"按钮，这时可以看到设置完毕后的打印预览效果。

图9-29 设置页边距

9.3.4 制作工资查询系统

在工资管理的实际过程中，面对大量的员工工资资料，有时需要我们快速查询员工工资，在这里，我们利用 VLOOKUP 函数，建立一个工资查询系统。具体操作步骤如下。

1. 新建 Sheet 工作表并将其重命名为"工资查询系统"。
2. 制作自选图形的标题。切换至"插入"选项卡，单击"插图"按钮，在"形状"面板中选择"矩形"选项，如图 9-30 所示。在图中的适当位置绘制矩形框。

图9-30 添加矩形

3. 设置合适的矩形颜色大小及阴影效果，如图 9-31 所示。

图9-31 添加矩形中的文字

4. 在矩形的右键菜单中选择"添加文字"命令，在矩形中添加"工资查询系统"文字，同时添加其他相关文字信息。调整合适的文字大小与字体，添加合适的边框，最终效果如图 9-32 所示。

图9-32 建立查询文字信息

5. 在 B5 单元格中输入要查询的员工编号，例如，我们输入 101。选中 B7 单元格，在公式编辑栏里输入公式"=VLOOKUP(B5,员工工资汇总表!\$A\$3:\$N\$13,2,0)"，如图 9-33 所示。

图9-33 输入 VLOOKUP 公式

6. 接着选中 B8 单元格，在公式编辑栏里输入公式 "=VLOOKUP(B5,员工工资汇总表!$A$3:$N$13,3,0)"。同理，在其他单元格输入相关的 VLOOKUP 查询公式。然后我们就可以在 B5 单元格里输入我们要查询的员工编号了，例如，我们输入 "101"，按 "Enter" 键，此时表格中自动得到员工编号为 101 的员工信息，效果如图 9-34 所示。

图9-34 显示查询结果

第10章　公司部门费用管理

公司部门管理费用是企业为管理和组织生产经营提供各项支援性服务而产生的费用，公司部门费用管理表格是财务管理不可缺少的部分，通过部门费用管理表格可以了解该部门的费用情况，从而加强公司费用管理，控制不合理费用开支，提高经济效益，在日后的财务管理时进行合理地分配。

本章将介绍如何进行部门费用管理，对于不同的部门来说，其费用科目不同，但方法大同小异。通过 Excel 2016，建立符合企业实际需求的费用管理体系，梳理各种费用管理流程，完成对公司部门费用的合理管理。

10.1　部门费用管理表

部门费用管理表是对公司某个部门的各类费用项目数据进行统计。本节我们以销售部门为例，创建该部门费用管理表，将其中的各项费用进行分类，如将印制名片、广告单等费用统一划分为"宣传费"，购买打印纸、中性笔等费用统一划分为"办公费"。方便对这几种科目费用管理。

10.1.1　创建费用管理表

我们以其中的某个月份为例，将公司销售部门的各类费用项目进行统计分类，创建费用管理表。具体操作步骤如下。

1. 启动 Excel 2016，选择"文件"选项卡，选择新建"空白工作簿"，将工作簿的名称命名为"部门费用管理"，然后将 Sheet1 表命名为"销售部门费用管理"。
2. 输入相应的标题题目，输入月份与部门名称，然后在该工作表中输入通讯费、办公费等各类费用的项目名称。
3. 选择标志项内容，将表格底色设置为灰色底色，并将其添加边框。调整合适的行高列宽，调整合适的字体，最终效果如图 10-1 所示。

图10-1　创建部门费用管理表

10.1.2　创建费用明细表

部门费用来源于各类项目费用事件，在费用管理的基础上添加费用明细，可以更好地了解费用产生的来源。具体操作步骤如下。

1. 将 Sheet2 表命名为费用明细表，根据公司里现有的数据，如实统计并添加部门中已发生的费用的日期、费用项目、说明及备注。

2. 将标志项设置成灰色底色，设置合适的字体，调整合适的行高与列宽，最终效果如图 10-2 所示。

图10-2　建立部门费用明细表

实战技巧：设置单元格文本自动换行

一般情况下，在 Excel 某列的单元格中，列宽都不大，在编辑数据的时候，我们很可能会输入大量的文字信息，表格则无法全部显示所有的文字内容，然后会导致表格显得凌乱，影响整体的数据预览效果。这时，我们可以通过对单元格文本的相关设置，使表格中的文本自动换行，从而让 Excel 表格文字数据看起来简洁明了。具体操作步骤如下。

选择需要设置为自动换行的单元格区域，在这里我们以部门费用明细表为例，选择 C4:C12 单元格区域，切换到"开始"选项卡，然后在"对齐方式"栏里单击"自动对齐"按钮，如图 10-3 所示。此时文本较长的单元格就自动换行了，效果如图 10-4 所示。

当然，我们也可以利用快捷键进行文本自动换行操作，选中需要设置文本自动换行的区域，然后按"Alt+Enter"组合键就可以完成文本自动换行的功能设置。

图10-3　单击"自动换行"按钮

图10-4　设置文本自动换行后的效果

10.2　部门费用统计

经过一个月的时间，公司各个部门的各项数据费用越来越多，利用 Excel 2016 的 SUMIF 等函数，可以轻松解决烦琐的各项数据统计。

10.2.1 引用本月实用支出

在计算每月费用前，我们需要对部门费用明细表里的单元格进行引用，在这里，我们需要对相对引用与绝对引用有一定的了解。

引用分为相对引用、绝对引用和混合引用。引用的作用在于标志工作表中的单元格或单元格区域，并指明公式中使用数据的地址。

相对引用是相对于公式单元格位于某一位置处的单元格的引用，在相对引用中生成公式时，对单元格或单元格区域的引用通常是根据它们与公式单元格的相对位置来进行的。在复制相对引用的公式时，被粘贴公式中的引用将被更新，并指向与当前公式位置相对应的其他单元格。

如果不希望再复制公式时引用发生变化，则应当使用绝对引用。绝对引用是指把公式复制或填入到新位置后，公式中的单元格地址保持不变。在引用单元格的列标和行号之前分别加入符号"$"便为绝对引用。

混合引用则指的是在一个单元格地址引用中，既有绝对引用又有相对引用，如果公式所在单元格的位置改变，则相对引用改变，而绝对引用不变。

下面我们开始用 SUMIF 函数引用并统计出 5 月份销售部门各项费用的总支出。具体操作步骤如下。

1. 选择要输入 SUMIF 函数的单元格，在这里我们选择 B5 单元格，然后单击"插入公式"按钮，在"选择函数"列表框里选择"SUMIF"函数，然后单击"确定"按钮，如图 10-5 所示。

图10-5　插入 SUMIF 函数

2. 打开"函数参数"对话框。单击"Range"栏后的按钮，然后在"函数参数"框里输入"销售部门费用明细表!B4:$B$14"，如图 10-6 所示。输入完毕后，单击公式后的还原按钮再次跳转到"函数参数"对话框。

图10-6　输入 Range 后的函数参数

3.　紧接着，单击"函数参数"对话框中"Criteria"后的按钮，然后在函数参数框里输入"A5"，如图 10-7 所示。输入完毕后，单击公式后的还原按钮再次跳转到"函数参数"对话框中。

图10-7　输入 Criteria 后的函数参数

4.　最后，单击"函数参数"对话框中"SUM_RANGE"后的按钮，然后在函数参数框里输入"销售部门费用明细表!$D$4:$D$14"，如图 10-8 所示。单击公式后的还原按钮再次跳转到"函数参数"对话框。此时函数参数具体内容如图 10-9 所示。单击"确定"按钮，得到通讯费本月实用结果。

图10-8　输入 SUM_RANGE 后的函数参数

图10-9　SUMIF 函数参数内容

5. 选中 B5 单元格，将光标定位到该单元格的右下角，当出现黑色的十字形状时向下拖动复制公式，可一次性得出所有项目的本月实用费用，如图 10-10 所示。

图10-10　计算各项本月实用费用

10.2.2　计算预算余额

预算余额指的是本月预算减去本月实用得到的费用，我们可以通过公司分配的部门预算金额来得到本月预算费用数据，减去引用的本月实用数据，得到预算余额数据。具体操作步骤如下。

1. 切换到"销售部门管理费用"表，根据公司财务的相关数据，如实输入本月预算实际费用。

2. 选择要计算的预算余额单元格，在这里选择 D5 单元格，在公式编辑栏里输入公式"=C5-B5"，按"Enter"键，得到通讯费的预算余额；再次选中 D5 单元格，将光标定位到该单元格的右下角，当出现黑色的十字形状时向下拖动复制公式，可一次性得出所有项目的本月预算余额，如图 10-11 所示。

图10-11　计算各项预算余额

10.2.3　合计费用项目

在得到各项数据之后，我们可以对各项费用进行合计计算，具体操作步骤如下。

1. 选择在合计一栏中的 B13 单元格，在公式编辑栏里输入公式"=SUM（B5:B10）"，按"Enter"键，得到本月实用合计费用。

2. 再次选中 B11 单元格，将光标定位到该单元格的右下角，当出现黑色的十字形状时向右拖动复制公式，可一次性得出费用项目的合计数据，如图 10-12 所示。

图10-12　计算各项费用合计数据

10.2.4　季度费用结算

一个季度结束后，各个部门需要根据之前每月的费用管理表来制作一份季度费用总表，统计这一个季度以来的所有花费，从而进行下一次季度预算。

我们还是以销售部门为例，假设在"部门费用管理"工作簿中已经制作了 5、6、7、8月份的部门费用统计，下面进行一个季度的部门费用结算。具体操作步骤如下。

1. 在部门费用管理工作表里，新建工作表并命名为"季度部门费用结算"。
2. 输入相应的标题题目，输入季度与部门名称，然后在该工作表中输入各类费用的项目名称。选择标志项内容，设置为灰色底色并添加边框。调整合适的行高列宽，调整合适的字体，最终效果如图 10-13 所示。

图10-13　创建季度部门费用结算表

3. 选中 B3 单元格，单击"插入函数"按钮，弹出"插入函数"对话框，在"或选择类别"下拉列表中选择"常用函数"选项，然后选择"SUM"函数，单击"确定"按钮，完成函数的插入，如图 10-14 所示。

图10-14　插入求和函数

4. 在弹出的函数参数栏里的 Number1 后面引用"销售部门费用管理! B5"，在 Number2 后面引用"销售部门管理费用! B15"，在 Number3 后面引用"销售部门费用管理! B25"，在 Number4 后面引用"销售部门管理费用 B35"，此时对话框会自动计算出函数结果，然后单击"确定"按钮，完成相关函数计算，如图 10-15 所示。

图10-15　引用相关函数参数

5. 在得到季度通讯费总计后，接着计算其他项目的费用总计，可参照上述求和方式进行计算，这里不再赘述。

6. 单击 B9 单元格，在公式编辑栏里输入公式"=SUM(B3:B8)"，得到季度费用的全部总计，如图 10-16 所示。

图10-16 计算全部项目费用总计

实战技巧：冻结窗口查看数据

在 Excel 2016 制作表格时，如果列数较多，行数也较多时，一旦向下滚屏，则上方的标题行也会跟着滚动，或者向右滚动时，标识列也会跟着滚动。这将导致在处理数据时难以分清各列数据对应的标题或标识列，影响对数据的核对。这时我们就可以使用工作表窗口的冻结功能将列标识或行标识冻结起来，以保持工作表的某一部分在其他部分滚动时也可以看见。

Excel 2016 的冻结窗口分三种情况，即冻结首行、冻结首列和冻结拆分窗格。下面我们以部门费用管理表为例，分别介绍这几种功能。

冻结首行：打开销售部门费用明细表，在工作表单击任意单元格，切换至"视图"选项卡，选择"冻结窗格"选项组中的"冻结首行"选项，如图 10-17 所示。这样在上下滚动数据时，首行始终保持可见状态。如果取消冻结窗格，再次选择"冻结窗格"选项组中的"取消冻结窗格"选项即可。

图10-17 选择"冻结首行"选项

冻结首列：同样，打开销售部门费用明细表，在工作表单击任意单元格，切换至"视图"选项卡，选择"冻结窗口"选项组中的"冻结首列"选项，如图 10-18 所示。这样在左右滚动数据时，首列始终保持可见状态。如果取消冻结首列，再次选择"冻结窗口"选项组中的"取消冻结窗口"选项即可。

图10-18　选择"冻结首列"选项

冻结拆分窗格：此方法可以固定行与列的单元格，上下和左右拖拉时，固定的行列不动。

打开销售部门费用明细表，在工作表中单击任意单元格，切换至"视图"选项卡，选择"冻结窗格"选项组中的"冻结拆分窗格"选项，如图 10-19 所示。这样在上下、左右滚动数据时，所固定的行、列始终保持可见状态。如果取消冻结拆分窗格，再次选择"冻结窗格"选项组中的"取消冻结窗格"选项即可。

图10-19　选择"冻结拆分窗格"选项

10.3　部门费用管理

前面我们已经计算得出部分费用管理表格的基本数据，但是并没有实现费用管理的功能。下面我们通过计算使用比率与创建混合图表完成对所建表格进行费用分析管理。

10.3.1 计算使用比率

使用比率是各个项目实际消费占预算的比率。具体计算步骤如下。

1. 选中 E5 单元格，在公式编辑栏里输入公式 "=B5/C5"，按 "Enter" 键，得到交通费用的使用比率数据。再次选中 E5 单元格，将光标定位到该单元格的右下角至 E11 单元格，当出现黑色的十字形状时向下拖动复制公式，可一次性得出所有项目的本月使用比率，如图 10-20 所示。

图10-20　计算所有项目使用比率

2. 选中已经计算出的使用比率数据区域，切换至 "开始" 选项卡，单击 "数字格式" 按钮，如图 10-21 所示。选择数字分类下的 "百分比" 选项，并将小数位数设置为 2 位，单击 "确定" 按钮，如图 10-22 所示，完成对数据的百分比格式设置。

图10-21　设置百分比 "数字格式"

图10-22　设置百分比小数位数

3.　利用步骤 1 的方法，分别计算出其他月份的各个项目的使用比率。

10.3.2　柱状图分析部门费用

计算完使用比率之后，我们就可以对费用数据进行图表分析，具体操作步骤如下。

1.　我们以 5 月份销售部门费用管理表为例，选择 A4:E10 区域，切换至"插入"选项卡，单击"图表"中的"推荐的图表"按钮，如图 10-23 所示。

图10-23　单击"推荐的图表"按钮

2.　在弹出的"插入图表"对话框中，切换至"所有图表"选项卡，选择"组合"选项中的"簇状柱形图-折线图"，将本月预算与预算余额设置成"簇状柱形图"，将使用比率设置成"折线图"，然后单击"确定"按钮，如图 10-24 所示。完成组合图表的插入，效果如图 10-25 所示。

图10-24 设置组合图表

图10-25 初步插入图表效果

3. 单击"图表标题"，将标题名称改为"销售部门费用管理"，调整图表至合适的位置与大小，最终效果如图 10-26 所示。

图10-26　设置标题信息

　　设置完图表后，我们可以对数据进行分析。从左侧坐标轴可得知各项目的费用数据，而右侧的坐标轴则代表使用比率情况。可以得知，这个月中，交通费花费相比其他项目较多，而宣传费使用比率相比其他较低，其他费用没有花费记录，在下个月的费用分配中，我们可以根据这个数据重新合理分配，达到财务的合理应用。

实战技巧：快速定位单元格区域

　　对于一些大型的工作表，有时选择某个区域会非常困难，拖动滚动条来寻找该区域会浪费大量的时间，此时我们可以利用 Excel 2016 中的快速定位功能，来实现对所需要区域的定位。具体操作步骤如下。

1. 打开要寻找的工作表，在这里，我们还是以销售部门费用管理表为例，切换到"开始"选项卡，单击"编辑"栏中的查找和选择按钮，在下拉列表中选择"转到"选项，如图 10-27 所示。

图10-27　选择"转到"选项

2. 在弹出的"定位"对话框中，输入我们所要定位的区域位置，然后单击"确定"按钮，如图 10-28 所示，完成对目标区域位置的快速定位。

图10-28　输入快速定位区域

第11章 公司损益表管理

损益表又称利润表，是用以反映公司在一定期间利润实现（或发生亏损）的财务报表。

损益表是一段时间内公司经营业绩的财务记录，反映了这段时间的销售收入、销售成本、经营费用及税收状况，报表结果为公司实现的利润或形成的亏损。在用 Excel 管理公司损益表时，我们从中分析利润增减变化的原因，公司的经营成本，做出投资价值评价等，为将来公司经济管理做出合理的经济决策。

11.1　制作损益表

损益表的项目，按利润构成和分配分为两个部分。其利润构成部分先列示销售收入，然后减去销售成本得出销售利润；再减去各种费用后得出营业利润（或亏损）；再加减营业外收入和支出后，即为利润（或亏损）总额。利润分配部分先将利润总额减去应交所得税后得出税后利润；其下即为按分配方案提取的公积金和应付利润；如有余额，即为未分配利润。下面我们将进行损益表制作。

11.1.1　创建损益表

损益表（或利润表、损益平衡表）是用以反映公司在一定期间利润实现（或发生亏损）的财务报表，它是一张动态报表。创建损益表的过程如下。

1. 启动 Excel 2016，单击"文件"选项卡，选择新建"空白工作簿"，将工作簿命名为"公司损益表管理"，然后将 Sheet1 表命名为"损益表"。
2. 设置收入栏、销售成本栏、营业费用栏等，并根据公司现有的数据如实输入相应的数据内容。
3. 将标题文本内容设置为"损益表"。将销售收入净额、销售收入成本净额、销售毛利、营业费用、营业费用总额、费用总额、本期损益设置合适的底色。设置合适的文本字体与大小，设置合适的对齐方式并设置边框，如图 11-1 所示。
4. 单击 C2 单元格，在单元格里输入相关的时间，并将工作表保存起来，方便日后操作管理。

图11-1 创建损益表

11.1.2 设置货币格式

对于财务报表中的数字，我们应当将表中的数字设置成货币格式，方便今后的财务管理。具体操作步骤如下。

1. 选择要设置成货币格式的单元格区域，在这里我们选中所有带数据的单元格。

2. 切换到"开始"选项卡，在"数字"选项里单击"数字格式"按钮，如图 11-2 所示。

图11-2 单击"数字格式"按钮

3. 在弹出的"设置单元格格式"对话框中切换到"货币"选项卡，同时将小数
   位数设置成 2 位，货币符号选择"¥"，负数选择"-1234.10"。单击"确定"
   按钮，完成货币符号的设置，如图 11-3 所示。此时，表格中的数据就变成了
   货币符号开头的数据了，如图 11-4 所示。

图11-3　设置货币格式

图11-4　货币格式效果

货币格式一般表示成货币数值，会计专用格式可以对一列数值进行小数点对齐。

11.2　损益表计算

损益表创建完成后，需要输入公式计算"销售收入净额""销售成本额""销售毛利""营业费用总额""费用总额"和"本期损益"，从而完善损益表数据，进行进一步的财务管理。

11.2.1　销售数据计算

销售数据里有"销售净收入"与"销售成本净额"，其中销售净收入=销售收入-销售退货，销售成本净额由销售中产生的成本相加得出。具体计算步骤如下。

1. 选择 B6 单元格，然后在公式编辑栏里输入公式"=B4-B5"，按"Enter"键，得到销售净收入数据，如图 11-5 所示。

图11-5　计算"销售收入净额"

2. 选择 D6 单元格，然后在公式编辑栏里输入公式"=D4+D5"，按"Enter"键，得到销售成本净额，如图 11-6 所示。

图11-6　计算"销售成本净额"

11.2.2　计算毛利

毛利也叫毛利润，是指销售收入减去生产成本（或进货成本）后的差额，尚没有加上其他业务收入、营业外收入等，没有扣除管理费用、营业费用、财务费用、营业外支出等。

单击 C7 单元格，在公式编辑栏里输入公式"=B6-D6"，按"Enter"键，得到销售毛利数据，如图 11-7 所示。

图11-7　计算"销售毛利"

11.2.3　计算营业费用总额

营业费用总额包括职工所发薪金、水电费、保养费、保险费等各类数据。由于公司支出费用只有营业费用一种，所以"费用总额"等于"营业费用总额"。营业费用可以用自动求和计算，具体操作步骤如下。

1. 单击 B15 单元格，切换到"公式"选项卡，在函数库里选择"自动求和"选项，此时单元格会自动弹出公式"=SUM(B9:B14)"，然后按"Enter"键，得到营业费用总额数据，如图 11-8 所示。

图11-8　计算"营业费用总额"

2. 单击 B15 单元格，切换到"开始"选项卡，单击"剪贴板"栏中的"复制"按钮，选择"复制"选项，然后在 B17 单元格里选择"粘贴"选项，并保留原格式，完成费用总额数据的统计。

11.2.4　计算本期损益

本期损益，即企业在一定时期进行生产经营活动所取得的财务成果，表现为利润或亏损。通常把收入与费用的差额作为当期损益，即把企业营业收入、投资收益和营业外收入等计入当期损益的加项，而将营业成本、期间费用和营业外支出等从当期损益中抵减出来，其余额就是当期损益。通过当期损益的核算，不仅可以反映出企业生产经营活动和管理工作的质量，而且可以评价企业的盈利能力，是广大投资者作出正确判断和决策的重要依据。具体计算与分析步骤如下。

单击 B18 单元格，在公式编辑栏里输入公式"=C7-B17"，然后按"Enter"键，得到本期损益的数据，如图 11-9 所示。

图11-9　计算"本期损益值"

从本期损益值我们可以得到，本期的公司为净盈利，财务状况良好。

对于每个公司而言，都有自己独特并且适合自己的会计系统，但是财务报表内容大同小异，建立损益表是财务管理的必要内容。

11.3　批注添加管理

批注是阅读 Excel 财务报表时对数据进行的文字辅助说明，批注不会使文字直接显示在损益表上，更不会破坏表格的完整性，从而帮助我们更好地理解与分析数据。

11.3.1　添加批注

在我们之前做的损益表中，费用部分只有营业费用这一项，为避免被误认为是会计部门漏算其他费用，所以要在费用的单元格上进行添加批注操作，具体操作步骤如下。

1.　选择要添加批注的单元格，在这里我们选择 A8 单元格，切换到"审阅"选项卡，在"批注"选项里，单击"新建批注"按钮，完成对批注的添加，如图 11-10 所示。此时弹出批注编辑框，如图 11-11 所示。

图11-10　新建批注

图11-11　新建批注效果

2.　在添加的批注编辑框里输入文字，如输入"此损益表只计了营业的费用"。输入完文本后，在批注编辑框之外单击即可完成批注的输入，此时，添加了批注的单元格右上角有一个明显的三角形标志，如图 11-12 所示。

图11-12 编辑批注内容

3. 当我们需要查看批注内容时，只需将鼠标光标移到批注上，就会显示批注编辑框及具体内容。

11.3.2 显隐批注

有时，我们需要将添加的批注直接显示在工作表上，方便财务报表查阅数据，具体操作步骤如下。

1. 打开"损益表"，选择添加了批注的单元格 A8，切换到"审阅"选项卡，在"批注"选项里，单击"显示/隐藏批注"按钮，如图 11-13 所示。此时批注无须再次单击 A8 单元格，将始终显示在损益表中。

图11-13 显示批注

2. 同理，当我们想取消显示批注时，只需在"批注"选项里再次单击"显示/隐藏批注"按钮即可。隐藏后的批注只有当鼠标光标移到该批注单元格时才会显示批注的内容。在这里，我们也可以通过按组合键"Ctrl + 6"快速完成相应的显隐操作。

11.3.3　删改批注

如果批注的内容不完善，我们可以通过编辑批注进行修改，或者直接选择删除，具体操作步骤如下。

1. 对于要修改的批注，以营业费用为例，单击 A12 单元格，切换到"审阅"选项卡，单击"批注"选项里的"编辑批注"按钮，然后在批注编辑框里根据所要修改的批注内容进行相应的修改，编辑完后在批注编辑框之外单击即可。

2. 对于要删除的批注，还是以营业费用为例，单击 A12 单元格，切换到"审阅"选项卡，单击"批注"选项里的"删除批注"按钮，完成对批注的删除，如图 11-14 所示。

图11-14　删除批注

11.3.4　修改批注框

对于添加了的批注内容，有时我们需要调整它的大小和位置，进一步方便查看数据，具体操作步骤如下。

1. 打开"损益表"，选择添加了批注的单元格 A8，显示出批注后，单击批注框，然后将鼠标光标放到批注编辑框控点上，当鼠标光标变成斜箭头时，按住鼠标即可拖动改变批注框的大小，如图 11-15 所示。

图11-15　修改批注框大小

2. 同样，对于批注框的位置修改，我们只需将鼠标光标再次移动到批注编辑框
   上，当鼠标光标变成十字箭头符号时，即可按住鼠标左键拖动鼠标改变批注
   框的位置。

在我们之前创建的表格中，按照上述的操作方法即可为其他数据进行批注的添加管理，不再赘述。

11.4　损益表管理

创建完损益表后，我们需要对损益表中的数据进行分析，从中我们可以分析企业的获利能力，预测企业未来的现金流量。损益表揭示了经营利润、投资净收益和营业外收支净额的详细资料，可以分析企业的盈利水平，评估企业的获利能力。同时，报表使用者所关注的各种预期的现金来源、金额、时间和不确定性，如股利或利息、出售证券的所得及借款的清偿，都与企业的获利能力密切相关，所以，收益水平在预测未来现金流量方面具有重要作用。

11.4.1　创建销售费用图表

利用柱形图，建立销售费用图表，可以方便我们对销售数据的直观情况做分析，具体的操作步骤如下。

1. 打开"损益表"，然后选择 A4:B6 区域。切换至"插入"选项卡，在"图表"
   里单击"插入条形图或柱形图"按钮，选择"二维柱形图"中的"簇状柱形
   图"，完成对柱形图表的添加，如图 11-16 所示。

图11-16　添加簇状柱形图

2. 单击图表标题，在图表标题编辑框里输入文字"销售收入"，设置合适的字体和大小。

3. 切换至"设计"选项卡，在"图表布局"里单击"添加图表元素"按钮，在"坐标轴标题"里选择"主要纵坐标轴"，如图 11-17 所示。然后在纵坐标轴编辑框里输入销售额（单位：元）。

图11-17　添加主要纵坐标轴

4. 切换至"设计"选项卡，在"图表布局"里单击"添加图表元素"按钮，在"数据标签"里选择"数据标签外"，如图 11-18 所示，完成数据标签的添加。

图11-18　添加数据标签

5.　接着继续添加销售成本的簇状柱形图。选择 C4:C6 区域，同样，切换至"插入"选项卡，在"图表"选项里单击"插入条形图或柱形图"按钮，选择"二维柱形图"中的"簇状柱形图"，完成对柱形图表的添加。

6.　单击图表标题，在图表标题编辑框里输入文字"销售收入"，设置合适的字体和大小。

7.　切换至"设计"选项卡，在"图表布局"里单击"添加图表元素"按钮，在"坐标轴标题"里选择"主要纵坐标轴"，然在纵坐标轴编辑框里输入销售额（单位：元）。切换至"设计"选项卡，在"图表布局"里单击"添加图表元素"按钮，在"数据标签"里选择"数据标签外"，完成数据标签的添加。

8.　最后调整两个图表至合适的大小与位置，如图 11-19 所示，进行图表的对比。

图11-19　插入"销售成本"图表

　　由销售收入图表我们可以明显看到销售退货数额相比销售收入极小，销售收入明显高于进货与低值消耗品，因此，该公司盈利明显。

11.4.2　创建费用支出图表

　　建立费用支出图表，可以方便我们查看营业费用在何处及各项费用所占的比例是多少，方便公司财务的支出统计与管理。具体操作步骤如下。

1. 打开"损益表"，选择 B9:B14 单元格区域，切换至"插入"选项卡，在"图表"选项里单击"插入饼图或圆环图"按钮，选择"二维饼图"中的"饼图"，完成对饼状图表的添加，如图 11-20 所示。

图11-20　添加饼图

2. 单击图表标题，在图表标题编辑框里输入文字"费用支出"，并设置合适的字体和大小。

3. 切换图表至"设计"选项卡，在"图表布局"里单击"快速布局"按钮，在下拉列表中选择"布局 6"，如图 11-21 所示，完成图表的基本布局设置。

图11-21　快速布局费用支出饼状图

4. 切换至"设计"选项卡,在"图表样式"里单击"快速布局"按钮,在下拉列表中选择"样式 5",如图 11-22 所示。然后调整图表的位置大小,完成饼状图表的设置,效果如图 11-23 所示。

图11-22 选择图表样式

图11-23 饼状图效果

从图 11-23 中我们可以看出,薪金与保险费用占据公司费用支出的大部分,以后可以在这些方面进行资金调整。

如果我们想将饼状图切换成柱状图查看数据,只需切换到"设计"选项卡,单击"类型"中的"更改图表类型"按钮,然后在弹出的"更改图表类型"对话框中选择所需的图表类型即可。

实战技巧：按比例更改数据

在编辑的 Excel 数据里，我们有时需要对某些数据进行比例增加或减少，例如，我们想将某些单元格的所有值的数据均减少 10%，这时，我们就可以利用 Excel 中的选择性粘贴功能来实现。具体操作步骤如下。

1. 选择要更改的数值单元格区域，我们以"损益表"中的 B9:B14 数据为例，选择一个空白的单元格，然后在单元格里输入数字 0.9。
2. 切换至"开始"选项卡，单击"剪贴板"中的"复制"按钮，选择"复制"选项，完成对目标数据的复制。
3. 选择 B9:B14 单元格区域，在"开始"选项卡中单击"粘贴"按钮，在下拉框中选择"选择性粘贴"选项，如图 11-24 所示。

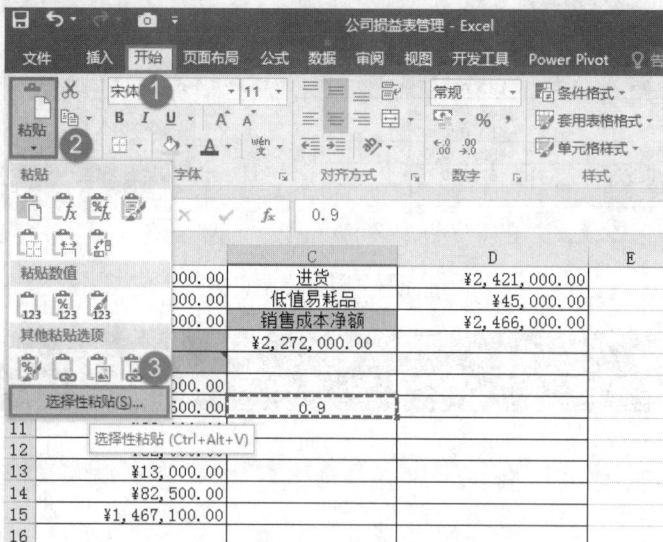

图11-24　选择"选择性粘贴"选项

4. 在弹出的"选择性粘贴"对话框中，在"运算"栏选择"乘"选项，单击"确定"按钮，如图 11-25 所示。此时所有的数据值就都减少了 10%。

图11-25　选择性粘贴设置

第12章 现金流量表管理

现金流量表是反应一定时期内（如月度、季度或年度）企业经营活动、投资活动和筹资活动对其现金及现金等价物所产生影响的财务报表。现金流量表是原先财务状况变动表或资金流动状况表的替代物。它详细描述了公司的经营、投资与筹资活动所产生的现金流。

利用 Excel 2016 编制分析现金流量表，可以得出企业现金流入与流动的动态情况，评价企业在未来产生现金净流量的能力、企业偿还债务的能力及支付投资利润的能力，从而更合理地管理企业的资金。

12.1 现金流量表

现金流量表是财务报表的三个基本报告之一，所表达的是在一固定期间（通常是每月或每季）内，一家机构的现金（包含银行存款）的增减变动情况。现金流量表的出现，主要是反映出资产负债表中各个项目对现金流量的影响，并根据其用途划分为经营、投资及融资三个活动分类。

12.1.1 创建现金流量表

创建现金流量表，需要根据企业相关现金流量状况数据进行编制。编制过程中，为了给会计报表使用者提供有关现金流量的信息，并结合现金流量表和其他财务信息对企业做出正确的评价，现金流量表应当提供企业经营活动、投资活动和筹资活动对现金流量的影响，即现金流量表应当分别反映经营活动产生的现金流量、投资活动产生的现金流量和筹资活动产生的现金流量的总额及它们相抵后的结果。

具体创建过程如下。

1. 启动 Excel 2016，单击"文件"菜单，选择新建"空白工作簿"，将工作簿的名称命名为"现金流量管理表"，然后将 Sheet1 表的名称命名为"现金流量表"。

2. 设置标题文本为"现金流量表"。并将流量表分为：经营活动产生的现金流量、投资活动产生的现金流量、筹资活动产生的现金流量、现金及现金等价物增加净额等 4 个区域。

3. 输入相应的现金流量列项，根据现有数据输入相应的数据内容。调整文本内容至合适的大小，设置合适的对齐方式并设置合适的底色，如图 12-1 所示。

图12-1　创建现金流量表

12.1.2　填制现金流量表数据

现金流量表创建完毕后，接着我们可以利用相关公式进行计算，完成对现金流量表数据的填制。具体操作步骤如下。

1. 在表中显示当前年份，可以利用 NOW 函数。先选中 E2 单元格，然后在公式编辑栏中输入公式"=TEXT(NOW(),"e 年")"，按"Enter"键即可得到当前年份，如图 12-2 所示。

图12-2　显示当前年份

2. 计算"现金流入小计"，可以利用"SUM"函数实现，选中 B8 单元格，在公式编辑栏中输入公式"=SUM(B5:B7)"，按"Enter"键，即可显示第一季度现金流入小计。再次选择 B8 单元格，拖动鼠标填充序列向右复制公式，可以得到全部的现金流入小计，如图 12-3 所示。

图12-3　计算"现金流入小计"

3. 计算"现金流出小计"，可以利用"SUM"函数，选中 B13 单元格，在公式编辑栏中输入公式"=SUM(B9:B12)"，按"Enter"键，即可显示第一季度现金流出小计。再次选择 B13 单元格，拖动鼠标填充序列向右复制公式，即可得到全部的现金流出小计，如图 12-4 所示。

图12-4　计算"现金流出小计"

4. 选中 B14 单元格,在公式编辑栏中输入公式 "=SUM(B9:B12)",按 "Enter"
键,即可显示第一季度经营活动产生的现金流量净额。再次选择 B14 单元
格,拖动鼠标填充序列向右复制公式,松开鼠标可以得到全部的经营活动产
生的现金流量净额,如图 12-5 所示。

图12-5 计算"现金流量净额"

5. 利用如上的方法,分别选中 B20 单元格和 B24 单元格,在公式编辑栏里分别
输入公式 "=SUM(B16:B19)" 和 "=SUM (B21:B23)",按 "Enter" 键,分别
计算出第一季度中投资活动的流入和流出小计,然后选中 B25 单元格,在公
式编辑栏里输入公式 "=B20-B24",计算出投资活动产生的净现金流量。分别
选中 B20、B24、B25 单元格,拖动鼠标填充序列向右复制公式,松开鼠标得
到全部的数据。

6. 利用相同方法,选中 B30 单元格和 B34 单元格中,在公式编辑栏里分别输入
公式 "=SUM(B27:B29)" 和 "=SUM (B31:B33)",按 "Enter" 键,分别计算出
第一季度中筹资活动的流入和流出小计,然后选中 B35 单元格,在公式编辑
栏里输入公式 "=B30-B34",计算出筹资活动产生的净现金流量。分别选中
B30、B34、B35 单元格,拖动鼠标填充序列向右复制公式,松开鼠标得到全
部的数据。

7. 选中 B36 单元格,在公式编辑栏里输入公式 "=B14+B25+B35",按 "Enter"
键,计算得出现金增加额。拖动鼠标填充序列向右复制公式,然后松开鼠标
得到全部的现金增加额数据,如图 12-6 所示。

图12-6 计算"现金增加净额"

高手技巧：冻结窗口查看数据

在利用 Excel 2016 制作表格时，如果列数较多，行数也较多时，一旦向下滚屏，则上方的标题行也会跟着滚动，在处理数据时往往难以分清各列数据对应的标题，影响数据的核对。这时我们就可以使用工作表窗口的冻结功能将列标识或行标识冻结起来，以保持工作表的某一部分在其他部分滚动时可以看见。

我们以"现金流量表"为例，其具体操作步骤如下。

1. 打开要冻结的工作表，选中要进行冻结的位置，这里选择的是工作表中的 A3 单元格，选择"视图"选项卡，单击"窗口"组中"冻结窗格"按钮中的下拉箭头，在其下拉列表中选择"冻结拆分窗格"，如图 12-7 所示。如只需冻结首行窗格或首列窗格，也可直接选择"冻结首行"或"冻结首列"。

图12-7 选择冻结拆分窗格

2. 返回到工作表中，向下滑动鼠标查看数据时，冻结的部分可始终保持可见状态，如图 12-8 所示。

图12-8　冻结效果

3. 如需取消冻结现有表格中的窗格，单击"视图"选项卡，单击"窗口"组中"冻结窗格"按钮中的下拉箭头，在其下拉列表中选择"取消冻结窗格"即可。

12.2　现金流量表结构分析

现金流量结构分析是指通过对某一时期现金流量中不同项目间的比较，分析企业现金流入的主要来源和现金流出的方向，从而评价现金流入流出对净资金流量的影响。现金流量的结构分析可以在创建流量表分析表格的基础上，利用饼状图和折线图来进行。

12.2.1　创建现金流量表分析表

现金流量表分析表是在现金流量表相关数据的基础上进一步明确现金收入结构、现金支出结构和现金余额而形成的。现金流量分析表可以分为现金收入结构分析、现金支出分析和现金净额结构分析等方面。创建现金流量分析表的步骤如下。

1. 在"现金流量管理表"工作簿中双击 Sheet2 工作表，并将其命名为"现金流量分析表"，建立相关的数据信息，设置合适的底纹效果与边框效果。调整合适的字体大小与合适的居中格式，如图 12-9 所示。

图12-9 建立"现金流量分析表"

2. 根据现金流量表,选中 B4 单元格,在公式编辑栏中输入公式"=SUM(现金流量表!B8:E8)",按"Enter"键,即可显示经营活动的现金流入数据。利用相同的方法,分别计算出其他的"现金流入"与"现金流出"数据,如图 12-10 所示。

图12-10 计算"现金流入/流出"数据

3. 选中 B6 单元格,在公式编辑栏中输入公式"=B4-B5",按"Enter"键,即可显示出经营活动的现金净额。再次选择 B6 单元格,拖动鼠标填充序列向右复制公式,然后松开鼠标得到全部的现金净额,如图 12-11 所示。

图12-11　计算"现金净额"

4. 利用 SUM 函数，可以进行数据的合计。选中 E4 单元格，在公式编辑栏中输入公式"=SUM(B4:D4)"，按"Enter"键，即可显示现金流入的合计数据。再次选择 B6 单元格，拖动鼠标填充序列向下复制公式，松开鼠标得到全部的现金流入的合计数据，如图 12-12 所示。

图12-12　合计数据

5. 选中 B9 单元格，在公式编辑栏中输入公式"=B4/$E4"，按"Enter"键，即可显示经营活动中现金流入占合计的比例数据。再次选择 B9 单元格，拖动鼠标填充序列向右下复制公式，然后松开鼠标得到全部的比例数据，如图 12-13 所示。

图12-13　计算现金流量比例百分比

6.　选中 B13 单元格，输入"1"，然后在公式编辑栏中输入公式：
"=INDEX(B9:B10,$A$13)"，按"Enter"键后拖动鼠标填充序列向右下复制
公式，松开鼠标得到图 12-14 所示的数据。

图12-14　计算数据

12.2.2　利用饼状图分析现金流量表

饼状图显示一个数据系列（数据系列：在图表中绘制的相关数据点，这些数据源自数据

267

表的行或列。图表中的每个数据系列具有唯一的颜色或图案并且在图表的图例中表示。可以在图表中绘制一个或多个数据系列。饼状图只有一个数据系列）中各项的大小与各项总和的比例。饼状图中的数据点显示为整个饼状图的百分比。利用饼状图，可以直观地展示财务数据的比例情况。

具体操作步骤如下。

1. 在"现金流量分析表"中，按住"Ctrl"键，选择 B8:E8 区域及 B13:E13 区域，然后切换到"插入"选项卡，在"图表"组中单击"饼图"下拉按钮，在其下拉列表中选择"三维饼图"选项，如图 12-15 所示。插入后的饼图效果如图 12-16 所示。

图12-15　选择插入饼图

图12-16　插入饼图效果

2. 单击"图表标题"，在标题文本框里输入"现金流量分析饼状图"，然后调整图表至合适的位置与大小。

3. 选中图表，单击"图表元素"按钮，在数据标签后的下拉菜单中选择"数据标注"选项，如图 12-17 所示。饼状图效果如图 12-18 所示。

图12-17　图表元素设置

图12-18　插入"图表标注"

4. 为了使我们的饼状图能够显示三个项目的比例，我们可以添加下拉框控件。
切换到"开发工具"选项卡，在"控件"选项里，单击"插入"下拉按钮，
在弹出的下拉列表里选择"组合框"窗体控件，如图12-19所示。

图12-19　选择"组合框"窗体控件

5. 返回到工作表中，拖动鼠标在图表左上角合适的位置绘制一个组合框，将光标置于控点上，当变为箭头时，则可以调整其控件窗体的大小，如图 12-20 所示。

图12-20 插入"组合框"窗体

6. 选中控件窗体，单击鼠标右键，选择弹出菜单中的"设置控件格式"命令。在弹出的"设置控件格式"对话框中，在"数据源区域"里设置为"$A$9:$A$11"区域，在单元格链接里设置为"$A$13"区域，在下拉显示选项里填写"3"，然后单击"确定"按钮，完成控件格式的设置，如图 12-21 所示。

图12-21 控件格式设置

7. 返回图表中，这时当我们再次单击下拉按钮时，会弹出"现金流入""现金流出"和"现金净额"三个选项，并且当我们选择不同的选项时，图表则会根据表格内容发生相应的数据变化，如图 12-22 所示。

图12-22　下拉列表选择选项

8.　选中图表，切换至"格式"选项卡，单击"形状填充"按钮，选择"渐变"选项，然后在"浅色变体"里选择"线性向下"渐变色，如图 12-23 所示。设置后的图表如图 12-24 所示。

图12-23　选择"线性向下"渐变色

图12-24　渐变色效果

在创建完直观形象的饼状图后，我们可以从中进行现金流量分析。例如，在"现金流出分析饼状图"中，我们可以直接看到经营活动占据了现金流量的大部分比例，而投资活动占据了很少的一部分。同样地，我们也可以分析其他饼状图。

12.2.3　利用折线图分析季度流量变化

排列在工作表的列或行中的数据可以绘制到折线图中。折线图可以显示随时间（根据常用比例设置）而变化的连续数据，因此非常适用于显示在相等时间间隔下财务数据的趋势。在折线图中，类别数据沿水平轴均匀分布，所有值数据沿垂直轴均匀分布。

例如，我们要分析经营活动中流量变化情况，其具体操作步骤如下。

1. 切换"现金流量表"工作表，选中"B3:E3"单元格区域、"B8:E8"单元格区域及"B13:E13"单元格区域。切换至"插入"选项卡，单击"图表"中的"折线图"按钮，在"二维折线图"里选择"带有数据标记的折线图"，如图12-25所示。添加的折线图效果如图 12-26 所示。

图12-25　选择"带数据标记的折线图"

图12-26　初步插入折线图效果

2. 双击标题框，在标题框里输入文本标题内容"经营活动现金流量折线图"。切换至"设计"选项卡，单击"选择数据"按钮，如图 12-27 所示。在弹出的"选择数据源"对话框中，选择"系列一"，单击"编辑"按钮，输入内容名称为"现金流入"，如图 12-28 所示。利用相同的操作，将"系列二"改为"现金流出"。

图12-27　单击"选择数据"按钮

图12-28　设置图例名称

3. 切换至"设计"选项卡，单击"添加图表元素"按钮，选择"数据表"选项，在右拉框里选择"显示图例项标示"选项，这样可以插入表格，如图 12-29 所示。

图12-29　选择"显示图例项标示"选项

4. 选中图表，切换至"格式"选项卡，单击"形状填充"按钮，选择"渐变"选项，然后在"浅色变体"里选择"线性向上"渐变色，如图 12-30 所示。最终设置后的图表效果如图 12-31 所示。

在创建完直观形象的折线图后，我们可以从中进行现金流量分析。我们可以直接看到经营活动中现金流入过程上下起伏，而现金流出变化过程则趋于稳定。利用相同的方法，我们可以创建并分析其他项目的折线图。

图12-30 选择渐变色

图12-31 "线性向上"渐变色效果

高手技巧：插入"迷你折线图"

分析数据时常常用图表的形式来直观展示，有时图线过多，容易出现重叠，或者有时我们想第一时间看到数据的变化情况，可以利用迷你图来实现。与 Excel 工作表上的图表不同，迷你图并非对象，它实际上是在单元格背景中显示的微型图表。在 Excel 2016 中可以在单元格中插入迷你图来更清楚地展示。

我们以"现金流量表"为例，具体操作步骤如下。

1. 切换至"插入"选项卡，单击"迷你图"按钮，在"迷你图"选项组中选择"折线图"选项，如图 12-32 所示。

图12-32　选择"折线图"选项

2. 在弹出的"创建迷你图"对话框中，在数据范围里填写"B8:E8"区域，在位置范围里填写"$F$4"区域，单击"确定"按钮，如图 12-33 所示，此时生成了一个迷你折线图；利用同样的方法，添加多个迷你折线图，如图 12-34 所示。

图12-33　"创建迷你图"设置

图12-34　多个"迷你折线图"效果

12.3　现金流量比率计算

现金流量比率是企业现金类资产与流动负债的比率。现金类资产包括企业所拥有的货币资金和持有的有价证券（即资产负债表中的短期投资）。它是速动资产扣除应收账款后的余额。速动资产扣除应收账款后计算出来的金额，最能反映企业直接偿付流动负债的能力。利用 Excel 分析现金比率，可以得知企业资产流动的状况。现金比率一般认为 20% 以上为好。但这一比率过高，就意味着企业流动负债未能得到合理运用，而现金类资产获利能力低，这类资产金额太高会导致企业机会成本增加。

12.3.1　创建现金比率分析表

在我们分析现金比率之前，需要创建一个现金比率分析表，具体操作步骤如下。

1. 在"现金流量管理表"工作簿中双击 Sheet3 工作表，并将其命名为"现金流量比率表"，建立相关的数据信息，设置合适的底纹效果与边框效果。调整合适的字体大小与居中格式，如图 12-35 所示。

图12-35　建立现金流量比率表

2. 将企业中的相应资产负债数据复制到表中，也可以根据企业数据输入相应负债信息。

3. 利用 SUM 函数可求出流动负债年度合计。选中 F3 单元格，在公式编辑栏中输入公式"=SUM(B3:E3)"，按"Enter"键，即可流动负债年度总计，如图 12-36 所示。

图12-36 计算年度"流动负债"

12.3.2 计算现金比率

现金比率表示企业资产的即时流动性，它将现金等价物与流动负债相联系。

其计算公式为现金比率=现金余额/流动负债×100%。

具体计算操作步骤如下。

1. 选中 B4 单元格，在公式编辑栏中输入公式"=现金流量表!B36/现金流量比率表!E3"，按"Enter"键，即可显示第一季度现金比率，如图 12-37 所示。

图12-37 计算第一季度现金比率

2. 选中 C4 单元格，在公式编辑栏中输入公式"=现金流量表!C36/现金流量比率表!C3"，按"Enter"键，即可显示第二季度现金比率。

3. 利用相同的方法，分别计算得出第三季度和第四季度的现金比率。

4. 选中 F4 单元格，在公式编辑栏中输入公式"=SUM(现金流量表!B36:E36)/现金流量比率表!F3"，按"Enter"键，即可显示流动负债年度现金比率，如图 12-38 所示。

图12-38 计算"现金比率"

12.3.3 计算经营现金比率

经营活动净现金比率是一个以本期经营活动净现金流量偿还债务能力的比率，既可以衡量企业偿还短期债务的能力，也可以衡量企业偿还全部债务的能力，其计算公式为：

经营活动净现金比率=经营活动净现金流量/流动负债×100%

经营活动净现金比率=经营活动净现金流量/负债总额×100%

前者可以衡量短期偿债能力，后者可以衡量长期偿债能力。

通过经营比率分析，可了解维持公司运行和支撑公司发展所需要的大部分现金的来源，从而判别企业财务状况是否良好、公司运行是否健康。一般而言，公司现金流入以经营活动为主，以收回投资、分得股利取得的现金及银行借款、发行债券、接受外部投资等取得的现金为辅，是一种比较合理的结构。预警信号：与主营业务收入利润率指标相类似，当经营现金流量比率低于50%时，预警信号产生。

1. 选中 B5 单元格，在公式编辑栏中输入公式"=现金流量表!B14/现金流量比率表!B3"，按"Enter"键，即可显示第一季度现金比率，如图 12-39 所示。

图12-39   计算第一季度经营净现金比率

2. 选中 C5 单元格，在公式编辑栏中输入公式 "=现金流量表!C36/现金流量比率表!C3"，按 "Enter" 键，即可显示第二季度现金比率。

3. 利用相同的方法，分别计算得出第三季度和第四季度的经营净现金比率。

4. 选中 F5 单元格，在公式编辑栏中输入公式 "=SUM(现金流量表!B14:E14)/现金流量比率表!F3"，按 "Enter" 键，即可得到总经营净现金比率，如图 12-40 所示。

图12-40   计算经营净现金比率

12.3.4 现金比率分析

利用现金比率对企业的短期偿债能力进行分析时，应结合企业的经营。在以下几种情况下，我们是很有必要计算分析企业的现金比率的：

(1) 企业处于财务困境之中；

(2) 企业的存货和应收账款周转速度很慢；

(3) 处于投机性较强行业中的企业，如房地产开发企业；

(4) 对一个新建企业进行贷款决策而对其经营成功的可能性没有把握时。

在给企业下结论之前，应先对企业有一个细致的了解，因为企业的管理者对其货币资金的运用可能有某些计划。现金比率很低则说明企业不能即时支付应付款项。但是，如果企业的现金比率很高则说明企业的现金没有发挥最大效益。因此，在评价企业的短期偿债能力时，这个指标只具有一定的参考价值。因为如果要求企业有足够的现金等价物、有价证券来偿还其流动负债是不现实的。如果企业短期债务的偿还不得不依赖现金和有价证券，那么其短期偿债能力很可能不是加强，而是削弱了。

对现金比率分析时必须考虑现金方面的限制，现金比率不应过高。现金比率过高，表明企业通过负债方式所筹集的流动资金没有得到充分的利用，企业失去投资获利的机会越大，所以并不鼓励企业保留更多的现金类资产。

(1) 同业比较。

同业比较，指将企业反映短期偿债能力的指标、数据和财务报表在同行业之间进行比较。企业在选择比较对象时，可以选择同行业先进水平、同行业平均水平或主要竞争对手的相应项目进行比较。这种比较可以反映企业在同行业的相对水平和竞争能力。如果本企业的许多指标都在同行业中处于领先地位，就说明企业有较强的竞争能力。企业在进行同行业比较分析时应注意两点：一是确定同类企业，二是确定行业标准。同类企业一般情况下可以按以下两个标准：一是看最终产品是否相同，相同则为同类企业，同类企业具有相似的经营特点，其生产设备、加工工艺、资产构成、资本结构、价格水平等都具有可比性；二是看生产结构是否相同，这里的生产结构主要是指企业的原材料、生产技术或生产方式，生产结构相同的企业，即使最终产品不同，也可认为是同类企业。另外，如果本企业为多元化经营的企业，企业生产多种产品，存在多种生产结构，为了进行同业分析，可以将企业内各个组成部分按最终产品或生产结构划分，分别与同行业企业相比较。

(2) 历史比较。

历史比较，是对企业相关指标的本期实际值与历史各期实际值所进行的比较。对企业的短期偿债能力进行历史比较，有利于企业吸取历史的经验和教训，发现问题，及时改善企业的偿债能力。

短期偿债能力的历史比较分析采用的比较标准，是过去某一时点的短期偿债能力的实际指标值，这种比较分析对评价企业自身偿债能力是很有益的。历史比较分析最突出的优点是具有较强的可比性，还可以观察企业偿债能力的变动趋势。其缺点是历史指标只能代表过去的实际水平，不能代表未来的合理水平，而且在经营环境变动后，也会减弱历史比较的可比性。

预算比较分析是指对企业指标的历史实际值与预算值所进行的比较分析。预算比较分析采用的比较标准是反映企业偿债能力的预算标准。预算标准是企业根据自身经营条件和经营状况而制定的目标标准。由此可见，历史比较倾向于与过去比较，而预算比较则倾向于与未来目标的比较，并且这种比较对评价企业自身偿债能力是很有益的。由于预算标准根据企业自身经营条件、经营状况和经营目标制定，符合企业的实际情况；同时，预算标准在制定时，全面考虑了企业的历史水平和行业标准，具有较强的可比性。

高手技巧：隐藏表格公式

我们在用 Excel 2016 处理数据时，有些数据是通过公式来生成的，单元格中会有相应的公式。如果不想让其他用户看到并编辑已有公式，以"现金流量比率表"为例，我们可以通过以下操作步骤来实现。

1. 选定要隐藏的公式所在的 B3:F5 单元格区域。切换至"开始"选项卡，单击"单元格"按钮，选择"格式"选项，在下拉框中选择"设置单元格格式"选项，如图 12-41 所示。

图12-41 选择"格式"选项

2. 在弹出的"设置单元格格式"对话框中，在"锁定"和"隐藏"前面的复选框中打勾，然后单击"确定"按钮完成单元格格式的设置，如图 12-42 所示。

3. 将"现金流量比率表"设置成保护，这时，我们再单击有公式的单元格时，将不再显示具体的公式，其效果如图 12-43 所示。

图12-42 设置单元格格式

图12-43 公式隐藏效果

第13章　会计报表制作

会计报表是根据日常会计核算资料定期编制的。综合反映企业某一特定日期财务状况和某一会计期间经营成果、现金流量的总结性书面文件。可以通过财务报表了解财政情况、预算与执行工作，是单位财务收支计划的基础。利用 Excel 建立财务报表，实现凭证收入，自动计算各科目的本期发生额，编制资产负债表、收入支出表。

13.1　制作参数设置表

参数设置表是制作其他财物报表引用的数据基础，主要包括科目名称、明细科目和凭证类别等项目，也可以根据表格设计需要增减的相关参数。

13.1.1　建立参数设置表

建立参数设置表需要对表格格式、单元格格式进行相关设置，具体操作步骤如下。

1. 启动 Excel 2016，新建"空白工作簿"，并将其命名为"会计报表"，重命名 Sheet1 工作表为"参数设置表"。
2. 输入标题"参数设置表"。输入相应的"编号""科目明细"和"凭证类别"等标志项，并将标志栏颜色填充为蓝色。将单元格设置合适的粗、细边框，最终效果如图 13-1 所示。

图13-1　建立参数设置表

13.1.2　定义参数名称

对参数设置表中的列进行名称的定义，方便我们在其他工作表中处理数据时引用，具体操作步骤如下。

1. 切换到"公式"选项卡，在"定义的名称"选项组里单击"定义名称"按钮，在下拉列表中选择"定义名称"选项，如图 13-2 所示。

图13-2　选择"定义名称"选项

2. 在弹出的"编辑名称"对话框里，将名称定义为"科目明细"，范围选择"工作簿"，引用位置选择"=参数设置表!$B$3:$B$15"区域，如图 13-3 所示。

图13-3　名称参数设置

3. 利用步骤 1 和步骤 2 相类似的操作，继续在当前的表格中添加"凭证类别""明细科目"名称。已添加的名称，可以通过"定义中的名称"中的"名称管理器"查看，如图 13-4 所示。

图13-4　查看"名称管理器"

13.2　制作凭证输入表

凭证输入表示将实际发生的业务数据输入存储的表格，在输入过程中利用数据有效性和查找函数实现快速输入。

13.2.1　创建凭证输入表

凭证输入表包含凭证类别、凭证编号等，具体创建步骤如下。

1. 打开"财务报表"，将 Sheet2 表命名为"凭证输入表"，输入标题，并在第 2 行输入月份与货币单位。
2. 输入"凭证类别""凭证编号""日期""摘要""总账科目""明细科目""借方"和"贷方"等标志项，居中字体并设置合适的字体大小，为表格添加细与粗边框，如图 13-5 所示。

图13-5　创建"凭证输入表"

13.2.2 数据有效性填充数据

凭证输入表创建完毕后，我们可以设置数据有效性进行填充数据，从而大大节省我们输入数据的时间，提高办公效率，具体操作步骤如下。

1. 选取 A4:A18 单元格区域。切换到"数据"选项卡，在"数据工具"选项组中单击"数据验证"按钮，在下拉列表中选择"数据验证"选项，如图 13-6 所示。

图13-6 选择"数据验证"选项

2. 在弹出的"数据验证"对话框中，切换到"设置"选项卡，允许里选择"序列"，来源里输入"=凭证类别"，然后单击"确定"按钮，完成设置，如图 13-7 所示。

图13-7 数据验证参数设置

3. 完成数据有效性设置后，单元格形成了下拉列表，下拉列表里的内容即为定义名称"凭证类别"所引用的单元格区域，我们选择输入即可，如图 13-8 所示。

图13-8　数据有效性效果

4. 接着输入凭证编号、日期、摘要等数据。选中 F4 单元格，在公式编辑栏里输入公式"=VLOOKUP($E4,参数设置表!A:B,2,0)"，按"Enter"键得到编号为102 的总账科目名称；再次选中 F4 单元格，将鼠标光标定位到该单元格右下角，当出现黑色十字形状时，向下拖动鼠标复制公式，可以一次性得到所有总账科目名称，如图 13-9 所示。

图13-9　输入"总账科目"名称

5. 选取 G4:G18 单元格，切换到"数据"选项卡，在"数据工具"选项组中单击"数据验证"按钮，在下拉列表中选择"数据验证"选项。在弹出的"数据

验证"对话框中，切换到"设置"选项卡，允许里选择"序列"，来源里输入
"=明细科目"，然后单击"确定"按钮，完成设置。最后利用数据有效性下
拉列表填充相关数据。

6. 继续输入借方、贷方等数据，完成凭证输入表，如图13-10所示。

图13-10 制作"凭证输入表"

13.3　制作资金平衡表

资金平衡表，是反映工业企业某一日期（月末、季末、年末）全部资金来源和资金占用
情况及资金变动情况的资金类报表，是工业企业的主要会计报表。它可以为企业经营管理提
供有关的资金信息；了解企业资金占用结构及合理程度；各项资金计划的执行结果；为企业
主管部门和其他经济管理机关提供有关资金指标，便于国家进行宏观调控和对企业进行监督
管理；为企业债权人、股东等提供有关资产偿债能力等信息；结合其他报表，从一个侧面检
查企业账务处理正确与否，保证会计报表体系的完整性、正确性。

资金平行表主要分为两部分：资产类与负债类。通过 Excel 函数根据借方发生额与贷方
发生额，并通过上月结余计算本月结余，实现资金平衡表的制作。

13.3.1　创建资金平衡表

资产平衡表包括"科目名称""上月结余"和"借款发生额"等信息，具体创建过程如
下。

1. 打开"员工工资管理表"，将 Sheet2 表命名为"资金平衡表"，输入标题，输
入日期与单位，并输入"编号""科目名称""借或贷"和"上月结余"等标
志项。居中字体，设置合适的文本格式与大小，添加相应的表格边框，效果

如图 13-11 所示。

图13-11　建立"资金平衡表"

2. 输入科目编号、科目名称，输入上月结余，输入上月结余数据，注意控制表格宽度，居中字体。

3. 选中 E4 单元格，在公式编辑栏里输入公式 "=SUMIF(凭证输入表!F:F,$B4,凭证输入表!H:H)"，按 "Enter" 键；再次选中 E4 单元格，将鼠标光标定位到该单元格右下角，当出现黑色十字形状时，向下拖动鼠标复制公式填充序列，如图 13-12 所示。

图13-12　统计"借方发生额"

4. 选中 F4 单元格，在公式编辑栏里输入公式 "=SUMIF(凭证输入表!F:F,$B4,凭证输入表!I:I)"，按 "Enter" 键；再次选中 E4 单元格，将鼠标光标定位到该单元格右下角，当出现黑色十字形状时，向下拖动鼠标复制公式填充序列。

5. 输入上月结余，然后选中 H4 单元格，在公式编辑栏里输入公式 "=ROUND(D4+E4-F4)"，按 "Enter" 键，得到本月结余；再次选择 H4 单元格，将鼠标光标定位到该单元格右下角，当出现黑色十字形状时，向下拖动鼠标复制公式填充序列，如图 13-13 所示。

图13-13　计算"本月结余"

6. 选择 C4 单元格，在公式编辑栏里输入公式 "=IF(D4<0, "贷",IF(D4>0,"借",""))"，按 "Enter" 键；再次选择 C4 单元格，将鼠标光标定位到该单元格右下角，当出现黑色十字形状时，向下拖动鼠标复制公式填充序列，如图 13-14 所示。

图13-14　统计借贷方向

7. 选择 G4 单元格，在公式编辑栏里输入公式 "=IF(H4<0, "贷",IF(H4>0,"借",""))"，按 "Enter" 键；再次选择 G4 单元格，将鼠标光标定位到该单元格右下角，当出现黑色十字形状时，向下拖动鼠标复制公式填充序列。

8. 输入 "资产合计类"，然后单击 D17 单元格，在公式编辑栏里输入公式 "=SUM(D4:D16)"，按 "Enter" 键，得到资产合计类上月结余数据，如图 13-15 所示。

图13-15　统计资产合计数据

9. 单击 H17 单元格，在公式编辑栏里输入公式 "=SUM(H4:H16)"，按 "Enter" 键，得到资产合计类上月结余数据。

13.3.2　修改数据小数位

在我们创建的数据中，有时需要添加小数位数，方便更准确地去统计数据并进行分析。其具体操作步骤如下。

1. 打开资产负债表，选择要添加小数位数的 C4:H17 区域。切换至 "开始" 选项卡，单击 "数字" 选项组中的数字格式下拉按钮，然后选择 "数字" 选项，如图 13-16 所示。此时，数据自动添加两位小数，如图 13-17 所示。

2. 如果想增加小数位数或减少小数位数，只需切换到 "开始" 选项卡，选择 "数字" 选项组里的 "增加小数位数" 或 "减少小数位数" 即可。

图13-16 选择"数字"选项

图13-17 添加小数位数后的效果

13.3.3 设置负债类科目

在资金平衡表里，设置负债类科目，并进行汇总计算。具体操作步骤如下。

1. 打开"资金平衡表"，继续输入负债类科目的数据，并复制借方发生额、贷方发生额、本月结余的公式到负债类科目相对应的单元格中。

2. 因借贷方向不同，需重新设置借贷公式，选择 C18 单元格，在公式编辑栏里输入公式 "=IF(D18<0, "借",IF(D18>0,"贷",""))"，按 "Enter" 键；再次选择 C18 单元格，将鼠标光标定位到该单元格右下角，当出现黑色十字形状时，向下拖动鼠标复制公式填充序列，得到全部数据，如图 13-18 所示。

图13-18　统计借贷方向

3. 在负债数据的底部输入"负债类合计"，单击 C35 单元格，然后在公式编辑栏里输入公式"=SUM(D18:D34)"，按"Enter"键，得到合计数据。

4. 单击 H35 单元格，然后在公式编辑栏里输入公式"=SUM(H18:H34)"，按"Enter"键，得到合计数据。完成后，将数据设置成两位小数，方便统计，最终效果如图 13-19 所示。

图13-19　负债类效果图

13.4　制作资产负债表

资产负债表通常有月报和年报两种格式。月末资产负债表反映企业或单位月末资产、负债、净资产、收入、支出的状况，而年末资产负债表反映企业或单位年末全部资产、负债和净资产的状况。资产负债表主要包括资产类、负债类、净资产类、收入类、支出类等部分。通过函数取得资金平衡表中的相关数据，并对资产、负债两个大项进行平衡分析。

13.4.1　建立资产负债表

设置资产负债表中资产类的科目，并进行汇总计算，其具体操作步骤如下。

1. 打开"财务报表"，将 Sheet3 表命名为"资产负债表"，输入标题，输入资产与负债类信息，输入"科目编号""期初数"和"期末数"等项目，添加边框，最终效果如图 13-20 所示。

图13-20　建立"资产负债表"

2. 输入资产类科目编号与名称，资产类项目包含资产类与支出类两个小项，分别在里面输入科目编号与科目名称内容，如图 13-21 所示。

图13-21　完善"资产负债表"

13.4.2　计算期初/期末数

期初数是指期初已存在的账户余额，期末数为报告期的期末余额。期初余额以上期期末余额为基础，反映了以前期间的交易和上期采用的会计政策的结果。期初已存在的账户余额是由上期结转至本期的金额，或是上期期末余额调整后的金额。

在这里资产负债表中的期初期末数据，我们可以从资金平衡表里获取，具体计算期初数/期末数的步骤如下。

1. 选择 C4 单元格，在公式编辑栏里输入公式"=VLOOKUP(B4,资金平衡表!B:H,3,0)"，按"Enter"键；再次选择 C4 单元格，将鼠标光标定位到该单元格右下角，当出现黑色十字形状时，向下拖动鼠标复制公式填充序列，得到全部数据，如图 13-22 所示。

图13-22　计算"期初数"

2. 选择 D4 单元格，在公式编辑栏里输入公式"=VLOOKUP(B4,资金平衡表!B:H,7,0)"，按"Enter"键；再次选择 D4 单元格，将鼠标光标定位到该单元格右下角，当出现黑色十字形状时，向下拖动鼠标复制公式填充序列，得到全部数据，如图 13-23 所示。

图13-23　计算"期末数"

3. 在资产类最后一行输入资产类合计单击 C16 单元格，在公式编辑栏里输入公

式 "=SUM(C4:C15)"，然后按 "Enter" 键得到资产类数据合计。

4. 单击 D16 单元格，在公式编辑栏里输入公式 "=SUM(D4:D15)"，然后按 "Enter" 键得到资产类数据合计，如图 13-24 所示。

图13-24　统计"资产合计"数据

5. 单击 F4 单元格，在公式编辑栏里输入公式 "=VLOOKUP(E4,资金平衡表!A:H,4,0)"，按 "Enter" 键；再次选择 G4 单元格，将鼠标光标定位到该单元格右下角，当出现黑色十字形状时，向下拖动鼠标复制公式填充序列，得到全部数据，如图 13-25 所示。

图13-25　计算负债类"期初数"

6. 在 E 栏中输入科目编号。单击 H4 单元格，在公式编辑栏里输入公式

"=VLOOKUP(E4,资金平衡表!A:H,8,0)"，按"Enter"键；再次选择 H4 单元格，将鼠标光标定位到该单元格右下角，当出现黑色十字形状时，向下拖动鼠标复制公式填充序列，得到全部数据。

7. 单击 G21 单元格，在公式编辑栏里输入公式"=SUM(G4:G20)"，然后按"Enter"键得到资产类数据合计。

8. 单击 H21 单元格，在公式编辑栏里输入公式"=SUM(H4:H20)"，然后按"Enter"键得到资产类数据合计，如图 13-26 所示。

图13-26　计算资产合计类数据

13.5　制作收入支出表

收入支出表是反应企业单位在一定期间内的收入、支出、结余及分配情况的会计报表，一定程度上反映企业单位资金流动情况，制作的收入支出表应包含在财务报表里面。

13.5.1　创建收入支出表

收入支出表包含收入、支出、结余等项目，其具体创建过程如下。

1. 打开"财务报表"，新建 Sheet 表并将表名称命名为"资产负债表"，输入标题"收入支出表"，输入日期与单位。

2. 将表格规划成"收入""支出"和"结余"三个大项，在"收入"里设置"经营收入""拨入专款"等项目，在"支出"里设置"拨出经费""经营支出"等项目，在"结余"里设置"专项结余""经营结余"和"结余分配"等项目。设置各类的边框项目及大小。

3. 输入相关的具体项目，调整字体大小格式。单击 F5 单元格，然后在公式编辑栏里输入公式"=B5-D5"，最终效果如图 13-27 所示。

图13-27　建立"收入支出表"

13.5.2　计算收支数据

在建立完基本的表格后，我们要对其数据进行简单的计算，并完善收入支出表，具体操作步骤如下。

1. 在各项目里输入相关的数据条目，选择 B10 单元格，在公式编辑栏里输入公式"=SUM(B5:B10)"，按"Enter"键得到收入小计。

2. 选择 D10 单元格，在公式编辑栏里输入公式"=SUM(C5:C10)"，按"Enter"键得到收入小计，最终效果如图 13-28 所示。

图13-28　统计"收入支出表"数据

13.5.3 创建支出明细表

支出明细表是反映企业单位等各项支出项目构成明细情况的报表，是收入支出表的附表，各项目的合计数应当与"收入支出表"中相应支出项目的各项数字一致。其具体的创建过程如下。

1. 打开"财务报表"，新建 Sheet 表并将表名称命名为"支出明细表"，输入标题"支出明细表"，输入月份及货币单位。在标志栏里输入文字"明细科目"和"本期数"，并添加合适的边框。

2. 输入相关的明细条目，也可以从"收入支出表"相关的数据复制过来。

3. 输入表头，其中包含"项目""人员支出""设备购置费""业务费""招待费"及其他项目等。在项目里输入"专项支出""经营支出"和"补助费"等，最终效果如图 13-29 所示。

图13-29 建立"支出明细表"

至此，会计报表就制作完成了，我们建立此类模板后每个月就可以对其输入数据了。

完成的会计报表，是企业财务报告的主要部分，是企业向外传递会计信息的主要手段。

现在的会计报表是企业的会计人员根据一定时期（如月、季、年）的会计记录，按照既定的格式和种类编制系统的报告文件。随着企业经营活动的扩展，会计报表的使用者对会计信息需求的不断增加，仅仅依靠几张会计报表提供的信息已经不能满足或不能直接满足他们的需求，因此需要通过报表以外的附注和说明提供更多的信息。

第14章 账务分析与处理

账务分析与处理，是对会计凭证、账簿、会计报表和账务相结合综合分析与处理的过程，掌握基本的 Excel 财务分析与处理的方式与步骤，并通过 Excel 2016 依据凭证进行数据录入，从而实现财务分析与处理。

14.1 制作会计科目表

按照经济业务的内容和经济管理的要求对会计要素的具体内容进行分类核算的科目，称为会计科目。会计科目按其所提供信息的详细程度及统驭关系不同，又分为总分类科目和明细分类科目。前者是对会计要素具体内容进行总括分类，提供总括信息的会计科目，如"应收账款""原材料"等科目。后者是对总分类科目作进一步分类，提供更详细更具体会计信息科目，如"应收账款"科目按债务人名称设置明细科目，反映应收账款的具体对象。

14.1.1 创建会计科目表

会计科目表作为 Excel 账务处理中的基本参数表，包括总账科目与明细科目两部分，具体创建步骤如下。

启动 Excel 2016，新建"空白工作簿"，并将其命名为"账务分析处理表"。重命名 Sheet1 工作表为"会计科目表"，在工作表中分别输入"编码""总账科目"栏，添加合适的边框。设置合适的文字格式，设置完毕后，效果如图 14-1 所示。

图14-1 创建"会计科目表"

14.1.2　转置行列数据

在处理财务数据时，有时候需要将行的数据转置成列的数据或将列的数据转置成行的数据，这时，我们便可以利用 INDIRECT 公式来实现行列转置，具体操作步骤如下。

1. 单击 C1 单元格，在公式编辑栏中输入公式 "=INDIRECT("A"&COLUMN())"，按 "Enter" 键得到日期值。选中 E3 单元格，将光标定位到该单元格右下角，当出现黑色十字形状时，向下拖动鼠标复制公式，可以一次性得到所有转置数据，如图 14-2 所示。

图14-2　转置 "总账科目" 数据

2. 单击 C1 单元格，在公式编辑栏中输入公式 "=INDIRECT("B"&COLUMN())"，按 "Enter" 键得到日期值。选中 E3 单元格，将光标定位到该单元格右下角，当出现黑色十字形状时，向下拖动鼠标复制公式，可以一次性得到所有转置数据，如图 14-3 所示。

图14-3　转置 "编码" 数据

会计科目表建立完毕后，我们就可以根据财务数据输入相关的明细科目了。

14.2   制作记账数据库

制定记账数据库，可以作为财务分析处理的重要数据资料。

14.2.1   创建记账数据库

记账数据库包含"记账编号""凭证编号"和"凭证号"等项目，具体创建过程如下。

1.   打开"财务分析处理表"，将 Sheet2 表命名为"记账数据库"，输入"记账编号""凭证编号""凭证号""总账科目"和"明细科目"等标志项，设置合适的文本格式，添加相应的表格边框，效果如图 14-4 所示。

图14-4　建立"记账数据库"

2.   设置凭证类型有效性，选择 E 列，切换到"数据"选项卡，在"数据工具"选项组中单击"数据验证"按钮，在下拉列表中选择"数据验证"选项，如图 14-5 所示。

图14-5　选择"数据验证"选项

3. 在弹出的"数据验证"对话框里，打开"设置"选项卡，将允许设置为"序列"，将来源设置成"现收，现付，银收，银付，转"，然后单击"确定"按钮，完成数据验证设置，如图 14-6 所示。此时，单击单元格右侧的按钮，在下拉列表中即可看到设置的来源文字，如图 14-7 所示。

图14-6　设置数据验证

图14-7　"凭证类型"数据有效性

4. 利用数据有效性设置输入提示信息。选取 F2:F3 单元格，切换到"数据"选项卡，在"数据工具"选项组中单击"数据验证"按钮，在下拉列表中选择"数据验证"选项，弹出"数据验证"对话框。

5. 打开"输入信息"选项卡，选中"选定单元格时显示输入信息"复选框，在"输入信息"文本框里输入要显示的文本"输入凭证号"。单击"确定"按钮，完成数据验证设置，如图 14-8 所示。此时，在单元格的边上将显示提示信息"输入凭证号"。

图14-8　设置输入提示信息

6.　设置凭证编号计算公式。单击 G2 单元格，在公式编辑栏里输入公式
"=E2&F2"，即将 E2 和 F2 单元格中的文本连在一起组合成凭证编号。再次
选中 G2 单元格，将光标定位到该单元格右下角，当出现黑色十字形状时，向
下拖动鼠标复制公式，填充数据公式，如图 14-9 所示。

图14-9　设置"凭证编号"

14.2.2　设置二级数据有效性

　　二级数据有限性是使用定义名称和数据有效性的组合功能，第二级数据有效性根据第一
级数据有效性的筛选结果生成数据列表。二级数据有效性可以先取目标区域，通过函数计
算，在下拉列表里显示相关信息数据，大大简化对于数目较多的一般数据有效性设置。具体

设置步骤如下。

1. 打开"记账数据库"，切换到"公式"选项卡，单击"定义的名称"按钮，选择"定义名称"选项，在弹出的"新建名称"对话框中，将名称设置为"总账科目"，将范围设置为"工作簿"，将引用位置设置为"=会计科目表!\$A\$3:\$A\$18"，如图 14-10 所示。

2. 选择 J 列，切换到"数据"选项卡，在"数据工具"选项组中单击"数据验证"按钮，在下拉列表中选择"数据验证"选项，在弹出的"数据验证"对话框中打开"设置"选项卡，在"允许"下拉列表中选择"序列"，在"来源"下拉列表中选择"=总账科目"，如图 14-11 所示。此时，单元格便有总账科目的数据内容了。

图14-10　设置"新建名称"

图14-11　设置"数据验证"

3. 输入其他内容，完成"记账数据库"的设置。

对于部分单元格，我们可以利用格式刷进行操作，它可以复制某一单元格或区域的格式（字体、字号、行高、列宽等）应用于其他区域，可将上述单元格选中，单击"格式刷"按钮来取出所在位置或所选内容的文字格式，然后用这个刷子去刷别的单元格可实现文字格式的复制。但每次刷完后，格式刷就变成不可用了。如果希望重复复制格式，则需要不停地重复过程。也可以双击格式刷，将选定格式复制到多个位置。若要关闭格式刷，按"Esc"键或再次单击格式刷即可。

14.3　杜邦分析图

杜邦分析是利用几种主要财务比率之间的关系来综合地分析企业的财务状况。具体来说，它是一种用来评价公司赢利能力和股东权益回报水平，从财务角度评价企业绩效的一种经典方法。其基本思想是将企业净资产收益率逐级分解为多项财务比率乘积，这样有助于深入分析比较企业经营业绩。由于这种分析方法最早由美国杜邦公司使用，故名杜邦分析法。

14.3.1　创建杜邦分析图

创建杜邦分析图，可以将总体目标逐一细分的思维导图，能够快速、清晰地确定目标和方法。创建杜邦分析图的具体操作步骤如下。

1. 新建 Sheet 工作表，将工作表名称命名为"杜邦分析图"，输入标题内容"杜邦分析图"，合并"D2:E2"区域。

2. 按住"Ctrl"键，选择 D2、F2、B5、C5、G5、H5、A8、B8、D8、E8、G8、H8、A11、C11、D11、F11、G11 和 I11 区域，切换到"开始"选项卡，选择"字体"选项组中的"边框"下拉按钮，在下拉列表中选择"粗外侧框线"选项，如图 14-12 所示，效果如图 14-13 所示。

图14-12　添加边框线

图14-13　粗外侧框线效果

14.3.2　绘制分析图流程线

创建完基本框架后，我们需要用流程线将各个框格连接起来，使图具有逻辑性，具体操作步骤如下。

1. 切换至"插入"选项卡，单击"插图"按钮，选择"形状"选项，在"线条"选项组中选择"直线"选项，如图 14-14 所示。

图14-14　选择直线线条

2. 在工作表的合适位置绘制线条，绘制完所有直线后，按住"Ctrl"键选择所有绘制的直线，切换至"格式"选项卡，单击"形状轮廓"下拉按钮，选择"蓝色"颜色，然后选择"粗细"选项，选择"1.5 磅"粗细，如图 14-15 所示，效果如图 14-16 所示。

图14-15　更改线条样式

图14-16　绘制流程连接线

14.3.3　填制杜邦分析图数据

在创建完基本的杜邦分析图后，我们接着要在相应的表格里填制数据，在各个框格里填制净资产收益率、总资产净利率等数据项，如图 14-17 所示。

图14-17　填制数据项

完成杜邦分析图后，我们就可以在图格里面填写我们之前计算的数据了，或者直接引用公司的原有数据。

从企业绩效评价的角度来看，杜邦分析法只包括财务方面的信息，不能全面反映企业的实力，有很大的局限性，在实际运用中需要加以注意，必须结合企业的其他信息加以分析。

其局限性主要表现在以下几点。

(1)　对短期财务结果过分重视，有可能助长公司管理层的短期行为，忽略企业长期的价值创造。

(2) 财务指标反映的是企业过去的经营业绩，衡量工业时代的企业能够满足要求。但在目前的信息时代，顾客、供应商、雇员、技术创新等因素对企业经营业绩的影响越来越大，而杜邦分析法在这些方面是无能为力的。

(3) 在目前的市场环境中，企业的无形知识资产对提高企业长期竞争力至关重要，杜邦分析法却不能解决无形资产的估值问题。

14.4　财务分析处理的基本过程

对于财务分析与处理，我们还需要掌握一定的方式和技巧，对其做出合理的分析判断。

14.4.1　财务分析方式

财务分析的方法与分析工具众多，具体应用应根据分析者的目的而定。经常用到的还是围绕财务指标进行单指标、多指标综合分析，再加上借用一些参照值（如预算、目标等），运用一些分析方法（比率、趋势、结构、因素等）进行分析，然后通过直观、人性化的格式（报表、图文报告等）展现给用户，具体方法如下。

(1) 比较分析法。

比较分析法，是通过对比两期或连续数期财务报告中的相同指标，确定其增减变动的方向、数额和幅度，来说明企业财务状况或经营成果变动趋势的一种方法。

(2) 比率分析法。

比率分析法是通过计算各种比率指标来确定财务活动变动程度的方法。比率指标的类型主要有构成比率、效率比率和相关比率三类。

(3) 因素分析法。

因素分析法是依据分析指标与其影响因素的关系，从数量上确定各因素对分析指标影响方向和影响程度的一种方法。

因素分析法具体有两种：连环替代法和差额分析法。

14.4.2　Excel 财务分析的步骤

财务分析是一个循环渐进的过程，在 Excel 2016 中，进行财务分析需要遵循一定的步骤。

一、设计报表格式

要以现行财务报表为基础，然后在项目上进行一些必要的调整，如增加变动成本、贡献毛益、固定成本、税息前利润、速动资产、长期资产等。需要注意：如果采用自动填列财务数据的方法，调整的项目必须列于会计软件或 Excel 模板提供的报表之下，以免自动填列财务数据时对不上行次。

二、针对主栏，增设必要栏目

包括本期数栏、上期数或计划数栏、行业平均数栏、比较栏，比较栏可分绝对数与相对数，即差额和百分比。当然，为了清晰起见，栏目也不要设置过多，可以将不同的比较内容置于同一工作簿的不同工作表中。

三、针对主栏，确定分析指标

一要注意指标的内容，可以根据企业具体需要确定。如经济效益综合指标体系、杜邦财务分析体系、破产测试比率体系，另外，可以考虑增加利息保证倍数、现金比率、固定比率、固定长期适合率等指标。

二要注意指标的位置，必须在给定的报表格式之下。在确定分析指标时，要遵循以下原则。

(1) 要根据各种分析目的确定指标。

(2) 分析指标也有一个与国际接轨的问题。如美国邓氏公司的 14 种比率，美国《报表研究》年刊中登载的 11 种比率，再如国际著名评估机构的评估指标，都可纳入其中。

(3) 不仅要考虑目前需要，而且要考虑未来需要。科学技术的迅猛发展，知识经济的出现，在财务指标上必须有较大的创新。

(4) 为了避免未来损失，应该尽可能将可能需要的指标纳入其中，另一方面，指标不能太多太滥，以免喧宾夺主。

四、录入计算公式

要迅速、及时地计算财务指标，就要事先将每个计算公式录入到某一个单元格中。这里需要注意的问题：一是公式的位置，必须与要计算的指标在同一行；二是公式的写法，如果引用其他单元格的资料要用该单元格的地址来表示，至于用绝对单元格还是用相对单元格则视需要而定。一般说来用相对单元格即可。

五、填列财务数据

填列报表数据有两种方法：一是手工录入，二是自动生成。其中，自动生成又分两种情况：一是利用电算会计报表，其基本作法是首先调出电算会计报表文件，然后另存为 Excel 文件，接着保存、关闭，最后再用 Excel 调出所另存的文件即可；二是利用数据库，其基本作法是首先在 Excel 中调出数据库文件，然后输入分析内容，最后另存。具体过程为：Excel——打开文件——文件名（.dbf 后缀）——输入指标和公式——另存——文件名——保存。

需要说明，在 Excel 程序中，一般装有工业、商业、旅游业、运输业、金融业等几个行业财务报表模板，具体包括资产负债表、损益表、利润分配表、财务状况变动表。如果手工输入，应该先打开某报表模板，然后录入原始数据，生成报表后，再复制到分析文件中。这种方法的特点是无须计算流动资产、固定资产净值、资产总值、负债总额等合计栏，由系统自动生成。但是由于财务状况变动表已被现金流量表所取代，故现金流量表需自行编制或自制模板。如果是施工、房地产、股份制、外商投资等企业，由于系统未提供各种报表模板，企业也应自制。

六、生成分析结果

当完成了上述步骤后，各分析指标的结果就自动生成了。如果为了直观，还可以将结构分析、趋势分析的结果在图表中反映出来。

七、采取保护措施

为了防止已输入单元格中的公式被误删、误改，或人为篡改，为了防止报表数据的泄密和修改，同时为了工作表下次继续使用，可以将分析表的格式即各项目单元格和带有公式的单元格设定密码保护。

最后，需要注意，如果原来设计的栏次、指标不够用时，则也可对财务报表进行调整，增加主栏或增加宾栏，追加分析项目。但设定保护后，必须撤销对工作表的保护，修改后还要对文件重新命名。

第15章　企业往来账务处理

企业的持续发展离不开财务工作的精细管理，往来账务处理是财务工作的重要组成部分。企业之间的往来账务是企业在生产经营过程中发生业务往来而产生的应收和应付款项。随着市场经济的繁荣和发展，企业开始注重资金管理和成本管理，往往忽略了对往来账务的管理。但是，在流动资产中往来账款的流动性仅次于货币资金，而因其发生频率高，针对性较强，在企业的管理中容易出错。因此，企业必须加强对往来账务的管理。本章我们将详细介绍如何运用 Excel 2016 来处理应收账款数据和应付账款数据。

15.1　完善应收账款数据

在完善应收账款数据之前我们需要知道应收账款是怎么产生的，它具体指的又是什么？这两个问题我们将一一解决。

应收账款是伴随企业的销售行为发生而形成的一项债权。具体地说，应收账款是指企业在正常的经营过程中因销售商品、产品，提供劳务等业务，应向购买单位收取的款项，包括应由购买单位或接受劳务单位负担的税金、代购买方垫付的各种运杂费等。它表示的是企业在销售过程中被购买单位所占用的资金。

应收账款主要包括一级科目、二级科目、期初余额、本期发生额及期末余额等内容。表格中的某些项目，可以从已有的数据表中引用或通过计算得到。在 Excel 2016 中，当公式中需要引用到其他工作表中的数据时，可以使用名称。本节将以文件"应收账款数据.xlsx"工作簿为例详细介绍名称的定义和使用。

15.1.1　定义名称

在 Excel 2016 中，对于某一个单元格区域，可以给它指定一个特定的名称，如果涉及需要在公式中引用该单元格区域，则可以直接引用该单元格区域的名称。在 Excel 2016 中，名称的创建通常有两种方法，一种是使用对话框创建名称，第二种是直接使用名称框，此外，还可以根据选定内容创建常量名称，下面我们具体来介绍一下。

一、使用对话框创建名称

Excel 2016 中的名称根据范围来划分有工作簿级和工作表级，工作簿级的名称在整个工作簿中有效，如果是工作表级的名称则只在当前工作表中才有效，默认的名称为工作簿。使用"新建名称"对话框定义时可以指定名称的范围，具体操作方法如下。

1.　打开"应收账款数据.xlsx"工作簿，切换到"期初余额"工作表，在"公式"选项卡中的"定义的名称"组中单击"定义名称"按钮，如图 15-1 所示。

图15-1　单击"定义名称"按钮

2. 在弹出的"新建名称"对话框的"名称"文本框中输入名称"Data1"，然后单击"引用位置"右侧的单元格引用按钮，如图 15-2 所示。

3. 此时"新建名称"对话框会折叠显示，选择名称所包含的单元格区域，如"期初余额"工作表中的 A1:G10，如图 15-3 所示。

图15-2　输入名称

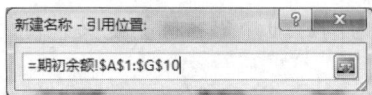

图15-3　选择单元格区域

4. 返回"新建名称"对话框，单击"确定"按钮，如图 15-4 所示。

图15-4　单击"确定"按钮

5. 当选定单元格区域 A1:G10 时，名称框中会显示已定义的名称 Data1，如图 15-5 所示。

图15-5　显示名称

二、使用名称框定义名称

选定要定义名称的单元格区域，如单元格 B2:B10，在编辑栏左侧的名称框中输入名称"客户名称"，即可完成名称的定义，如图 15-6 所示。

图15-6　在名称框中输入名称

三、根据选定内容创建名称

除了前面介绍的两种定义名称的方法，Excel 2016 还支持根据用户选定的内容来创建名称。这种方法通常用于对表格的列区域或行区域创建名称，而且默认的名称可以创建在表格的首行或首列。根据选定内容创建名称的操作步骤如下。

1. 打开"应收账款数据.xlsx"工作簿，切换到"应收账款数据清单"工作表，选择单元格区域，通常可以是表格的某一列，包含列标题，如选择单元格 C1:C33，其中 C1 为列标题，如图 15-7 所示。

图15-7　选择单元格区域

2. 在"公式"选项卡的"定义的名称"组中单击"根据所选内容创建"按钮，如图 15-8 所示。

图15-8　单击"根据所选内容创建"按钮

3. 在"以选定区域创建名称"对话框中勾选"首行"复选框，单击"确定"按钮，如图 15-9 所示。

图15-9　选择名称值

4. 重新选择单元格区域 C2:C33，此时名称框中会显示名称值为"客户编号"，如图 15-10 所示。

图15-10　查看名称

注意：在使用选定内容创建名称时，如果希望表格的首行或首列内容为名称，则在选择单元格区域时，需要包含标题，但是名称区域却不包含标题所在的单元格。图 15-10 所示中"客户编辑"名称包含的单元格区域为 C2:C33，不包含单元格 C1。

15.1.2　使用"名称管理器"管理名称

当工作簿中包含多个名称时，可以使用"名称管理器"来管理名称，在"名称管理器"对话框中，用户可以根据需要对工作表的名称进行新建、编辑和删除操作。

1. 打开"应收账款数据.xlsx"工作簿，切换到"期初余额"工作表，在"公式"选项卡的"定义的名称"组中单击"名称管理器"按钮打开"名称管理器"对话框。此时该对话框中会显示当前工作簿中已定义的名称，如需新建名称，可直接单击"新建"按钮，如图 15-11 所示。

2. 此时会打开"新建名称"对话框，如图 15-12 所示。

图15-11　单击"新建"按钮

图15-12　打开"新建名称"对话框

3.　除此之外，我们也可以在"名称管理器"对话框中编辑名称，选定要编辑的名称，如"客户编号"，然后单击"编辑"按钮，如图 15-13 所示。

4.　随后打开"编辑名称"对话框，用户可以重新修改该名称，如图 15-14 所示。

图15-13　单击"编辑"按钮

图15-14　"编辑名称"对话框

5.　如果我们要删除名称，首先需要选择要删除的名称，如"客户编号"，单击"删除"按钮，如图 15-15 所示。

图15-15　单击"删除"按钮

6. 随后屏幕上会弹出提示对话框提示用户是否删除，单击"确定"按钮，如图 15-16 所示。

7. 此时"名称管理器"对话框中已删除"客户编号"名称，如图 15-17 所示。

图15-16　确定删除

图15-17　已删除名称

15.1.3　在公式中使用名称

在公式中使用名称比直接引用单元格区域具有很多的优点，可以避免公式过于冗长，过于复杂，还可以增强公式的可读性，而且使公式的录入相对更加简便，具体操作如下。

1. 打开"应收账款数据.xlsx"工作簿，切换到"应收账款数据清单"工作表，如果用户能够记清要引用的单元格区域的名称，在输入公式时可直接输入名称作为参数，如在单元格 E2 中输入公式"=VLOOKUP(C2,Data1,2,FALSE)"，按"Enter"键后得到图 15-18 所示的计算结果。

图15-18　在公式中直接输入名称

2. 使用自动填充功能将二级科目列表填充完整，如图 15-19 所示。

图15-19　填充 E 列

3. 在单元格 F2 中输入公式"=VLOOKUP(C2,Data1,7,FALSE)"，按"Enter"键
后，向下复制公式得到图 15-20 所示的结果。

图15-20　设置公式引用期初余额

4. 在单元格 I2 中输入公式"=IF(D2="预收账款",F2+H2-G2,F2+G2－H2)"，按
"Enter"键后，向下复制公式，计算出期末余额数据，如图 15-21 所示。

图15-21　设置公式计算期末余额

15.1.4　定义和使用三维名称计算全年销量

在工作簿中定义三维名称，可以引用多个工作表中的相同区域。请打开实例文件"全年销量统计.xlsx"。例如，分别在"一季度""二季度""三季度"和"四季度"的单元格区域 B2:B4 中存放了该年度各月的销量，现要在"全年合计"工作表的单元格 B2 中计算全年销量。

1. 打开"新建名称"对话框，在"名称"框中输入"全年销量"，清除"引用位置"区域默认的内容，只保留等号，单击"一季度"工作表标签，按住"Shift"键，单击要选择的最后一个工作表标签"四季度"，然后再选择单元格区域 B2:B4，此时，"引用位置"中的公式如图 15-22 所示，然后单击"确定"按钮即可。

2. 切换到"全年合计"工作表，在单元格 B2 中输入"=SUM(全年销量)"，结果如图 15-23 所示。

图15-22　定义三维名称

图15-23　应用三维名称

15.2　使用"排序"功能分析应收账款

在 Excel 2016 中,用户可以根据一定的规则对数据进行排序。排序的依据通常有单元格值、单元格颜色、文字颜色和单元格图标等,最常见的是对单元格内容(值)进行排序。根据排序的复杂程度又分为简单排序、多关键字排序和自定义排序。接下来我们仍然以某企业的应收账款数据为例,来具体介绍 Excel 中的排序功能。

15.2.1　简单排序

简单的排序就是指在排序的时候,设置单一的排序条件,将工作表中的数据按照指定的某一种数据类型进行重新排序,例如,单一的升序或降序排序。请打开实例文件"企业排序数据.xlsx"。

一、升序排序

1.　单击要排序的列的任意数据单元格使之成为当前单元格,如 I2 单元格,在"数据"选项卡的"排序和筛选"组中单击"升序"按钮,如图 15-24 所示。

图15-24　选择升序命令

2.　随后,表格按照"期末余额"由小到大的顺序排列,如图 15-25 所示。

图15-25　升序结果

二、降序排序

如果要对"期末余额"数据按从大到小的顺序排列，则需要使用"降序排序"命令。

1. 选择"期末余额"列的任意数据单元格，在"数据"选项卡中"排序"组单击"降序"按钮，如图 15-26 所示。

图15-26　选择"降序"命令

2. 随后，表格按照"期末余额"数据从大到小的顺序排列，如图 15-27 所示。

图15-27　降序结果

如果用户在执行排序操作时，没有选择数据区域的单元格，屏幕上会弹出图 15-28 所示的提示对话框，这时我们需要单击"确定"按钮，重新选择当前单元格。

图15-28　错误提示对话框

15.2.2　多关键字排序

多关键字排序，也可称为复杂的排序，也就是按多个关键字对数据进行排序。在"排序"对话框中，用户除了可以添加多个关键字外，还可以设置排序的依据和次序。请打开实例文件"企业排序数据.xlsx"。

一、按值设置多关键字排序

在大多数情况下，用户都是按照单元格的值设置关键字进行排序，操作步骤如下。

1.　选择数据表内任意单元格，在"数据"选项卡中单击"排序和筛选"组中的"排序"按钮，打开"排序"对话框，如图 15-29 所示。

图15-29　打开"排序"对话框

2.　在"排序"对话框中单击"主要关键字"右侧的下三角按钮，从展开的下拉列表中选择"期初余额"选项，如图 15-30 所示。

图15-30　选择"期初余额"选项

3. 设置好主要关键字后，单击"排序"对话框中的"添加条件"按钮，如图 15-31 所示。

图15-31　单击"添加条件"按钮

4. 单击"次要关键字"右侧的下三角按钮，从展开的下拉列表中选择"期末余额"选项，如图 15-32 所示。

图15-32　选择"期末余额"选项

5. 再次单击"添加条件"按钮，单击新增的"次要关键字"右侧的下三角按钮，从下拉列表中选择"日期"选项，如图 15-33 所示。

图15-33　选择"日期"选项

6. 此时各关键字排序的次序均为默认的"升序"，单击"确定"按钮，如图 15-34 所示。

图15-34　单击"确定"按钮

7. 单击"确定"按钮后，返回工作表，此时按"期初余额"为主关键字，"期末余额"为次关键字，"日期"为第二次关键字的排序结果如图 15-35 所示。

	D	E	F	G	H	I	J
1	一级科目	二级科目	期初余额	借方发生额	贷方发生额	期末余额	备注
2	预收账款	三叶草科技有限责任公司	0.00		4,200.00	4,200.00	
3	应收账款	三叶草科技有限责任公司	0.00	7,500.00	3,000.00	4,500.00	
4	应收账款	长新科技实业有限公司	0.00	5,000.00	0.00	5,000.00	
5	预收账款	火星人科技有限公司	0.00		5,000.00	5,000.00	
6	预收账款	长新科技实业有限公司	0.00		5,000.00	5,000.00	
7	预收账款	长新科技实业有限公司	0.00		6,000.00	6,000.00	
8	应收账款	火星人科技有限公司	0.00	12,650.00	5,000.00	7,650.00	
9	应收账款	长新科技实业有限公司	0.00	7,800.00		7,800.00	
10	预收账款	三叶草科技有限责任公司	0.00		8,000.00	8,000.00	
11	应收账款	火星人科技有限公司	0.00	12,000.00	0.00	12,000.00	
12	预收账款	五星电器实业有限公司	0.00		30,000.00	30,000.00	
13	其他应收款	三叶草科技有限责任公司	0.00	50,000.00		50,000.00	
14	其他应收款	五星电器实业有限公司	0.00	50,000.00		50,000.00	
15	应收账款	火星人科技有限公司	0.00	95,000.00	0.00	95,000.00	

图15-35　排序结果

8. 还可以直接在"排序"对话框中更改关键字的次序，例如，单击选择次要关键字"期末余额"，然后单击"上移"按钮，如图 15-36 所示。

图15-36　更改关键字次序

9. 单击选择次要关键字"日期"，单击"删除条件"按钮，如图 15-37 所示。

图15-37　删除关键字

10. 此时"排序"对话框中只有两个关键字了，而且主要关键字更改为"期末余额"，单击"确定"按钮，如图 15-38 所示。

图15-38　更改关键字后的"排序"对话框

11. 此时按"期末余额"为主关键字，"期初余额"为次关键字的排序结果如图 15-39 所示。

	D 一级科目	E 二级科目	F 期初余额	G 借方发生额	H 贷方发生额	I 期末余额	J 备注
2	应收账款	新华电脑有限公司	3,000.00		3,000.00	0.00	
3	应收账款	新华电脑有限公司	3,000.00		3,000.00	0.00	
4	应收账款	山城电子实业有限公司	5,200.00		5,000.00	200.00	
5	应收账款	东华实业有限公司	5,000.00		4,500.00	500.00	
6	预收账款	三叶草科技有限责任公司	0.00		4,200.00	4,200.00	
7	应收账款	三叶草科技有限责任公司	0.00	7,500.00	3,000.00	4,500.00	
8	应收账款	长新科技实业有限公司	0.00	5,000.00	0.00	5,000.00	
9	预收账款	火星人科技有限公司	0.00		5,000.00	5,000.00	
10	预收账款	长新科技实业有限公司	0.00		5,000.00	5,000.00	
11	预收账款	长新科技实业有限公司	0.00		6,000.00	6,000.00	
12	应收账款	火星人科技有限公司	0.00	12,650.00	5,000.00	7,650.00	
13	应收账款	群华科技有限责任公司	12,500.00		4,800.00	7,700.00	
14	应收账款	长新科技实业有限公司	0.00	7,800.00	0.00	7,800.00	
15	预收账款	三叶草科技有限责任公司			8,000.00	8,000.00	

图15-39　排序结果

二、按单元格格式排序

在 Excel 2016 中，除了以"数值"为默认的排序依据外，还可以将"单元格颜色""字体颜色"和"单元格图标"等格式设置为排序依据。接下来以"单元格颜色"为排序依据，以"期末余额"为主要关键字进行排序。

1. 打开"企业排序数据"工作簿，在"数据"选项卡中单击"排序和筛选"组中的"排序"按钮，打开"排序"对话框，从"主要关键字"下拉列表中选择"期末余额"选项，单击"排序依据"下的三角按钮，从展开的下拉列表中选择"单元格颜色"选项，如图 15-40 所示。

图15-40　选择排序依据

2. 单击"次序"下的三角按钮，单击要显示在顶端的颜色，如"蓝色"，如图 15-41 所示。

图15-41　设置顶端颜色

3. 在"排序"对话框中单击"确定"按钮，如图 15-42 所示。

图15-42　单击"确定"按钮

4. 返回工作表中，此时按单元格颜色排序结果如图 15-43 所示，蓝色的单元格在顶端。

图15-43 排序结果

15.2.3 自定义排序

除了按照升序、降序对数据进行排序外，Excel 还允许用户按自定义序列进行排序。例如，对应收账款数据表可以对"一级科目"按照"应收账款、其他应收款、预收账款"的顺序排序，接下来请打开实例文件"企业排序数据.xlsx"，我们将详细讲解自定义排序的应用。

1. 在"数据"选项卡中单击"排序和筛选"组中的"排序"按钮，选择"自定义序列"选项，打开"排序"对话框，单击"次序"下三角按钮，从展开的下拉列表中选择"自定义序列"选项，如图 15-44 所示。

图15-44 选择"自定义序列"选项

2. 随后打开"自定义序列"对话框，在"输入序列"框中依次输入"应收账款""其他应收款"和"预收账款"，然后单击"添加"按钮，如图 15-45 所示。

图15-45　输入序列

3. 随后输入的序列被添加到"自定义序列"列表框底部，单击"确定"按钮，如图 15-46 所示。

图15-46　单击"确定"按钮

4. 返回"排序"对话框，此时"次序"框中显示之前输入的自定义序列，从"主要关键字"下拉列表中选择"一级科目"选项，然后单击"确定"按钮，如图 15-47 所示。

图15-47　选择主要关键字

5. 返回工作表中，此时表格以"一级科目"为关键字，按照"应收账款、其他应收款、预收账款"的顺序排列，排序结果如图 15-48 所示。

图15-48　自定义序列排序结果

15.3　使用 Excel 中的筛选功能分析应收账款

在上面的两个小节中，我们已经讲解了如何通过定义名称和使用排序功能对应收账款进行管理，接下来我们将具体讲解如何通过筛选功能来分析应收账款。Excel 2016 的数据筛选通常包括：自动筛选、自定义筛选及高级筛选 3 种方式。现仍然以企业的应收账款数据为例，来具体介绍 Excel 2016 中的筛选功能。

15.3.1　自动筛选

自动筛选一般用于简单的条件筛选，筛选时将不满足条件的数据暂时隐藏起来，只显示符合条件的数据。请打开实例文件"企业筛选数据.xlsx"。

1. 在"企业筛选数据.xlsx"工作簿中切换到"应收账款数据清单"工作表，单击要筛选列的任意数据单元格，如单元格 E2，在"数据"选项卡的"排序和筛选"组中单击"筛选"按钮，如图 15-49 所示。

2. 随后表格的标题行单元格右侧会显示自动筛选下三角按钮，单击"二级科目"单元格右侧的筛选按钮，从展开的筛选列表中取消勾选"（全选）"复选框，如图 15-50 所示。

图15-49　单击"筛选"按钮

图15-50　取消勾选全部

3. 在筛选下拉列表中勾选要显示的项目，如"三叶草科技有限责任公司"复选框，单击"确定"按钮，如图 15-51 所示。

4. 此时工作表中只显示"二级科目"为"三叶草科技有限责任公司"的行，而将其余的行隐藏，如图 15-52 所示。

图15-51　勾选筛选项

图15-52　筛选结果

在对数据进行自动筛选后，如果要显示全部的数据，只需再次单击"排序和筛选"组中的"筛选"按钮即可撤销筛选操作，取消显示筛选下三角按钮，并显示出全部的行。

15.3.2　自定义自动筛选方式

通过自定义筛选，能够设置比较复杂的筛选条件。要设置多个条件进行筛选，可以通过"自定义自动筛选方式"对话框进行设置，从而得到更为精确的筛选结果。常见的自定义筛选方式有：筛选文本、筛选数字、筛选日期或时间、筛选最大或最小数字、筛选平均数以上或以下的数字、筛选空值或非空值及按单元格或字体颜色进行筛选。请打开实例文件"企业筛选数据.xlsx"，切换到"应收账款数据清单"工作表。

一、筛选文本

对于文本值，通常的自定义筛选方式有"等于""不等于""开头是""结尾是""包含"和"不包含"等选项，用户可以根据实际需要选择最适合的筛选方式。以应收账款数据为例，如要筛选出"火星人科技有限公司"和"山城电子实业有限公司"的数据行，操作步骤如下。

1. 在"企业筛选数据.xlsx"工作簿中切换到"应收账款数据清单"工作表，在"数据"选项卡中单击"排序和筛选"组中的"筛选"按钮，在标题行的单元格中显示筛选下三角按钮，如图 15-53 所示。

图15-53 单击"筛选"按钮

2. 单击"二级科目"单元格右侧的筛选按钮，从筛选列表中选择"文本筛选"选项，然后从右侧下拉列表中选择"等于"选项，如图 15-54 所示。

图15-54 选择"等于"选项

3. 单击"自定义自动筛选方式"对话框右上角的下三角按钮，从展开的下拉列表中选择"火星人科技有限公司"选项，如图 15-55 所示。

4. 单击选中"或"单选按钮，从左下角的下拉列表中选择"等于"选项，从右下角的下拉列表中选择"山城电子实业有限公司"选项，然后单击"确定"按钮，如图 15-56 所示。

图15-55　设置第一筛选条件　　　　　　　　　　图15-56　设置第二筛选条件

5. 返回工作表中，此时筛选结果将显示"二级科目"为"火星人科技有限公司"或"山城电子实业有限公司"的行，如图 15-57 所示。

图15-57　筛选结果

二、使用运算符筛选数字

数字类型的数据，通常的筛选方式有"等于""不等于""大于""大于或等于""小于""小于或等于"和"介于"等。例如，要筛选出"期初余额"在 5000～10000 的数据，具体操作步骤如下。

1. 在"企业筛选数据.xlsx"工作簿中切换到"应收账款数据清单"工作表，在"数据"选项卡中单击"排序和筛选"组中的"筛选"按钮，在标题行的单元格中显示筛选下三角按钮，单击"期初余额"右侧的筛选按钮，从筛选列表中选择"数字筛选"选项，从下级下拉列表中选择"介于"选项，如图 15-58 所示。

2. 在右上角的框中输入"5000"，在右下角的框中输入"10000"，然后单击"确定"按钮，如图 15-59 所示。

图15-58 选择"介于"选项

图15-59 设置筛选条件

3. 返回工作表中，筛选结果如图 15-60 所示。

D	E	期初余额	借方发生额	贷方发生额	期末余额	备注
一级科目	二级科目	期初余额	借方发生额	贷方发生额	期末余额	备注
应收账款	山城电子实业有限公司	5,200.00	78,560.00	3,000.00	80,760.00	
应收账款	东华实业有限公司	5,000.00	7,500.00	0.00	12,500.00	
应收账款	山城电子实业有限公司	5,200.00	9,200.00		9,400.00	
应收账款	山城电子实业有限公司	5,200.00		5,000.00	200.00	
应收账款	东华实业有限公司	5,000.00	8,500.00	4,000.00	9,500.00	
应收账款	东华实业有限公司	5,000.00		4,500.00	500.00	
应收账款	山城电子实业有限公司	5,200.00	15,000.00	0.00	20,200.00	

图15-60 筛选结果

4. 如果要撤销对期初余额的筛选，请再次单击"期初余额"单元格的筛选按钮，从筛选列表中选择"从'期初余额'中清除筛选"选项，如图 15-61 所示。

5. 此时工作表中又会显示所有的行，并且同样会显示筛选下三角按钮，如图 15-62 所示。

图15-61　从列中清除筛选

图15-62　显示全部行

三、筛选前 N 个最值

对于数字，除了可以使用前面介绍的"大于"和"小于"等运算符来设置筛选条件外，还可以根据最值来筛选，如筛选前 10 项最大值，或筛选前 5 项最小值。

1. 在"企业筛选数据.xlsx"工作簿中切换到"应收账款数据清单"工作表，在"数据"选项卡中单击"排序和筛选"组中的"筛选"按钮，在标题行的单元格中显示筛选下三角按钮，单击"期初余额"筛选按钮，从筛选下拉列表中选择"数字筛选"选项，从下级下拉列表中单击"前 10 项"选项，如图 15-63 所示。

图15-63　选择筛选方式

2. 在弹出的"自动筛选前 10 个"对话框中，在左侧下拉列表中选择"最大"选项，在中间的调节框中输入 0 以外的整数，如 11，然后单击"确定"按钮，如图 15-64 所示。

图15-64　设置筛选选项

3.　此时，表格中将显示"期初余额"最大的 11 项，同时在状态栏中也会显示筛选出的数量提示，如图 15-65 所示。

图15-65　筛选结果

4.　单击"期初余额"筛选按钮，从筛选列表中选择"从'期初余额'中清除筛选"选项，如图 15-66 所示。

5.　单击"期末余额"筛选按钮，从筛选下拉列表中选择"数字筛选"选项，从下级下拉列表中选择"前10项"选项，如图 15-67 所示。

图15-66　清除筛选

图15-67　筛选"期末余额"

6. 随后打开"自动筛选前 10 个"对话框，从左侧下拉列表中选择"最小"选项，在中间的调节框中输入数字"5"，单击"确定"按钮，如图 15-68 所示。

图15-68　筛选设置

7. 随后筛选出期末余额最小的 5 项数据，如图 15-69 所示。

图15-69　筛选结果

四、筛选高于或低于平均值的数据

还可以以平均值作为数据的基准点，筛选出高于或低于平均值的数据。例如，要筛选出"期末余额"高于平均值的数据，具体操作方法如下。

1. 从"期末余额"中清除筛选显示所有行，单击"期末余额"筛选按钮，从筛选下拉列表中选择"数字筛选"选项，从右侧下拉列表中选择"高于平均值"选项，如图 15-70 所示。

2. 此时工作表中会显示"期末余额"大于平均值的 8 项，如图 15-71 所示。

图15-70　选择"高于平均值"选项

图15-71　筛选结果

五、筛选空值或非空值

有时出于某种需要，可能需要筛选出空白单元格或非空白的单元格。例如，要筛选出"借方发生额"为空白的数据项，具体操作方法如下。

1. 在"企业筛选数据.xlsx"工作簿中切换到"应收账款数据清单"工作表，在"数据"选项卡中单击"排序和筛选"组中的"筛选"按钮，在标题行的单元格中显示筛选下三角按钮，单击"借方发生额"筛选按钮，从筛选下拉列表中选择"数字筛选"选项，从右侧下拉列表中选择"自定义筛选"选项，如图 15-72 所示。

图15-72　选择"自定义筛选"选项

2. 随后打开"自定义自动筛选方式"对话框，从左上角的下拉列表中选择"等于"选项，右侧的下拉列表中为空，单击"确定"按钮，如图 15-73 所示。

图15-73　设置筛选方式

3. 筛选结果如图 15-74 所示。

图15-74　筛选结果

六、筛选日期

对于日期类型的数据，Excel 提供了更多灵活的筛选方式。如可以是"等于""之前"和"之后"的某个日期范围；也可以直接是"今天""明天"等具体的某一天；还可以以"周""月""季度"和"年"作为筛选时间单位，如"上周""本月""下季度"和"去年"等。例如，要筛选出"2016 年 1 月 4 日"之前的数据，操作如下。

1. 在"企业筛选数据.xlsx"工作簿中切换到"应收账款数据清单"工作表，在"数据"选项卡中单击"排序和筛选"组中的"筛选"按钮，在标题行的单元格中显示筛选下三角按钮，单击"日期"筛选按钮，从筛选列表中选择"日期筛选"选项，从右侧下拉列表中选择"之前"选项，如图 15-75 所示。

2. 随后打开"自定义自动筛选方式"对话框，单击右上角的下三角按钮，从下拉列表中选择"2016 年 1 月 4 日"选项，然后单击"确定"按钮，如图 15-76 所示。

图15-75　选择"之前"选项

图15-76　设置筛选选项

3. 返回工作表中，此时将筛选出"日期"在"2016 年 1 月 4 日"之前的数据，如图 15-77 所示。

图15-77　筛选结果

七、按单元格或字体颜色筛选

在 Excel 2016 中，除了按照单元格内容进行筛选外，还可以按照单元格颜色或字体颜色进行筛选。

1. 在"企业筛选数据.xlsx"工作簿中切换到"应收账款数据清单"工作表，在"数据"选项卡中单击"排序和筛选"组中的"筛选"按钮，在标题行的单元格中显示筛选下三角按钮，单击"一级科目"筛选按钮，从筛选列表中选择"按颜色筛选"选项，在右侧下拉列表中的"按单元格颜色筛选"区域中单击"黄色"颜色块，如图 15-78 所示。

图15-78　选择单元格颜色

2. 返回工作表中，将筛选出"一级科目"列所有单元格颜色为黄色的行，筛选结果如图 15-79 所示。

图15-79　筛选结果

同样地，可以按照字体颜色进行筛选。

1. 单击"一级科目"筛选按钮，从筛选列表中选择"按颜色筛选"选项，在右

侧下拉列表中的"按字体颜色筛选"区域中单击"橙色"颜色块，如图 15-80
所示。

图15-80　选择字体颜色

2.　返回工作表中，将筛选出"一级科目"列字体颜色为橙色的行，如图 15-81 所示。

图15-81　筛选结果

15.3.3　高级筛选

"高级筛选"一般用于条件较复杂的筛选操作，其筛选的结果可显示在原数据表格中，不符合条件的记录被隐藏起来。也可以在新的位置显示筛选结果，不符合条件的记录同时保留在数据表中而不会被隐藏起来，这样就更加便于进行数据的对比了。接下来我们就来讲解一下怎么进行高级筛选，请打开实例文件"高级筛选数据.xlsx"。

一、在原有区域显示筛选结果

在 Excel 2016 中，数据筛选的结果可以显示在原有区域上，也可以显示在用户指定的其它位置。如何设置在原有区域显示筛选结果，则 Excel 2016 会将不满足筛选条件的记录暂时隐藏起来，在原位置只显示筛选结果。

1. 在"高级筛选数据.xlsx"工作簿中切换到"应收账款数据清单"工作表，在"应收账款数据清单"最上方插入 3 个空白行，在单元格区域 C1:E2 中建立图 15-82 所示的条件区域。在建立条件区域时，条件区域与原数据区域至少要间隔一个空行或空列。

图15-82　创建条件区域

2. 在"排序和筛选"组中单击"高级"按钮，如图 15-83 所示。

图15-83　单击"高级"按钮

3. 在打开的"高级筛选"对话框中单击"列表区域"框中会显示系统自动检测的数据区域，如果需要修改请单击右侧的单元格引用按钮重新选择，如图 15-84 所示。

4. 单击"条件区域"框右侧的单元格引用按钮折叠对话框，拖动鼠标选择单元格区域 C1:E2，如图 15-85 所示。

5. 返回"高级筛选"对话框，单击"确定"按钮，如图 15-86 所示。

图15-84　选择列表区域　　　　图15-85　选择条件区域　　　　图15-86　单击"确定"按钮

6. 返回工作表中，此时筛选结果如图 15-87 所示。

图15-87　筛选结果

对于有重复数据的工作表，在进行筛选时，如果需要筛选不重复记录，只需在"高级筛选"对话框中勾选"选择不重复记录"复选框即可。

二、筛选结果复制到其他位置

使用高级筛选，还可以将筛选结果复制到其他区域。具体步骤如下。

1. 基于上述条件区域和列表区域，打开"高级筛选"对话框，在"方式"区域单击选中"将筛选结果复制到其他位置"单选按钮，此时"复制到"文本框被激活，单击该文本框右侧的单元格引用按钮选择一个位置，如 A38 单元格，然后单击"确定"按钮，如图 15-88 所示。

图15-88　设置高级筛选

2. 筛选结果如图 15-89 所示。

图15-89　筛选结果

虽然 Excel 2016 中的高级筛选允许将筛选结果复制到其他位置，但也只能是活动工作表的其他位置，而不能将筛选结果复制到其他工作表的任意位置。

15.3.4　筛选中新增"搜索"功能

在 Excel 2016 中，在"筛选"下拉列表中新增了"搜索"功能，用户可以直接输入要筛选项目的关键字，通过"搜索"功能来筛选文本或数据。这对于表格数据比较多的情况下比较实用。打开实例文件"筛选示例数据.xlsx"，我们利用该工作簿为大家讲解一下"搜索"功能的使用方法。

1. 在"筛选示例数据"工作簿中切换到"应收账款数据清单"工作表，在"数据"选项卡中单击"排序和筛选"组中的"筛选"按钮,在标题行的单元格中显示筛选下三角按钮,如图 15-90 所示。

图15-90　单击"筛选"按钮

2. 单击"二级科目"筛选按钮,在展开的筛选下拉列表的"搜索框"中输入要搜索项目的关键字,如"山城",然后单击"确定"按钮,如图 15-91 所示。

3. 搜索结果如图 15-92 所示。

图15-91　输入搜索关键字

图15-92　搜索结果

在"筛选器"界面中使用"搜索"功能搜索文本或数据时,可以只输入要筛选数据项的几个关键字,Excel 2016 会将与关键字匹配的所有项搜索到并显示在"搜索"列表框中,极大地缩小了筛选范围,这样可以最大程度地减小人工劳动,提高工作效率。但需要注意的是,当前筛选器界面中只能在当前列中进行筛选,而不是在整个工作表范围内筛选。

15.4　分类汇总应付账款

分类汇总是对数据清单中的数据进行管理的重要工具，可以快速地汇总各项数据，汇总的方式通常有求和、计数、求平均值、最大值和最小值等方式。通常在分类汇总数据之前，需要先对数据进行排序。本节将以某企业在某月的应付账款数据为例，详细介绍分类汇总数据的方法。

15.4.1　创建简单分类汇总

简单分类汇总是指按照表格中的某一个字段，对表格中的数据项进行求和、计数等分类汇总。本小节以应付账款相关数据为例，介绍如何使用简单分类汇总来分析本月应付账款数据。请打开实例文件"应付账款数据.xlsx"。

1. 单击"数据"按钮，要执行分类汇总前，需要先按分类汇总字段排序。单击"排序"按钮，如图 15-93 所示。

图15-93　单击"排序"按钮

2. 设置排序。在"排序"对话框中，设置"一级科目"为主要关键字，"对方单位"为次要关键字，其余保留默认设置，单击"确定"按钮，如图 15-94 所示。

图15-94　设置排序

3. 设置分类汇总。在"数据"选项卡的"分级显示"组中单击"分类汇总"按钮，打开"分类汇总"对话框。在"分类字段"下拉列表中选择"一级科目"选项，在"汇总方式"下拉列表中选择"求和"选项，在"选定汇总项"列表框中勾选"借方发生额"和"贷方发生额"复选框，然后单击"确定"按钮，如图 15-95 所示。

图15-95 设置分类汇总

4. 分类汇总结果。分类汇总结数据行会显示在原数据的下方，如图 15-96 所示。

图15-96 分类汇总结果

15.4.2 创建嵌套分类汇总

嵌套分类汇总是指使用多个条件进行多层分类汇总。在上一小节中的实例中，已对"一级科目"进行了分类汇总，如果希望在此基础上，再对"对方单位"进行嵌套分类汇总，则可以继续以下操作。

1. 单击"分类汇总"按钮，功能区切换到"数据"选项卡下，在"分级显示"组中单击"分类汇总"按钮，如图 15-97 所示。

图15-97　单击"分类汇总"按钮

2. 选择分类字段。在"分类汇总"对话框的"分类字段"下拉列表中选择"对方单位"选项，如图 15-98 所示。

3. 其他设置。取消勾选"替换当前分类汇总"复选框，单击"确定"按钮，如图 15-99 所示。

图15-98　选择分类字段

图15-99　其他设置

4. 嵌套分类汇总结果。此时工作表中先按一级科目汇总借贷方发生额，然后再按对方单位汇总，汇总结果如图 15-100 所示。

图15-100　嵌套分类汇总结果

注意：创建多级嵌套分类汇总

在 Excel 中可以创建多级分类汇总，但在进行分类汇总之前，一定要记得按照分类字段设置主要关键字和次要关键字先对表格进行排序操作。在"分类汇总"对话框中，记得取消勾选"替换当前分类汇总"复选框，否则新建的分类汇总会替换原来的分类汇总。

15.4.3　分级显示分类汇总数据

对数据进行分类汇总后，Excel 会自动按汇总时的分类对数据进行分级显示，并且在数据清单的行号左侧出现了一些层次分级显示按钮"−"和"+"，分级显示汇总结果有两种方法，具体介绍如下。

(1) 用户可以直接单击工作表列标签左侧的数字分级显示按钮来设置显示的级别，例如，单击数字"2"，只显示二级分类汇总，如图 15-101 所示。

图15-101　单击数字"2"

(2)　还可以单击分级显示按钮，使它变为按钮即可显示下级分类汇总或明细数据，如图 15-102 所示。

图15-102　显示嵌套分类汇总

15.4.4　删除分类汇总

当不需要再显示分类汇总信息时，可以将分类汇总从工作表中删除，删除分类汇总的方法非常简单，只需单击一个按钮即可。

1.　单击"数据"选项卡中"分级显示"组中的"分类汇总"按钮，打开"分类汇总"对话框，单击"全部删除"按钮，如图 15-103 所示。

图15-103　单击"全部删除"按钮

2.　返回工作表中，此时分类汇总全部被删除，如图 15-104 所示。

图15-104　删除分类汇总后的表格

分页显示分类汇总数据

　　在实际工作中，完成了数据的分类汇总后，可能需要分页将汇总结果打印出来，这里就需要设置分页显示分类汇总数据，具体操作步骤如下。

1. 打开"分类汇总"对话框，从"分类字段"下拉列表中选择要分页显示的分类字段，这里我们选择"一级科目"选项，然后勾选"每组数据分页"复选框，单击"确定"按钮，如图 15-105 所示。

图15-105　勾选"每组数据分页"复选框

2. 返回工作表中，此时工作表在"一级科目"的每组分类数据分页显示，如图 15-106 所示。

图15-106　分页显示数据

15.5　实战技巧——使用排序和汇总功能分析应收账款账龄

数据的排序和筛选是日常办公中最为常见的数据处理方式之一，本章以财务工作中的应收账款和应付账款数据为实例，详细介绍了 Excel 中的名称的定义与应用、简单排序、多关键字排序、自定义排序、自动筛选、自定义筛选、高级筛选及分类汇总等知识，无需复杂的编程，就可以实现对数据进行整理和分析。

在往来账款处理业务中，常见的还有账龄的分析。接下来，以某企业的应收账款账龄分析为实例，进一步加强对本章所学 Excel 知识的综合应用。请打开实例文件"账龄分析表.xlsx"。

1. 切换到当前工作表，在"排序和筛选"组中单击"排序"按钮，如图 15-107 所示。

图15-107　单击"排序"按钮

2. 设置主要关键字。在"排序"对话框中单击"主要关键字"下三角按钮，从下拉列表中选择"对方单位"选项，如图 15-108 所示。

图15-108　设置主要关键字

3. 设置次要关键字。单击"添加条件"按钮，从"次要关键字"下拉列表中选择"到期日期"选项，设置"次序"为"降序"，单击"确定"按钮，如图15-109 所示。

图15-109　设置次要关键字

4. 排序结果如图 15-110 所示。

图15-110　排序结果

5. 设置分类汇总。打开"分类汇总"对话框，从"分类字段"下拉列表中选择

"对方单位"选项，勾选"应收账款金额"复选框，单击"确定"按钮，如图 15-111 所示。

图15-111　设置分类汇总

6. 分类汇总结果。返回工作表中，按"对方单位"对"应收账款金额"汇总结果如图 15-112 所示。

图15-112　分类汇总结果

7. 设置嵌套分类汇总。再次打开"分类汇总"对话框，从"分类字段"下拉列表中选择"账龄"选项，取消勾选"替换当前分类汇总"复选框，单击"确定"按钮，如图 15-113 所示。

图15-113　设置嵌套分类汇总

8. 分类汇总结果。返回工作表中，单击分级符 3，显示分类汇总数据，如图 15-114 所示。

图15-114　分类汇总结果

第16章　数据透视表与数据透视图的应用

我们在日常生活尤其是在处理与财务工作有关事情的时候，总会或多或少地接触到数据透视表。学会使用数据透视表可以在处理数据统计时事半功倍。

在实际工作中，我们常常会遇到各种各样的数据统计，例如，月销售量、销售月份、年销售额度等。当产品的类别型号等分类较少时，静态的 Excel 也许可以为我们解决问题，一旦出现多样性的产品统计，传统的 Excel 统计耗时耗力，工作效率会大打折扣，这样必将不能满足我们的需求。本章我们就通过实例分析介绍一下 Excel 中数据透视表的用法，使大家在以后的生活工作中能更加轻松地对数据进行统计处理。

16.1　数据透视表的概念

数据透视表是一种交互式的表，这是它与普通表格相比最大的区别。数据透视表可以进行某些计算，如求和与计数等。所进行的计算与数据跟数据透视表中的排列有关，用户可以动态地改变它们的版面布置，以便按照不同方式分析数据，也可以重新安排行号、列标和页字段。每一次改变版面布置时，数据透视表会立即按照新的布置重新计算数据。另外，如果原始数据发生更改，则可以更新数据透视表。

16.1.1　创建数据透视表

在 Excel 2016 中，用户可以根据数据源区域创建一个空白的数据透视表模板，然后再根据需要在模块中添加和更改字段位置来调整数据透视表的布局。请打示例文件"第一季度销售数据.xlsx"，接下来，笔者将带领大家一起来创建数据透视表。

1. 单击"数据透视表"按钮，在"插入"选项卡中选择"表格"选项，在弹出的下拉列表中选择"数据透视表"选项，如图 16-1 所示。

图16-1　选择"数据透视表"选项

2. 随后打开"创建数据透视表"对话框，保留选中默认的"选择一个表或区域"单选按钮，单击"表/区域"右侧的"单元格引用"按钮，如图 16-2 所示。

图16-2　选择一个表或区域

3. 选择数据区域。随后打开"创建数据透视表"对话框折叠显示，拖动鼠标选择"第一季度销售数据"工作簿中的工作表 Sheet1 中的单元格区域"A1:H42"，然后单击"单元格引用"按钮展开对话框，如图 16-3 所示。

图16-3　选择数据区域

4. 选择放置数据透视表的位置并为数据添加数据模型。在"选择放置数据透视表的位置"区域单击选中"现有工作表"单选按钮，选择"位置"为 Sheet1

工作表中的单元格 K22，勾选"将此数据添加到数据模型（M）"复选框，然后单击"确定"按钮，如图 16-4 所示。

图16-4　选择放置数据透视表的位置

5.　添加字段。拖动"年月"字段到"报表筛选"区域，"销售部门"到"行标签"区域，"销售金额"到"Σ值"区域，得到图 16-5 所示的数据透视表。

图16-5　添加字段

16.1.2　创建数据透视表的同时创建数据透视图

如果用户希望在创建数据透视表的同时还要创建数据透视图，则还可以通过 Excel 2016 的同时创建数据透视表和数据透视图功能进行添加。

1.　打开实例文件"第一季度销售数据.xlsx"，在"插入"选项卡下的"图表"组中单击"数据透视图"选项的下三角按钮,在展开的下拉列表中选择"数据透视图和数据透视表"选项,如图 16-6 所示。随后 Excel 会同时在工作表中创建数据透视表模板和数据透视图模板。

图16-6 选择"数据透视图和数据透视表"选项

2. 选择数据区域。打开"创建数据透视表"对话框折叠显示,拖动鼠标选择"第一季度销售数据.xlsx"工作簿中的工作表 Sheet1 中的单元格区域"A1:H42",选择放置数据透视表的位置为"新工作表",单击"确定"按钮,创建图表,如图 16-7 所示。

图16-7 创建数据透视表

3. 拖动"年月"字段到"报表筛选"区域,"销售部门"到"行标签"区域,"销售金额"到"Σ值"区域,如图 16-8 所示,单击关闭符号按钮,得到图 16-9 所示的数据透视表和数据透视图。

图16-8　数据透视图字段

图16-9　数据透视图和数据透视表

16.1.3　使用外部数据源创建数据透视表

在 Excel 2016 中，用户可以从 Windows 系统的数据源中导入外部数据创建数据透视表，常见的可用于创建数据透视表的外部数据格式有数据库文件。在创建数据透视表之前，用户需要将源文件保存在"我的文档\我的数据源"目录下。

1. 添加数据源。请将"销售记录.accdb"数据库文件另存到"我的文档"文件夹下的"我的数据源"文件夹中，如图 16-10 所示。

图16-10　将文件存入指定位置

2. 选择要分析的数据。新建一个工作簿，打开"创建数据透视表"对话框，在

"请选择要分析的数据"区域单击选中"使用外部数据源"单选按钮，然后单击"选择连接"按钮，如图 16-11 所示。

图16-11　"创建数据透视表"对话框

3.　选择连接数据。随后打开"现有连接"对话框，"销售记录.accdb"数据库文件会显示在"此计算机的连接文件"列表区域中，选中文件，如图 16-12 所示。

图16-12　选择连接数据

4.　单击"确定"按钮，随后单击"打开"按钮即可返回"创建数据透视表"对话框，最后单击"确定"按钮，Excel 会在工作簿中指定的位置创建数据透视表模板，如图 16-13 所示。

图16-13　创建数据透视模板

5. 添加字段。在"数据透视表字段列表"窗格中，拖动"产品类别"字段到"行标签"区域，拖动"销售金额 1"字段到"Σ值"区域，如图 16-14 所示。

6. 最后得到的数据透视表效果如图 16-15 所示。

图16-14　数据透视表字段

图16-15　数据透视表效果

16.2　设置数据透视表的字段格式

在创建好数据透视表后，用户还可以根据需要添加和设置数据透视表中的字段，以达到从不同角度使用数据透视表分析数据的目的。

16.2.1　更改数据透视表字段列表视图

在默认的方式下，Excel 2016 中的"数据透视表字段列表"都会以"字段节和区域节层叠"的视图方式来显示数据透视表字段。用户也可以根据自己的习惯更改数据透视表字段列表的视图方式。

1. 在"数据透视表字段"窗格中单击"字段视图"下三角按钮，从展开的下拉列表中选择"字段节和区域节并排"选项，如图 16-16 所示。
2. 字段节和区域节并排的视图效果如图 16-17 所示。如果只想在"数据透视表字段"中显示字段节，可以从"字段视图"下拉列表中选择"仅字段节"选项，此时视图中只显示字段节，不显示区域节，如图 16-18 所示。

图16-16　选择视图方式　　　图16-17　字段节和区域节并排显示　　　图16-18　只显示字段节

温馨提示：用户也可以设置只显示区域节，不显示字段节，只显示区域节有两种视图方式，"仅 2×2 区域节"是指将区域节显示为 2 行 2 列的格式，"仅 1×4 区域节"是指将区域节显示为 1 列 4 行的格式。

16.2.2　向数据透视表添加字段

向数据透视表添加字段除了直接将字段拖动到区域中外，还有另外两种方法，一种是勾选字段前面的复选框，另一种是使用右键快捷菜单。现分别介绍如下。

一、勾选复选框添加字段

打开实例文件"数据透视表 1.xlsx"，在"数据透视表字段"窗格中的"选择要添加到报表的字段"区域勾选要添加字段前面的复选框，如图 16-19 所示。Excel 2016 会根据该字段的特点自动将它添加到最适当的区域，这里将"数量"字段添加到"数值"区域，并自动按"求和"方式汇总，如图 16-20 所示。此时，工作表中的数据透视表如图 16-21 所示。

图16-19　勾选字段前的复选框

图16-20　自动添加到"数值"区域

图16-21　数据透视表效果

二、使用右键快捷菜单添加字段

在"数据透视表字段"窗格中的"选择要添加到报表的字段"区域右击要添加的字段，如"产品类别"字段，从弹出的快捷菜单中选择"添加到行标签"命令，如图 16-22 所示。随后，该字段添加到"行标签"区域中，如图 16-23 所示。此时的数据透视表如图 16-24 所示，行标签中有两个字段，按"销售部门"和"产品类别"分别对销售金额和数量进行求和。

图16-22　从右键菜单中选择

图16-23　添加到"行标签"区域

图16-24　透视图效果

16.2.3　报表区域间移动字段

用户还可以直接在"数据透视表字段"中的报表区域间移动字段，例如，将"年月"字段从"报表筛选"区域移动到"列标签"区域，可以直接将"年月"字段从"报表筛选"区域拖到"列标签"区域，也可以使用菜单来移动。使用菜单移动的方法如下。

1. 在"报表筛选"区域单击"年月"字段中的下三角按钮，从展开的下拉列表中选择"移动到行标签"选项，如图 16-25 所示。

2. "年月"字段被移动到"行标签"区域的最下方，如图 16-26 所示。

图16-25 选择"移动到行标签"选项

图16-26 移动到"行标签"区域

3. 此时数据透视表的效果如图 16-27 所示。

行标签	求和项:销售金额	求和项:数量
⊟销售二部	981722	114
⊟电脑	402722	59
2010年1月	142078	21
2010年2月	130322	19
2010年3月	130322	19
⊟电视	579000	55
2010年1月	223800	21
2010年2月	149200	14
2010年3月	206000	20
⊟销售一部	1390196	162
⊟电脑	707796	102
2010年1月	304848	46
2010年2月	175510	25
2010年3月	227438	31
⊟电视	682400	60
2010年1月	277000	27
2010年2月	193800	16
2010年3月	211600	17
总计	2371918	276

图16-27 透视表效果

16.2.4 调整字段顺序

当同一个报表区域有多个字段时，Excel 默认是按照用户添加字段的先后顺序排列的。例如，在上一小节中，当将"年月"字段添加到"行标签"区域时，自动排列在该区域的最下方。区域中字段的顺序决定数据透视表的汇总顺序，如"销售部门"字段在"行标签"最前面，则对"销售部门"字段的汇总为一级汇总。如果用户想要更改汇总字段，则只需调整字段的顺序即可，操作步骤如下。

1. 在"行标签"区域单击"年月"字段中的下三角按钮，从展开的下拉列表中选择"移至开头"选项，如图 16-28 所示。

2. "年月"字段被移动到"行标签"区域的最上方，如图 16-29 所示。此时数据透视表的效果如图 16-30 所示。

图16-28　选择"移至开头"选项

图16-29　"年月"移至开头

图16-30　数据透视表效果

16.2.5　删除字段

当不想在数据透视表中反映某个字段的数据时，可以将它删除。删除字段通常也有两种方法，一种是直接将字段拖到报表区域外，另一种是通过菜单命令来删除。

在上节创建的数据透视表中，假如不需要反映数量，则可以将"数量"字段删除。如果使用拖动法则直接将"求和项：数量"字段拖到报表区域外，也可以使用菜单命令来删除。

1. 单击"求和项：数量"字段中的下三角按钮，从展开的下拉列表中选择"删除字段"选项，如图 16-31 所示。

2. 选择"删除字段"后，数据透视表字段对话框如图 16-32 所示。此时数据透视表的效果如图 16-33 所示。

图16-31 选择"删除字段"选项

图16-32 删除后的效果

图16-33 数据透视表效果

16.2.6 字段设置

用户还可以设置数据透视表中的字段，例如，更改字段的名称、设置分类汇总、筛选及数据透视表的布局和打印选项等。对于数值字段，还可以设置字段的汇总方式及值的显示方式等。

一、通过字段中的下拉列表设置字段

1. 打开实例文件"移动字段.xlsx"，在"数据透视表字段"中的"行标签"区域

单击"销售部门"字段中的下三角按钮，在展开的下拉列表中选择"字段设置"选项，如图 16-34 所示。

2. 打开"字段设置"对话框。选择"布局和打印"选项卡，在"布局"区域单击选中"以表格形式显示项目标签"单选按钮，然后单击"确定"按钮，如图 16-35 所示。

图16-34 选择"字段设置"选项

图16-35 "字段设置"对话框

3. 此时的数据透视表布局效果如图 16-36 所示。

行标签	产品类别	求和项:销售金额	求和项:数量
⊟2016年1月		947726	115
⊟销售二部	电脑	142078	21
	电视	223800	21
销售二部 汇总		365878	42
⊟销售一部	电脑	304848	46
	电视	277000	27
销售一部 汇总		581848	73
⊟2016年2月		648832	74
⊟销售二部	电脑	130322	19
	电视	149200	14
销售二部 汇总		279522	33
⊟销售一部	电脑	175510	25
	电视	193800	16
销售一部 汇总		369310	41
⊟2016年3月		775360	87
⊟销售二部	电脑	130322	19
	电视	206000	20
销售二部 汇总		336322	39
⊟销售一部	电脑	227438	31
	电视	211600	17
销售一部 汇总		439038	48
总计		2371918	276

图16-36 数据透视表效果

二、通过功能区中的命令设置字段

用户还可以通过功能区中的命令来设置字段格式。下面以设置"求和项:销售金额"字段的格式为例，具体操作步骤如下。

371

1. 切换至 "分析" 选项卡, 单击 "活动字段" 下三角按钮, 在弹出的下拉列表中单击 "字段设置" 按钮, 如图 16-37 所示。

图16-37　单击 "字段设置" 按钮

2. 更改名称。在 "值字段设置" 对话框中的 "自定义名称" 文本框中输入 "销售金额合计", 如图 16-38 所示。

3. 单击 "数字格式" 按钮, 设置小数位数, 在 "设置单元格格式" 对话框中设置小数位数为 2 位, 如图 16-39 所示。

图16-38　更改名称

图16-39　设置小数位数

4. 设置格式后的数据透视表效果如图 16-40 所示。

行标签	产品类别	销售金额合计	求和项:数量
⊟2016年1月		947726.00	115
⊟销售二部	电脑	142078.00	21
	电视	223800.00	21
销售二部 汇总		365878.00	42
⊟销售一部	电脑	304848.00	46
	电视	277000.00	27
销售一部 汇总		581848.00	73
⊟2016年2月		648832.00	74
⊟销售二部	电脑	130322.00	19
	电视	149200.00	14
销售二部 汇总		279522.00	33
⊟销售一部	电脑	175510.00	25
	电视	193800.00	16
销售一部 汇总		369310.00	41
⊟2016年3月		775360.00	87
⊟销售二部	电脑	130322.00	19
	电视	206000.00	20
销售二部 汇总		336322.00	39
⊟销售一部	电脑	227438.00	31
	电视	211600.00	17
销售一部 汇总		439038.00	48
总计		2371918.00	276

图16-40　设置格式后的效果

温馨提示："字段设置"与"值字段设置"

对于被添加到报表的"值"区域的字段称为"值字段",而其他三个区域的字段称为"字段"。因此,当对它们进行字段设置时,对话框会分别显示为"值字段设置"和"字段设置"。通常,字段设置除了可以更改字段的名称外,还可以设置字段的分类汇总和筛选、布局和打印等选项;而对于值字段,还可以设置值的汇总方式和显示方式。同时,还可以设置它们的数字格式。

实战技巧:快速对数据透视表中的值字段求平均值

默认方式下,将数值字段添加到"值"区域时,系统默认的汇总方式为"求和"。实际上,在数据透视表中,值字段不同的汇总方式,即计算方式可以是"求和""计数""平均值""最大值"和"最小值"等多种,用户可以选择需要的汇总方式来创建数据透视表。

在数据透视表中双击"求和项:销售金额"字段名称,在打开的"值字段设置"对话框中的"值汇总方式"列表中选择"平均值"选项,随后,"自定义名称"框中的名称会自动更改为"平均值项:销售金额",如图 16-41 所示。

图16-41　平均值项

16.3　编辑数据透视表

在完成了对数据透视表的字段设置后,用户还可以对数据透视表进行一系列的编辑操作,如选择和移动数据透视表、重命名数据透视表、更改数据透视表的数据源等操作。

16.3.1　选择数据透视表

和选择单元格、工作表类似,用户也可以选择数据透视表。数据透视表的选择操作包括选择整个数据透视表、选择数据透视表标签及选择数据透视表中的值，现分别介绍如下。

一、选择整个数据透视表

打开实例文件"数据透视表.xlsx"，切换至"分析"选项卡，单击"操作"下三角按钮，在弹出的下拉框中单击"选择"下三角按钮，从展开的下拉列表中选择"整个数据透视表"选项，如图 16-42 所示，随后整个数据透视表区域被选中，如图 16-43 所示。

图16-42　选择"整个数据透视表"选项

图16-43　选中的数据透视表

二、选择数据透视表的值区域

在"操作"组中再次单击"选择"下三角按钮，从展开的下拉列表中选择"值"选项，如图 16-44 所示，随后数据透视表中的值区域被选中，如图 16-45 所示。

图16-44　选择"值"选项

图16-45　选中"值"后的效果

三、选择数据透视表的标签区域

在"操作"组中再次单击"选择"下三角按钮，从展开的下拉列表中选择"标签"选项，如图 16-46 所示，随后数据透视表中的标签区域被选中，如图 16-47 所示。

图16-46　选择"标签"选项

图16-47　选中数据透视表中的标签区域

16.3.2　移动数据透视表

对于已经创建好的数据透视表，用户也可以改变它的位置。可以将它移动到当前工作表的其他区域，也可以将它移到新工作表中。

1. 单击"移动数据透视表"按钮。切换至"分析"选项卡，单击"操作"按钮，在下拉框中选择"移动数据透视表"选项，如图 16-48 所示。

图16-48 选择"移动数据透视表"选项

2. 选择放置位置。在"移动数据透视表"对话框中单击选中"新工作表"单选按钮，单击"确定"按钮，如图 16-49 所示。

图16-49 "移动数据透视表"对话框

3. 移至新工作表中。Excel 会自动在当前工作表中新插入一个工作表，并将数据透视表移到该工作表中，如图 16-50 所示。

图16-50 将数据透视表移至新工作表

16.3.3　重命名数据透视表

系统默认为数据透视表设置的名称为"数据透视表 1""数据透视表 2"，用户也可以重新将数据透视表的名称更改为更直观的名称。对数据透视表重命名有两种方法，一种是直接在"数据透视表名称"中输入，另一种是在"数据透视表选项"对话框中设置。

1. 在"分析"选项卡"数据透视表"组中的"数据透视表名称:"框中可直接输入数据透视表的新名称，如图 16-51 所示。
2. 还可以在"数据透视表"组中单击"选项"下三角按钮，从展开的下拉列表中单击"选项"按钮，如图 16-52 所示，随后打开"数据透视表选项"对话框，在"名称"文本框中输入新的名称即可，如图 16-53 所示。

图16-51　直接输入名称

图16-52　单击"选项"按钮

图16-53　输入名称

16.3.4　更改数据透视表的数据源区域

对于已经创建好的数据透视表，还可以更改其数据源。例如，假设数据表中增加了新的行列，如果希望这些新增加的数据加入到数据透视表中，则可以通过更改数据源区域来实现。

在"数据透视表工具-选项"选项卡中的"数据"组中单击"更改数据源"下三角按钮，从展开的下拉列表中选择"更改数据源"选项，如图 16-54 所示。随后打开"更改数据透视表数据源"对话框，如图 16-55 所示，用户可以重新选择新的区域。

图16-54　选择"更改数据源"选项

图16-55　"更改数据透视表数据源"对话框

温馨提示：推迟布局更新

当在 Excel 中使用大型的数据源创建数据透视表时，每次在数据透视表中添加新的字段，默认情况下 Excel 都会及时更新数据透视表。由于数据量较大，可能会使操作变得非常缓慢。在 Excel 2016 中，可以使用"推迟布局更新"选项来手工更新数据透视表，方法是在"数据透视表字段列表"窗格中勾选"推迟布局更新"复选框，此时"更新"按钮变成可用状态，如图 16-56 所示。当把需要调整的字段全部调整完毕后，再单击"更新"按钮更新数据透视表。

图16-56　勾选"推迟布局更新"复选框

实战技巧：显示和隐藏数据透视表中的明细数据

打开实例文件"添加字段.xlsx"，在数据透视表中展开和折叠数据透视表中的明细数据有两种方法，一种是直接单击数据透视表中的汇总字段前面的 ⊞ 按钮展开字段，单击 ⊟ 按钮折叠字段，如图 16-57 所示。还可以在"数据透视表工具－选项"选项卡中的"活动字段"组中选择"展开字段"和"折叠字段"命令来展开和折叠数据透视表中的明细数据，如图 16-58 所示。

图16-57　单击标志展开折叠数据透视表

图16-58　单击按钮展开/折叠数据透视表

16.4　设置数据透视表的外观和格式

创建好数据透视表后，为了使数据透视表显得更加专业，用户还可以为数据透视表设置外观和格式，通常包括设置数据透视表的布局和样式。

16.4.1　设计数据透视表布局

数据透视表的布局设置包括的选项有分类汇总、总计、报表布局及空行等选项的设置，用户可以决定是否在数据透视表中显示这些选项以及以何种特定的格式来显示这些选项。

1. 打开实例文件"销售员业绩透视表.xlsx"，选择分类汇总方式。切换至"设计"选项卡，单击"分类汇总"按钮，在弹出的下拉框中选择"在组的底部显示所有分类汇总"选项，如图 16-59 所示。

图16-59　选择分类汇总方式

2. 显示效果。此时数据透视表中会在每组的底部显示分类汇总结果，如图 16-60 所示。

图16-60　在组的底部显示分类汇总

3. 设计总计选项。单击"分类汇总"右侧的"总计"按钮，从展开的下拉列表中选择"仅对列启用"选项，如图 16-61 所示。

图16-61　选择"仅对列启用"选项

4. 显示总计行。此时在数据透视表的底部会显示对列数据的总计行，如图 16-62 所示。

⊟ **2016年1月1日**		
林洁	223800	21
张强	154800	11
朱明明	142078	21
古天悲	131564	16
张三丰	79790	15
邱山	215694	31
2016/1/1 汇总	**947726**	**115**
⊟ **2016年2月1日**		
林洁	149200	14
张强	154800	11
朱明明	130322	19
古天悲	63774	8
张三丰	29390	5
邱山	121346	17
2016/2/1 汇总	**648832**	**74**
⊟ **2016年3月1日**		
林洁	206000	20
张强	180400	13
朱明明	130322	19
古天悲	89006	11
张三丰	35268	6
邱山	134364	18
2016/3/1 汇总	**775360**	**87**
总计	**2371918**	**276**

图16-62　显示列汇总行

温馨提示：禁止显示总计

如果要禁止在数据透视表中显示行和列的总计，则可以在"总计"下拉列表中选择"对行和列禁用"选项，在此情况下数据透视表中不会自动显示总计行；如果单击"仅对行启用"，则数据透视表中不会显示对列的总计；如果单击"仅对列启用"，则数据透视表中不会显示对行的总计；当单击"对行和列启用"时，系统会根据当前数据透视表中数据的特点，自动添加行或列的总计。

5. 选择报表格式。在"布局"组中单击"报表布局"下三角按钮，从展开的下拉列表中选择"以表格形式显示"选项，如图 16-63 所示。

图16-63　选择报表显示格式

6. 以表格形式显示的数据透视表效果如图 16-64 所示。

年月	销售员	求和项:销售金额	求和项:数量
⊟2016年1月1日	林洁	223800	21
	张强	154800	11
	朱明明	142078	21
	古天悲	131564	16
	张三丰	79790	15
	邱山	215694	31
2016/1/1 汇总		947726	115
⊟2016年2月1日	林洁	149200	14
	张强	154800	11
	朱明明	130322	19
	古天悲	63774	8
	张三丰	29390	5
	邱山	121346	17
2016/2/1 汇总		648832	74
⊟2016年3月1日	林洁	206000	20
	张强	180400	13
	朱明明	130322	19
	古天悲	89006	11
	张三丰	35268	6
	邱山	134364	18
2016/3/1 汇总		775360	87
总计		2371918	276

图16-64　以表格形式显示数据透视表

7. 设置空行。在"布局"组中单击"空行"下三角按钮，从展开的下拉列表中
选择"在每个项目后插入空行"选项，如图 16-65 所示。

图16-65　选择"在每个项目后插入空行"选项

8. 此时，数据透视同有中，每一个汇总行之后会插入一个空行，如图 16-66 所
示。

温馨提示：删除数据透视表中的空行

要删除数据透视表中的空行，只需再次单击"布局"组中的"空行"下三角按钮，从展
开的下拉列表中选择"删除每个项目后的空行"选项即可。

年月	销售员	求和项:销售金额	求和项:数量
⊟2016年1月1日	林洁	223800	21
	张强	154800	11
	朱明明	142078	21
	古天悲	131564	16
	张三丰	79790	15
	邱山	215694	31
2016/1/1 汇总		947726	115
⊟2016年2月1日	林洁	149200	14
	张强	154800	11
	朱明明	130322	19
	古天悲	63774	8
	张三丰	29390	5
	邱山	121346	17
2016/2/1 汇总		648832	74
⊟2016年3月1日	林洁	206000	20
	张强	180400	13
	朱明明	130322	19
	古天悲	89006	11
	张三丰	35268	6
	邱山	134364	18

图16-66　自动在每个项目后插入空行

16.4.2　为数据透视表应用样式

设计好了数据透视表布局后，为了使数据透视表看上去更加美观，最快捷的方法就是为数据透视表应用样式。例如，为上节中更改好布局的数据透视表应用样式，操作如下。

1. 选择样式。切换至"设计"选项卡，在"数据透视表样式"组中单击"其他"按钮，如图 16-67 所示。

图16-67　单击"其他"按钮

2. 选择"中等深浅"的第二个类型，将其应用到数据透视表中，如图 16-68 所示。

图16-68 选择样式

3. 应用指定样式后的数据透视表效果如图 16-69 所示。

图16-69 数据透视表效果

16.5 在数据透视表中分析与处理数据

数据透视表是 Excel 的精髓之一，它是一个动态的报表，可以动态地对数据进行汇总等分析。在 Excel 2016 中，改进的数据透视表功能还允许在数据透视表中进行排序、筛选、使用切片器分段数据等分析方法，使得数据透视表的功能更加强大。

16.5.1 对数据透视表进行排序操作

在数据透视表中，除了可以对数据透视表中的数值进行排序外，还可以对"报表筛选""行标签"或"列标签"字段进行排序。请打开"数据透视表 2.xlsx"工作簿。

一、对标签进行排序

1. 单击数据透视表中的"2016 年 1 月"和"2016 年 2 月"前面的按钮□使之变

成按钮 ⊞，隐藏 1 月和 2 月的明细数据，如图 16-70 所示。

图16-70 折叠数据透视表

2. 单击"行标签"下三角按钮，从展开的下拉列表中选择"降序"选项，然后单击"确定"按钮，如图 16-71 所示。

3. 对"行标签"排序后的数据透视表如图 16-72 所示，此时 3 月份的数据显示在最上方。

图16-71 选择"降序"选项

图16-72 设置降序后的效果

温馨提示：设置每次更新报表时自动排序

用户可以设置每次更新报表时自动排序，这样当数据透视表随原数据区域更新以后，数据透视表会自动排序。设置方法是，单击需要排序的标签中的下三角按钮，从展开的下拉列表中单击"其他排序选项"打开"排序（字段名）"对话框，单击"其他选项"按钮打开"其他排序选项（字段名）"对话框，勾选"每次更新报表时自动排序"复选框，然后单击"确定"按钮。

二、对值进行排序

此外，我们还可以对数据透视表中的值进行排序。选中值所在的任意单元格，在"数据"选项卡中的"排序与筛选"组单击"排序"按钮，随后弹出"按值排序"对话框，在"排序选项"区域单击选中"降序"单选按钮，在"排序方向"区域单击选中"从上到下"单选按钮，然后单击"确定"按钮，如图 16-73 所示。返回数据透视表中，对值排序后的数据透视表效果如图 16-74 所示，从 2016 年 3 月的明细数据可以看出，对此列中的值，依据"求和项：销售金额"按降序对"销售员"排序。用户可以展开其他两个月的明细数据，会发现也按同样的规则进行了降序排序。

图16-73　设置"值"的降序

图16-74　对值降序后的效果预览

16.5.2　为数据透视表应用筛选

同样，还可以对数据透视表进行筛选操作。用户可以对数据透视表中的"报表页""行标签"和"列标签"字段分别应用筛选。请打实例文件"数据透视表 2.xlsx"，假设要筛选出"2016 年 1 月"销售员"古天悲"和"张三丰"的销售额，具体操作步骤如下。

1. 选择字段。单击"行标签"下三角按钮，从展开的下拉列表中单击"选择字段"下三角按钮，然后选择"年月"字段，如图 16-75 所示。

图16-75　选择字段"年月"

2. 选择要筛选出来的值。在下拉列表底部单击"（全选）"复选框取消勾选，然后勾选"2016 年 1 月"复选框，最后单击"确定"按钮，如图 16-76 所示。

图16-76　选择要筛选出来的值

3. 此时数据透视表筛选结果如图 16-77 所示。

图16-77 筛选结果

4. 再次单击"行标签"中的筛选按钮，从展开的下拉列表中单击"选择字段"
下三角按钮，然后单击"销售员"字段，在筛选下拉列表底部取消勾选"（全
选）"复选框，勾选"古天悲"和"张三丰"复选框，然后单击"确定"按
钮，如图 16-78 所示。

5. 筛选结果如图 16-79 所示。

图16-78 选择筛选值

图16-79 显示筛选结果

16.5.3 在数据透视表中插入切片器

切片器是 Excel 2010 新增的功能，在 Excel 2016 中它提供了一种可视性极强的筛选方
式以筛选数据透视表中的数据。在数据透视表中插入切片器的方法如下。

1. 打开实例文件"数据透视表 3.xlsx",切换至"插入"选项卡,单击"筛选器",在弹出的下拉列表中选择"切片器",如图 16-80 所示。

图16-80 选择"插入切片器"选项

2. 选择切片器中显示的字段。随后打开"插入切片器"对话框,勾选"年月"复选框,然后单击"确定"按钮,如图 16-81 所示。

图16-81 "插入切片器"对话框

3. 显示切片器功能区。随后 Excel 会以默认的格式在数据透视表所在的工作表中插入切片器,同时会显示"切片器工具-选项"选项卡中的功能区,如图 16-82 所示。

图16-82　显示"切片器工具"功能区

4. 设置切片器的列数。在"切片器工具-选项"选项卡中的"按钮"组中，设置"列"数为"3"，设置"高度"和"宽度"分别为"1 厘米"和"3 厘米"，如图 16-83 所示。

图16-83　设置切片器的列数及按钮高度

5. 调整切片器尺寸。分别将鼠标指针放置在切片器右边框的中心位置和下边框的中心位置，当指针变为双向箭头形状时，拖动鼠标调整边框以适应切片器中的按钮，如图 16-84 所示。

图16-84　拖动调整切片器尺寸

16.5.4　为切片器应用样式

同为数据透视表应用样式类似，也可以为切片器应用样式，操作方法如下。

单击切片器中的任意按钮，激活"切片器工具"功能区，在"切片器工具－选项"选项卡的"切片器样式"组中的"深色"区域选择一种适当的样式，如图 16-85 所示。应用样式后的切片器效果如图 16-86 所示，当前选中的按钮显示为紫色，其余未选中的按钮则显示为灰色。

图16-85　选择样式

图16-86　应用样式后的效果

16.5.5　使用切片器筛选数据透视表中的数据

直接使用切片器筛选数据透视表中的数据更加直接和方便，用户只需单击切片器中的按钮即可完成筛选，如果要清除筛选显示全部数据，只需要单击切片器中的"清除筛选器"或按快捷组合键"Alt+C"即可。

在切片器中单击"2016 年 1 月"按钮，则数据透视表中此时只显示 2016 年 1 月的数据，如图 16-87 所示，如果要显示其他月份的数据，只需单击切片器中相应的按钮即可。如果要显示所有数据，即清除筛选，请单击切片器右上角的"清除筛选器"按钮。

图16-87　"3 月"数据展示

16.5.6 使用切片器连接同步控制多个数据透视表

在实际工作中，对于同样的数据区域，用户根据所要反映的问题不同可以创建多个数据透视表。当为数据透视表添加了切片器后，可以同时将切片器链接到多个数据透视表，实现同步筛选等操作。

1. 打开实例文件"数据透视表 4.xlsx"，在"切片器工具－选项"选项卡的"切片器"组中单击"数据透视表连接"按钮。随后打开"数据透视表连接（年月）"对话框，勾选"数据透视表 1"复选框和"数据透视表 2"复选框，然后单击"确定"按钮，如图 16-88 所示。

图16-88　选择数据透视表

2. 设置好连接后，当单击切片器中的筛选按钮时，数据透视表 1 和数据透视表 2 中的数据会同步应用筛选，如图 16-89 所示。此时，两个数据透视表中都显示 2016 年 2 月的数据。

图16-89　使用切片器同步控制多个数据透视表

实战技巧：显示和隐藏切片器中的页眉

在默认情况下，向数据透视表中插入切片器时，切片器中都显示了页眉和切片器按钮，并且默认的页眉标题为切片器连接字段的名称。实际上，用户可以自定义是否在切片器中显示页眉及页眉的名称，具体操作如下。单击切片器激活切片器功能区，在"切片器工具－选项"选项卡中的"切片器"组中单击"切片器设置"按钮。随后打开"切片器设置"对话框，如果想隐藏页眉，请在"页眉"区域取消勾选"显示页眉"复选框，如果要显示页眉，则需要选中该复选框，用户可以在"标题"框中输入自定义名称，最后单击"确定"按钮。

16.6 创建数据透视图

如果在创建数据透视图时，事先没有创建数据透视表，则请在"插入"选项卡的"表格"组中单击"数据透视表"下三角按钮，从展开的下拉列表中选择"数据透视图"选项，系统会在创建数据透视表模板的同时创建一个数据透视图模板。然后用户只需在报表区域添加字段即可在生成数据透视表的同时创建数据透视图。如果要根据已有的数据视表来创建数据透视图，方法也很简单。

打开实例文件"数据透视 5.xlsx"，单击选中数据透视表区域内任意单元格，在"插入"选项卡中的"图表"组中单击"柱形图"下三角按钮，从展开的下拉列表的"三维柱形图"区域选择"三维簇状柱形图"选项，如图 16-90 所示。随后系统会按默认的样式创建数据透视图，如图 16-91 所示。

图16-90 选择数据透视图类型

图16-91　数据透视图效果

16.7　编辑数据透视图

在创建好了数据透视图后，用户还可以像编辑普通图表那样编辑数据透视图，比如设置图表中各元素的格式等，这部分知识将在下一章介绍图表时重点介绍。这里主要介绍数据透视图特有的一些编辑方法，如隐藏数据透视图中的字段按钮等。

16.7.1　隐藏数据透视图中的字段按钮

从表面上看，数据透视图和普通图表最大的区别就是数据透视图中包含字段按钮，用户也可以将数据透视图中的字段按钮隐藏。

打开实例文件"隐藏字段按钮.xlsx"，在"数据透视图工具－分析"选项卡的"显示/隐藏"组中单击"字段按钮"下三角按钮， 从展开的下拉列表中选择"全部隐藏"选项，如图 16-92 所示。隐藏所有字段按钮后的数据透视图效果如图 16-93 所示。

图16-92　选择"全部隐藏"选项

图16-93　隐藏字段按钮后的数据透视图

16.7.2　使用字段按钮在数据透视图中筛选数据

通过数据透视图中的字段按钮，可以直接在数据透视图中筛选数据。请打开实例文件"数据透视表 3.xlsx"。

1. 设置筛选条件。在数据透视图中单击"产品类别"下三角按钮，从展开的下拉列表中清除勾选"（全选）"复选框，勾选"电脑"复选框，然后单击"确定"按钮，如图 16-94 所示。

图16-94　设置筛选条件

2. 接着数据透视图中只显示电脑的销售图表，如图 16-95 所示。

图16-95　筛选结果

3.　清除筛选。再次单击"产品类别"字段按钮中的筛选按钮，从展开的下拉列
　　表中选择"从'产品类别'中清除筛选"选项，如图 16-96 所示。

4.　显示所有数据。随后图表中会显示全部数据，如图 16-97 所示。

图16-96　清除筛选

图16-97　显示全部数据

实战技巧：使用数据透视图表分析企业费用

　　本章主要介绍了数据透视表的创建、数据透视表字段的设置方法、数据透视表的编辑操作、数据透视表的外观和格式设置，以及如何在数据透视表中使用排序、筛选、切片器等对数据透视表中的数据进行分析，最后还介绍了数据透视图的创建与编辑。接下来，以某企业在某月发生的费用为实例，进一步巩固数据透视表和数据透视图相关知识，加深读者印象。请打开"企业费用透视分析.xlsx"工作簿。

1.　在"插入"选项卡中的"表格"组中单击"数据透视图"下三角按钮，从展
　　开的下拉列表中选择"数据透视图"选项，如图 16-98 所示。

图16-98　选择"数据透视图"选项

2. 设置数据区域和放置位置。在"创建数据透视表"对话框中单击选中"选择一个表或区域"单选按钮，并设置"表/区域"为"Sheet1!\$A\$1:\$D\$13"，在"选择放置数据透视图的位置"区域中选中"现有工作表"单选按钮，并设置"位置"为"\$D\$17"单元格，然后单击"确定"按钮，如图 16-99 所示。

3. 将"费用类别"字段添加到"图例字段（系列）"区域，将"分公司"字段添加到"轴字段（分类）"区域，将"金额"添加到"数值"区域，如图 16-100 所示。

图16-99　数据透视表设置

图16-100　添加字段

4. 数据透视图效果，此时得到的数据透视图效果如图 16-101 所示。

图16-101　数据透视图默认效果

第17章　利用条件格式和图形分析数据

建立财务管理工作表的目的就是为用户提供一种最优秀的决策信息，数据是以表格的形式呈现的，它只是管理活动量化分析的一种表现形式。而利用条件格式和图形可以使数据显得更清楚、有趣且易于理解，并可以使管理者发现数据间细微的差别，从而挖掘出管理新思路。因此，在财务管理工作中，除了直接使用表格进行管理外，用户还可以利用条件格式和图形对数据进行分析。本章将通过分析产品单位利润、销售税金和营业费用详细介绍了如何利用条件格式和迷你图形对工作表中的数据进行分析，希望通过这一章的学习大家能够学会利用合适的方法来分析数据。

17.1　使用条件格式分析产品单位利润

产品的单位利润，通常是指单位主营业务利润。单位主营业务利润包括四个因素：一是单价；二是主营业务成本；三是营业费用；四是主营业务税金及附加。这四个因素的变动都会影响利润总额。

在 Excel 2016 中，条件格式主要包括有突出显示单元格规则、项目选取规则、数据条、色阶以及图标集。接下来，将分别介绍这些条件格式的使用方法。请打开实例文件"2016 年产品单位利润表.xlsx"。

17.1.1　使用条件格式突出显示数据

在 Excel 中，可以使用条件格式突出显示数据。比如，突出显示大于、小于或等于某个值的数据，或者是突出显示文本中包含某个值的数据，或者是突出显示重复值的数据等。

1. 选定要突出显示数据的单元格区域,选择工作表 Sheet1 中的单元格区域 B4:B14，如图 17-1 所示。

图17-1　选定单元格区域

2. 在"开始"选项卡的"样式"组中单击"条件格式"下三角按钮，从展开的下拉列表中选择"突出显示单元格规则"选项，然后从下级下拉列表中选择"小于"选项，如图 17-2 所示。

图17-2 选择单元格规则

3. 屏幕上弹出"小于"对话框，在对话框的左侧文本框中输入要设置的值，如"2534"，突出格式设置为"浅红填充色深红色文本"，然后单击"确定"按钮，如图 17-3 所示。

图17-3 设置值

4. 随后，选定的单元格区域中值小于 2534 的单元格会显示为浅红填充色深红色文本格式，如图 17-4 所示。

图17-4 突出显示结果

17.1.2　使用项目选取规则快速选择数据

项目选取规则通常包括选取值最大的 10 项、值最大的 10%项、值最小的 10 项、值最小的 10%项、高于平均值及低于平均值等规则。仍然以"2016 年产品单位利润表"为例，使用项目选取规则来快速选取值最大的 3 项和最小的 3 项。

1. 选择单元格区域 C4:C14，如图 17-5 所示。

图17-5　选择单元格区域

2. 在主页功能区切换到"开始"选项卡下，在"样式"组中单击"条件格式"下三角按钮，从展开的下拉列表中选择"项目选取规则"选项，从下级下拉列表中选择"前 10 项"，如图 17-6 所示。

图17-6　选择规则

3. 随后打开"前 10 项"对话框，在调节框中输入数值"3"，从"设置为"下拉列表中选择"绿填充色深绿色文本"格式，然后单击"确定"按钮，如图17-7 所示。

图17-7　设置要显示的项数

4. 此时单元格区域会实时显示条件格式的结果，选定的单元格区域中值前三项的单元格会显示为浅绿色填充深绿色文本格式，如图 17-8 所示。

图17-8　显示结果

5. 再次选择单元格区域 C4:C14，在"样式"组中单击"条件格式"下三角按钮，从展开的下拉列表中选择"项目选取规则"选项，从下级下拉列表中选择"最后 10 项"选项，如图 17-9 所示。

图17-9　选择规则

6. 在弹出的"最后 10 项"对话框中设置个数为"3",从"设置为"下拉列表中
   选择"黄填充色深黄色文本"选项,然后单击"确定"按钮,如图 17-10 所
   示。

图17-10　设置个数

7. 应用条件格式后的表格效果如图 17-11 所示。

图17-11　条件格式最终结果

17.1.3　使用数据条分析数据

在日常生活中我们还可以使用 Excel 条件格式中的数据条来分析数据。使用数据条,可
以直接在数据所在的单元格中显示一个横向的条状来比较数据。例如,现要用数据条分析
"2016 年产品单位利润表工作表"中的单位营业费用,具体操作方法如下。

1. 拖动鼠标选择单元格区域 D4:D14,如图 17-12 所示。

图17-12　选择数据区域

2. 在主页功能区切换到"开始"选项卡下，在"样式"组中单击"条件格式"
   下三角按钮，从展开的下拉列表中选择"数据条"选项，从下级下拉列表中
   选择一种数据条样式，这里我们选择"渐变填充"选项下的"浅蓝色数据
   条"，如图 17-13 所示。

图17-13　选择数据条样式

3. 在单元格区域中使用数据条规则后的单元格区域如图 17-14 所示，单元格中的
   数值决定数据条的长度，数值越大，数据条越长。

图17-14　显示结果

17.1.4　使用色阶分析数据

首先我们需要知道颜色刻度作为一种直观的提示，可以帮助用户了解数据分布和数据变
化。

双色刻度使用两种颜色的深浅程度来帮助用户比较某个区域的单元格，通常颜色的深浅表示值的高低。三色颜色刻度用三种颜色的深浅程度来表示值的高、中、低。如果要用三色阶来分析单位产品利润表中的"单位产品税金及附加"项目，具体的操作方法如下。

1. 拖动鼠标选择单元格区域 E4:E14，如图 17-15 所示。

图17-15　选择数据区域

2. 在主页功能区切换到"开始"选项卡下，在"样式"组中单击"条件格式"下三角按钮，从展开的下拉列表中选择"色阶"选项，从下级下拉列表中选择一种数据条样式，这里我们选择"绿-黄-红色阶"，如图 17-16 所示。

图17-16　选择色阶样式

3. 应用色阶后的单元格区域效果如图 17-17 所示。

图17-17　应用色阶后的效果

17.1.5　使用图标集分析数据

使用图标集可以对数据进行注释，并可以按阈值将数据分为三到五个类别，每个图标代表一个值的范围。例如，要使用图标集来分析产品单位利润列的数据，具体的操作方法如下。

1. 拖动鼠标选择单元格区域 F4:F14，如图 17-18 所示。

图17-18　选择数据区域

2. 在主页功能区切换到"开始"选项卡下，在"样式"组中单击"条件格式"下三角按钮，从展开的下拉列表中选择"图标集"选项，从下级下拉列表中选择一种图标集样式，这里我们选择"四向箭头（彩色）"，如图 17-19 所示。

图17-19　选择图标集样式

3. 使用图标集后的单元格效果如图 17-20 所示。

图17-20　使用图标集后的效果

17.2　自定义多条件规则分析销售税金

除了可以使用前面介绍的 5 种条件格式来分析数据外，用户还可以根据需要自定义条件格式，还可以使用条件格式规则管理器来管理规则。接下来，将通过一个具体的实例来介绍新建规则、管理规则和删除规则的具体操作步骤。

17.2.1　新建规则

在自定义条件格式时，可供选择的规则类型有 6 种，分别是：基于各自值设置所有单元格的格式、只为包含以下内容的单元格设置格式、仅对排名靠前或靠后的数值设置格式、仅对高于或低于平均值的数值设置格式、仅对唯一值或重复值设置格式和使用公式确定要设置格式的单元格等。请打开实例文件"2016年销售税金统计表.xlsx"。

一、只为包含以下内容的单元格设置格式

如果用户为文本格式内容的单元格设置规则，可以选择"只为包含以下内容的单元格设置格式"规则类型，操作步骤如下。

1. 选择单元格区域 A4:A11，如图 17-21 所示。

图17-21　选择单元格区域

2. 在主页功能区切换到"开始"选项卡，在"样式"组中单击"条件格式"下三角按钮，从展开的下拉列表中选择"新建规则"选项，如图 17-22 所示。

图17-22　选择"新建规则"选项

3. 在打开的"新建格式规则"对话框中的"选择规则类型"框中选择"只为包含以下内容的单元格设置格式"选项，然后在"编辑规则说明"区域的左侧下拉列表中选择"特定文本"选项，如图 17-23 所示。

4. 在"编辑规则说明"区域的右侧的文本框中输入"A"，单击"格式"按钮，如图 17-24 所示。

图17-23　选择条件　　　　　　　　　　　　图17-24　单击"格式"按钮

5. 随后打开"设置单元格格式"对话框，切换到"字体"选项卡，在"字形"
列表中选择"加粗倾斜"选项，如图 17-25 所示。

图17-25　设置字体格式

6. 切换到"填充"选项卡，在"背景色"区域选择"浅蓝色"，然后单击"确
定"按钮，如图 17-26 所示。

图17-26　设置填充格式

7. 返回"新建格式规则"对话框中，可以在"预览"框中对格式进行预览，然后单击"确定"按钮，如图 17-27 所示。

图17-27　条件格式预览

8. 返回工作表中，应用条件格式后的效果如图 17-28 所示。

图17-28　应用条件格式效果

二、基于各自值设置所有单元格的格式

如果单元格中的内容为数值数据，用户在设置规则时可以选择"基于各自值设置所有单元格的格式"，操作步骤如下。

1. 选择单元格区域 G4:G11，如图 17-29 所示。

图17-29　选择单元格区域

2. 在主页功能区切换到"开始"选项卡，在"样式"组中单击"条件格式"下三角按钮，从展开的下拉列表中选择"新建规则"选项，如图 17-30 所示。

图17-30　选择"新建规则"选项

3. 在"选择规则类型"中选择"基于各自值设置所有单元格的格式"选项，从"格式样式"下拉列表中选择"数据条"选项，如图 17-31 所示。

图17-31　设置格式样式

4. 在"填充"下拉列表中选择"渐变填充"，从"颜色"下拉列表中选择"蓝色，个性色 1"，然后单击"确定"按钮，如图 17-32 所示。

图17-32 设置条形图外观

5. 应用条件格式后的效果如图 17-33 所示。

税项\产品	增值税	消费税	营业税	城市维护建设税	合计
A产品	12589.8	712.8	1588.9	258	15149.5
B产品	998	895.5	2350	369	4612.5
A-1产品	1788	985	1748	420	4941
D产品	520	385	410	98	1413
E产品	2045	752	1052	280	4129
A-2产品	7528	3100	2050	858	13536
B-1产品	2598	1020	798	520	4936
B-2产品	7952	4500	2156.8	989.5	15598.3
合计	36018.8	12350.3	12153.7	3792.5	64315.3

图17-33 应用条件格式后的效果

6. 按照上述方法对其余列设置图标集和色阶条件格式,设置后的效果如图 17-34 所示。

税项\产品	增值税	消费税	营业税	城市维护建设税	合计
A产品	12589.8	712.8	1588.9	258	15149.5
B产品	998	895.5	2350	369	4612.5
A-1产品	1788	985	1748	420	4941
D产品	520	385	410	98	1413
E产品	2045	752	1052	280	4129
A-2产品	7528	3100	2050	858	13536
B-1产品	2598	1020	798	520	4936
B-2产品	7952	4500	2156.8	989.5	15598.3
合计	36018.8	12350.3	12153.7	3792.5	64315.3

图17-34 为其他列应用条件格式

17.2.2　管理规则

当为单元格区域创建多个条件格式规则时，用户可以通过条件格式规则管理器来管理这些规则，完成新建规则、编辑规则、删除规则及设置规则的优先顺序等操作。下面我们以上一节中的案例为实例，接着介绍如何使用条件格式规则管理器管理规则。

1. 在主页功能区切换到"开始"选项卡下，在"样式"组中单击"条件格式"下三角按钮，从展开的下拉列表中选择"管理规则"选项，如图 17-35 所示。

图17-35　选择"管理规则"选项

2. 在"条件格式规则管理器"对话框中单击"显示其格式规则"右侧的下三角按钮，从展开的下拉列表中选择"当前工作表"选项，如图 17-36 所示。

图17-36　选择范围

3. 在"条件格式规则管理器"对话框中选择要编辑的规则，这里我们选择单元格区域 F4:F12 的数据条规则，然后单击"编辑规则"按钮，如图 17-37 所示。

图17-37 单击"编辑规则"按钮

4. 在"编辑规则说明"区域的"颜色"下拉列表中选择"浅绿",单击"确定"
按钮,如图 17-38 所示。

图17-38 更改颜色

5. 返回"条件格式规则管理器"对话框,单击"应用"按钮,如图 17-39 所示,
然后单击"确定"按钮,查看应用效果,应用后的效果如图 17-40 所示。

图17-39 单击"应用"按钮

图17-40 管理规则效果

17.2.3 删除规则

当不再需要某个单元格区域或整个工作表中的条件格式规则时，可以将它们清除掉。如果要清除的是其中的某一个规则，则可以在"条件格式规则管理器"对话框中进行，如果想要清除某个区域或工作表中的所有规则，则可以直接单击"删除规则"按钮。

一、清除某一条规则

在设置多条规则的条件格式工作表中，可以使用"条件格式规则管理器"清除其中的某一条规则，不会影响其余的规则。

1. 打开"条件格式规则管理器"对话框，选择要删除的规则，如选中在 G4:G11 区域使用蓝色渐变填充的数据条规则，单击"删除规则"按钮，如图 17-41 所示。

图17-41 单击"删除规则"按钮

2. 随后对话框中将不再显示该规则，单击"确定"按钮，如图 17-42 所示，效果如图 17-43 所示。

图17-42　单击"确定"按钮

图17-43　清除规则后的数据

二、清除某一个区域的所有规则

当对同一个单元格区域设置多个规则时，如果要清除该单元格区域的条件格式，可以直接选择"清除所选单元格的规则"选项。

1. 选择要清除条件格式的单元格区域 E4:F12，如图 17-44 所示。

图17-44　选定单元格区域

2. 在主页功能区切换到"开始"选项卡下，单击"样式"组中的"条件格式"

选项右侧的下三角按钮，在展开的下拉列表中选择"清除规则"选项，从下级下拉列表中选择"清除所选单元格的规则"选项，如图 17-45 所示。

图17-45　选择清除规则

3. 清除规则后的单元格区域如图 17-46 所示。

图17-46　清除规则后的单元格区域

三、清除整个工作表的规则

如果清除工作表中所有的条件格式，可以选择"清除整个工作表的规则"选项，而不必去一个一个地清除。

1. 在功能区切换到"开始"选项卡下，在"样式"组中单击"条件格式"下三角按钮，从展开的下拉列表中选择"清除规则"选项，从下级下拉列表中选择"清除整个工作表的规则"选项，如图 17-47 所示。

图17-47　选择"清除规则"选项

2. 随后，工作表中所有的条件格式都被清除，如图 17-48 所示。

	税项 产品	增值税	消费税	营业税	城市维护建设税	合计
4	A产品	12589.8	712.8	1588.9	258	15149.5
5	B产品	998	895.5	2350	369	4612.5
6	A-1产品	1788	985	1748	420	4941
7	D产品	520	385	410	98	1413
8	E产品	2045	752	1052	280	4129
9	A-2产品	7528	3100	2050	858	13536
10	B-1产品	2598	1020	798	520	4936
11	B-2产品	7952	4500	2156.8	989.5	15598.3
12	合计	36018.8	12350.3	12153.7	3792.5	64315.3

图17-48　条件格式全部清除的效果

17.3　使用迷你图分析营业费用

迷你图是 Excel 2016 中加入的一种全新的图表制作工具，它以单元格为绘图区域，简单便捷地为用户绘制出简明的数据小图表，方便地把数据以小图的形式呈现在用户面前，它是存在于单元格中的小图表。

17.3.1　创建迷你图

迷你图作为一个将数据形象化呈现的制图小工具，使用方法非常简单。在 Excel 2016 中，在"插入"选项卡中有一个"迷你图"组，当用户需要创建迷你图时，在该组中选择一种迷你图类型即可。请打开实例文件"营业费用统计表.xlsx"。

1. 在"插入"选项卡的"迷你图"组中单击"折线图"按钮,如图 17-49 所示。

图17-49　选择迷你图类型

2. 随后打开"创建迷你图"对话框,单击"数据范围"框右侧的单元格引用按钮,如图 17-50 所示。

图17-50　单击引用按钮

3. 此时"创建迷你图"对话框会折叠显示,选择单元格区域 B3:G3,单击"位置范围"框右侧的单元格引用按钮,选择单元格 H3,单击"确定"按钮,如图 17-51 所示。

图17-51　设置数据范围和位置范围

4. 返回工作表中,创建的迷你图效果如图 17-52 所示。

图17-52　迷你图效果

5. 向下拖动单元格 H3 右下角的填充柄至单元格 H7，得到其余行的迷你图，如图 17-53 所示。

图17-53　使用填充功能复制迷你图

17.3.2　更改迷你图类型

Excel 2016 中的迷你图包含三种类型，即"折线图""柱形图"和"盈亏图"。当工作表中创建了迷你图后，Excel 窗口会显示"迷你图工具－设计"功能区，通过该功能区中的"类型"组可以更改迷你图类型。以上节中创建的迷你图为例，如果需要将迷你图类型更改为"柱形图"，具体的操作方法如下。

1. 在工作表中单击选中迷你图，此时 Excel 窗口会显示"迷你图工具-设计"功能区。在"迷你图工具-设计"选项卡的"类型"组中单击"柱形图"按钮，如图 17-54 所示。

图17-54　选择更改类型

2. 更改类型后的迷你图效果如图 17-55 所示。

图17-55　柱形迷你图

17.3.3　修改迷你图数据和位置

迷你图创建好了后，用户还可以修改迷你图的数据区域和迷你图显示的位置。通常，用户可以编辑单个迷你图的数据，也可以编辑组位置和数据，分别介绍如下。首先请打开实例文件"迷你图.xlsx"。

一、编辑单个迷你图的数据

如果只是其中某一个迷你图需要修改源数据，则可以使用"编辑单个迷你图的数据"命令，操作步骤如下。

1. 单击选择要编辑的迷你图，在"迷你图工具-设计"选项卡的"迷你图"组中单击"编辑数据"下三角按钮，从展开的下拉列表中选择"编辑单个迷你图的数据"选项，如图 17-56 所示。

图17-56　选择适当的命令

2. 随后，屏幕上打开"编辑迷你图数据"对话框，并显示迷你图现在的数据区域，如图 17-57 所示。

图17-57　显示原数据区域

3. 单击对话框中的单元格引用按钮，选择新的数据区域为 B3:G3，然后单击"确定"按钮，如图 17-58 所示。

图17-58　选择新的数据区域

4. 更改后的迷你图效果如图 17-59 所示。

图17-59　更改后的单个迷你图

二、编辑组位置和数据

如果整个迷你图组的数据区域都需要修改，则可以使用编辑组位置和数据选项，而不必逐一去修改。

1. 单击选中迷你图组中的任意一个迷你图，在"迷你图"组中单击"编辑数据"下三角按钮，从展开的下拉列表中选择"编辑组位置和数据"选项，如图 17-60 所示。

图17-60　选择"编辑组位置和数据"选项

2. 随后屏幕上会弹出"编辑迷你图"对话框,并在该对话框中显示迷你图组现有的数据范围和位置范围,如图 17-61 所示。

3. 在"编辑迷你图"对话框的"数据范围"框中将列标 F 更改为 G,然后单击"确定"按钮,如图 17-62 所示。

图17-61　显示迷你图组的原数据区域

图17-62　更改数据范围

4. 更改数据范围后的迷你图组如图 17-63 所示,此时每个迷你图中都包含了 1 月至 6 月的数据。

图17-63　更改数据范围后的迷你图组

17.3.4　调整迷你图显示属性

在默认的情况下，创建的"折线"迷你图样式很简单，图表中也没有显示数据标记，实际上，在迷你图中，不仅可以显示数据标记，还可以显示出"高点""低点""负点""首点"和"尾点"等特殊值。在上一节中修改了迷你图的数据，接下来需要在迷你图中显示标记。

1. 单击选中迷你图组中的任意一个迷你图，在"迷你图工具 – 设计"选项卡的"显示"组中勾选"标记"复选框，如图 17-64 所示。

图17-64　勾选"标记"复选框

2. 随后，迷你图中会显示数据标记，如图 17-65 所示。

图17-65　显示数据标记

17.3.5　为迷你图应用样式

同普通的图表类似，Excel 也为迷你图提供了丰富的内置样式，用户在创建好迷你图后，可以通过为迷你图应用样式来进一步美化迷你图。请打开实例文件"各分公司营业费用比较迷你图.xlsx"。

1. 单击选择迷你图组中的任一迷你图，如图 17-66 所示。

图17-66　选择迷你图

2. 在"迷你图工具-设计"选项卡的"样式"组中单击选择适当的样式，这里我们选择"迷你图样式着色 1，深色 50%"，如图 17-67 所示。

图17-67　选择迷你图样式

3. 更改样式后的迷你图效果如图 17-68 所示。

图17-68　更改样式后的效果

4. 选择迷你图组中的任一迷你图，在"迷你图工具-设计"选项卡的"样式"组中单击"迷你图颜色"下三角按钮，从展开的下拉列表中选择"粗细"选项，从下级下拉列表中单击"1.5磅"，如图17-69所示。

图17-69　设置粗细

5. 更改线条为1.5磅的迷你图效果如图17-70所示。

图17-70　更改线条粗细后的效果

6. 再次选择迷你图组中的任一迷你图，在"样式"组单击"标记颜色"下三角按钮，从展开的下拉列表中选择"标记"选项，从下级下拉列表中单击"黑色，文字 1"，如图 17-71 所示。

图17-71　更改标记颜色

7. 迷你图的最终效果如图 17-72 所示。

图17-72　迷你图的最终效果

17.3.6　隐藏迷你图中的空值

如果工作表中存在空值，则以默认方式创建的折线迷你图中间就会有空距。在 Excel 2016 中，对于如何处理空值问题，系统给出了三个可供用户选择的选项，分别是："空距""零值"和"用直线连接数据点"，用户可以根据实际工作的需要进行选择。请打开实例文件"隐藏空值迷你图.xlsx"。

1. 选中工作表中已经创建好的迷你图，在"迷你图工具-设计"选项卡的"迷你图"组中单击"编辑数据"下三角按钮，从展开的下拉列表中选择"隐藏和清空单元格"选项，如图 17-73 所示。

图17-73　选择"隐藏和清空单元格"选项

2. 随后弹出"隐藏和空单元格设置"对话框，单击选中"用直线连接数据点"单选按钮，然后单击"确定"按钮，如图 17-74 所示，设置后的迷你图效果如图 17-75 所示。

图17-74　选择空格显示方式

图17-75　最终的迷你效果图

17.4 实战技巧——使用 Excel 中的迷你图比较盈利状况

本章以产品单位利润的分析、销售税金、营业费用等在财务核算中与利润相关的实例，着重介绍了 Excel 中的条件格式和迷你图的操作方法。迷你图是 Excel 2016 中新增加的功能，接下来将通过一个具体的实例，进一步对迷你图相关知识进行巩固和应用。请打开实例文件"公司年度盈利分析表.xlsx"。

1. 在"插入"选项卡的"迷你图"组中单击"柱形图"按钮，如图 17-76 所示。

图17-76 选择迷你图类型

2. 在"创建迷你图"对话框的"数据范围"框中设置为单元格区域 B3:F3，在"位置范围"框中设置为单元格 G3，然后单击"确定"按钮，如图 17-77 所示。

3. 此时单元格G3中会显示创建的默认样式的迷你图，如图 17-78 所示。

图17-77 设置数据范围和位置范围

图17-78 创建的默认的柱形迷你图

4. 在"迷你图工具－设计"选项卡的"显示"组中勾选"高点"复选框，如图 17-79 所示。

图17-79　显示"高点"

5.　在"迷你图工具 – 设计"选项卡的"样式"组中单击"标记颜色"下三角按钮，从展开的下拉列表中选择"高点"选项，从下级下拉列表中单击"标准色"选项下的"浅绿色"，如图 17-80 所示。

图17-80　设置高点颜色

6.　在"插入"选项卡的"迷你图"组中单击"折线"按钮打开"创建迷你图"对话框。设置"数据范围"为单元格区域 B3:F3，设置"位置范围"为单元格 G4，然后单击"确定"按钮，如图 17-81 所示。

图17-81 创建折线迷你图

7. 创建好迷你图后，用同样的方法将折线迷你图中的高点设置为"浅绿色"，效果如图 17-82 所示。

图17-82 折线迷你图效果

8. 用同样的方法，以单元格区域 B5:F5 为数据区域，分别在单元格 G5 和 G6 中创建柱形迷你图和折线迷你图，并将高点设置为红色，得到的迷你图最终效果如图 17-83 所示。

图17-83 迷你图的最终效果

第18章　规划求解算出最大利润

每一家公司都希望在有限的生产资源下，制造出利润最高的产品，以获得最大的收益。本章我们以清泉公司的产品生产情况为例，从分析规划求解问题、进行规划求解、变更规划求解条件及查看规划求解报表这四个方面为大家讲解如何利用规划求解算出最大利润。

18.1　分析规划求解问题

在分析规划求解问题之前，我们先来了解一下清泉公司产品生产的具体情况。

清泉公司是一家专门生产各式饮料的公司，近期内打算利用现有的厂房设备，制造梅子乌龙茶与无糖绿茶这两种新饮料。在生产研讨会议之后，高层决定每月使用 800 千克的原料，并分布 650 个小时的机器运转时间来生产这两种新产品。

制造部门目前已经计算出来，每生产一打（12 瓶）的梅子乌龙茶，需要机器运转 2 小时、耗费原料 3.2 千克，并可获得 100 元的毛利；生产一打无糖绿茶则需要机器运转 3.5 小时耗费原料 4 千克，并可获得 130 元的毛利。现在要面临的问题就是，到底清泉公司每个月应该生产几打的梅子乌龙茶和无糖绿茶，才能赚取最大的利润呢？

18.1.1　问题分析

清泉公司面对的生产问题，看似相当复杂难解，其实只要能将上述的生产限制化做数学条件式，然后导入 Excel 工作表当中，并运用规划求解功能，就能轻轻松松求得一个利润最大化的解答。首先我们可以将厂房的生产条件列表，如图 18-1 所示。

"梅子乌龙茶"与"无糖绿茶"生产规划			
品名	每打所需原料	每打机器工时	每打毛利
梅子乌龙茶	3.2千克	2小时	100元
无糖绿茶	4千克	3.5小时	130元
每月原料配额：800千克			
每月生产时间：650小时			

图18-1　厂房的生产条件

假设梅子乌龙茶与无糖绿茶的每月生产量分别应为 X 与 Y 打，总利润为 Z，根据上表的生产条件限制，可以列出下面的数学式。

原料限制式：$3.2X+4Y<=800$。

时间限制式：$2X+3.5Y<=650$。

生产数量：$X>=0$，$Y>=0$。

求解目标：MAX $Z=100X+130Y$（求出最大利润）。

18.1.2　建立工作表

我们只把数学式列出来还不够，必须设法将这些数据导入工作表中。因此，接下来的工作就是为此项生产计划建立一张工作表。请打开实例文件"清泉公司.xlsx"，并切换至 Sheet2 工作表，建立的工作表如图 18-2 所示。

	所需原料	所需时间	单位毛利	应生产量	毛利合计	单位（每打）
梅子乌龙茶						
无糖绿茶						
原料配额						
时间配额						
实际原料用量						
实际生产时间						
总收益						

清泉饮料公司生产规划求解

图18-2　建立工作表

依据生产条件，将数据输入工作表中，结果如图 18-3 所示。

	所需原料	所需时间	单位毛利	应生产量	毛利合计	单位（每打）
梅子乌龙茶	3.2	2	100			
无糖绿茶	4	3.5	130			
原料配额	800					
时间配额	650					
实际原料用量						
实际生产时间						
总收益						

清泉饮料公司生产规划求解

图18-3　输入数据

18.1.3　输入公式

除了输入基本生产数据，还有毛利、总收益等计算公式也要输入工作表中。

1. 梅子乌龙茶的毛利合计为梅子乌龙茶的单位毛利乘上应生产量，因此应在 G3 单元格中输入公式"=E3*F3"；同理，应在 G4 单元格中输入公式"=E4*F4"，如图 18-4 所示。

图18-4 计算毛利合计

2. 梅子乌龙茶和无糖绿茶的总实际原料用量为梅子乌龙茶的所需原料乘上应生产量，加上无糖绿茶的所需原料乘上应生产量，因此应在 C8 单元格中输入公式"=C3*F3+C4*F4"，如图 18-5 所示。

图18-5 计算实际原料用量

3. 计算实际生产时间和计算实际原料用量的原理相同，因此我们应在 C9 单元格中输入公式"=D3*F3+D4*F4"，如图 18-6 所示。

图18-6 计算实际生产时间

4. 总收益 C10 的公式为梅子乌龙茶与无糖绿茶的毛利加总，因此我们应在 C10 单元格中输入公式"=G3+G4"，如图 18-7 所示。

图18-7　计算总收益

18.2　进行规划求解

工作表的数据与公式已经建立完成，接着就该进行规划求解了，首先我们来了解一下规划求解这项功能。

18.2.1　规划求解的意义

在使用规划求解功能前，必须理清求解目标，看是希望目标越大越好还是越小越好，或者等于某特定的数值，然后设置好变量单元格与条件限制式。接着再根据设置目标，运用规划求解为目标单元格的公式（即本例的 C10 单元格）寻找一个最符合求解目标的值。

18.2.2　加载"规划求解加载项"

规划求解分析工具是以加载项的形式存在于 Excel 中，在第一次使用时，需要加载，加载方法如下。

1. 打开"Excel 选项"对话框，单击"加载项"标签，在"加载项"列表中选择"规划求解加载项"，然后在"管理"列表中单击"转到"按钮，如图 18-8 所示。

图18-8　选择加载项

2.　接着打开"加载宏"对话框，在"可用加载宏"列表中勾选"规划求解加载
项"复选框，然后单击"确定"按钮，如图18-9所示。

3.　加载成功后，在"数据"选项卡的"分析"组中会显示"规划求解"按钮，
如图 18-10 所示。

图18-9　勾选"规划求解加载项"复选框

图18-10　加载成功

18.2.3　规划求解的条件设置

现在，我们就要正式进入规划求解的阶段了。具体操作方法如下。

1.　选取 Sheet2 工作表的 C10 单元格，在主页功能区切换到"数据"选项卡，然
后选择"分析"组中的"规划求解"选项，如图 18-11 所示。

图18-11 选择"规划求解"选项

2. 在打开的"规划求解参数"对话框中设置目标单元格为 C10,即显示最大利润的单元格,单击选中"最大值"单选按钮,设置"可变单元格"为单元格区域 F3:F4,然后单击"添加"按钮,如图 18-12 所示。

图18-12 设置目标

3. 随后打开"添加约束"对话框,设置梅子乌龙茶的产量约束条件为"F3>=0",然后单击"添加"按钮,如图 18-13 所示。

4. 接着设置无糖绿茶的产量约束条件为"F4>=0"，继续单击"添加"按钮，如图 18-14 所示。

图18-13　设置梅子乌龙茶的产量约束条件

图18-14　添加无糖绿茶的约束条件

5. 由于实际原料用量必须小于或等于原料配额 800，因此设置原料配额的约束条件为"C8<=C6"，继续单击"添加"按钮，如图 18-15 所示。

6. 最后还有时间配额的约束，其约束条件为"C9<=C7"，完成约束的设置之后，单击"确定"按钮即可，如图 18-16 所示。

图18-15　设置原料配额约束条件

图18-16　设置时间配额的约束条件

7. 之后便会返回到"规划求解参数"对话框，之前添加的所有约束就会显示在"遵守约束"列表框中，然后单击"求解"按钮执行求解，如图 18-17 所示。

图18-17　执行求解

8. 随后屏幕上弹出"规划求解结果"对话框，在"报告"区域单击选择"运算结果报告"，勾选"制作报告大纲"复选框，然后单击"确定"按钮，如图 18-18 所示。

图18-18　"规划求解结果"对话框

9. 返回工作表中，此时单元格中 F3:F4 的值为规划求解结果，即对应梅子乌龙茶和无糖绿茶的应生产量，同时单元格 C10 中显示总收益为 25750 元，如图 18-19 所示。与此同时，Excel 会自动在工作簿中插入一个"运算结果报告 1"工作表，并在该工作表中显示运算结果报告，如图 18-20 所示。

图18-19　在工作表中显示规划求解结果

Microsoft Excel 16.0 运算结果报告
工作表: [清泉公司.xlsx]Sheet2
报告的建立: 2016/10/6 16:04:39
结果: 规划求解找到一解，可满足所有的约束及最优状况。
规划求解引擎
规划求解选项

目标单元格 (最大值)

单元格	名称	初值	终值
$C$10	总收益 所需原料	0	25750.00001

可变单元格

单元格	名称	初值	终值	整数
$F$3	梅子乌龙茶 应生产量	0	62.50000028	约束
$F$4	无糖绿茶 应生产量	0	149.9999998	约束

约束

单元格	名称	单元格值	公式	状态	型数值
$C$8	实际原料用量 所需原料	800.0000003	$C$8<=$C$6	到达限制值	0
$C$9	实际生产时间 所需原料	650	$C$9<=$C$7	到达限制值	0
$F$3	梅子乌龙茶 应生产量	62.50000028	$F$3>=0	未到限制值	62.50000028
$F$4	无糖绿茶 应生产量	149.9999998	$F$4>=0	未到限制值	149.9999998

图18-20　运算结果报告

原本感到复杂的生产问题，经过规划求解的运算求得清泉公司只要利用规划的生产资源，每个月生产梅子乌龙茶 62.5 打，生产无糖绿茶 150 打，就可获得最大利润 25750 元。

18.3   变更规划求解条件

由于大环境在变，因此企业的政策也必须跟随着变动，才能获得最大的利润。

18.3.1   修改规划条件

此时高层主管修订了部分生产计划，决定投入的原料要由 800 增加为 1000，时间配额要增加到 700 小时，那么这时候我们就要到工作表中修改数据，然后重新进行求解。更改条件后的工作表如图 18-21 所示，我们为其重新命名为"修改规划条件.xlsx"工作簿，以便于与前面的工作簿进行区分。

图18-21   修改原料和时间配额

由于应生产量和总收益是通过规划求解功能所计算出来的，因此当我们更新工作表中的数据之后，还必须选定目标单元格 C10，然后重新执行规划求解命令，才能得到新的求解结果，具体的操作步骤如下。

1.   选取 C10 单元格，在主页功能区切换到"数据"选项卡，然后选择"分析"
     组中的"规划求解"选项，如图 18-22 所示。

图18-22   选择"规划求解"选项

2. 由于只修改了规划的条件，而规划求解参数的设置及限制条件未变，因此在弹出的"规划求解参数"对话框中直接单击"求解"按钮即可，如图 18-23 所示。

图18-23　单击"求解"按钮

3. 随后屏幕上弹出"规划求解结果"对话框，在"报告"区域将"运算结果报告""敏感性报告"和"极限值报告"全部选取，勾选"制作报告大纲"复选框，然后单击"确定"按钮，如图 18-24 所示。

图18-24　设置"规划求解结果"

4. 返回工作表中，此时单元格中 F3:F4 的值为规划求解结果，即对应梅子乌龙茶和无糖绿茶的应生产量，同时单元格 C10 中显示总收益为 31625 元，如图 18-25 所示。与此同时，Excel 会自动在工作簿中插入一个"运算结果报告"工作表，一个"敏感性报告"工作表和一个"极限值报告"工作表，这三个工作表我们会在下一小节中详细介绍。

	清泉饮料公司生产规划求解					
	所需原料	所需时间	单位毛利	应生产量	毛利合计	单位（每打）
梅子乌龙茶	3.2	2	100	218.75	21875	
无糖绿茶	4	3.5	130	75	9750	
原料配额	1000					
时间配额	700					
实际原料用量	1000					
实际生产时间	700					
总收益	31625					

图18-25　规划求解结果

经过规划求解的运算求得清泉公司只要利用规划的生产资源，每个月生产梅子乌龙茶 218.75 打，生产无糖绿茶 75 打，就可获得最大利润 31625 元。

18.3.2　修改求解约束

还有另外一种情况是要修改规划求解的限制式，例如，主管希望每月固定生产梅子乌龙茶 100 打，然后剩余的资源用来生产无糖绿茶，那么这时候就必须修改规划求解的约束条件，具体操作步骤如下。

在进行规划求解之前，我们先对"清泉公司.xlsx"工作簿重新命名为"修改求解约束.xlsx"，以便于与前面的工作簿进行区别。

1. 打开"修改求解约束.xlsx"工作簿，选取 C10 单元格，在主页功能区切换到"数据"选项卡，然后选择"分析"组中的"规划求解"选项，如图 18-26 所示。

图18-26　选择"规划求解"选项

2. 在弹出的"规划求解参数"对话框中，选中"遵守约束"列表中的约束条件

"F3>=0"，单击"更改"按钮，如图 18-27 所示。

图18-27　选择要更改的约束条件

3. 在弹出的"改变约束"对话框中设置约束条件为"F3=100"，然后单击"确定"按钮，如图 18-28 所示。

4. 返回"规划求解参数"对话框便可以在"遵守约束"列表中看到约束条件已经修改成功，单击"求解"按钮进行规划求解，如图 18-29 所示。

图18-28　改变约束条件　　　　　　　　图18-29　单击"求解"按钮

5. 在弹出的"规划求解"对话框中单击"确定"按钮即可，如图 18-30 所示。

图18-30　单击"确定"按钮

6. 返回工作表中，此时单元格 F4 中的值为规划求解结果，即对应的无糖绿茶的应生产量为 120 打，同时单元格 C10 中显示总收益为 25600 元，如图 18-31 所示。

图18-31　修改求解约束结果

18.4　查看规划求解报表

我们已经学会了通过规划求解求得问题的最佳答案，在修改规划条件后，我们在重新进行规划求解的过程中建立了求解结果的各式报表，下面我们就一起来查看一下这些报表。

打开"修改规划条件.xlsx"工作簿，以下依次查看刚才产生的三种规划求解报表。

18.4.1 运算结果报告

"运算结果报告"会列出目标单元格及变量单元格的初值、终值及参数限制式的公式内容，如图 18-32 所示。

```
Microsoft Excel 16.0 运算结果报告
工作表: [修改规划条件.xlsx]Sheet2
报告的建立: 2016/10/6 16:48:11
结果: 规划求解找到一解，可满足所有的约束及最优状况。
规划求解引擎
规划求解选项
```

目标单元格 (最大值)

单元格	名称	初值	终值
$C$10	总收益 所需原料	25750.00001	31625

可变单元格

单元格	名称	初值	终值	整数
$F$3	梅子乌龙茶 应生产量	62.50000028	218.75	约束
$F$4	无糖绿茶 应生产量	149.9999998	75	约束

约束

单元格	名称	单元格值	公式	状态	型数值
$C$8	实际原料用量 所需原料	1000	$C$8<=$C$6	到达限制值	0
$C$9	实际生产时间 所需原料	700	$C$9<=$C$7	到达限制值	0
$F$3	梅子乌龙茶 应生产量	218.75	$F$3>=0	未到限制值	218.75
$F$4	无糖绿茶 应生产量	75	$F$4>=0	未到限制值	75

图18-32 运算结果报告

18.4.2 敏感性报告

"敏感性报告"提供有关目标单元格的公式或约束中微小变化的敏感度信息，如图 18-33 所示。

	A	B	C	D	E	F
1	Microsoft Excel 16.0 敏感性报告					
2	工作表: [修改规划条件.xlsx]Sheet2					
3	报告的建立: 2016/10/6 16:48:12					
4						
5						
6	可变单元格					
7				终	递减	
8		单元格	名称	值	梯度	
9		$F$3	梅子乌龙茶 应生产量	218.75	0	
10		$F$4	无糖绿茶 应生产量	75	0	
11						
12	约束					
13				终	拉格朗日	
14		单元格	名称	值	乘数	
15		$C$8	实际原料用量 所需原料	1000	28.12499853	
16		$C$9	实际生产时间 所需原料	700	5.000001676	
17						
18						

图18-33 敏感性报告

18.4.3　极限值报告

　　"极限值报告"列出目标单元格和变量单元格的数值、上下限，以及对应的目标值，如图 18-34 所示。

A B	C D E	F	G	H I	J	K	L
1 Microsoft Excel 16.0 极限值报告							
2 工作表: [修改规划条件.xlsx]Sheet2							
3 报告的建立: 2016/10/6 16:48:12							

图18-34　极限值报告

　　在我们遇到的问题当中，包含了一个以上的变量及约束时，就可以尝试使用本章所介绍的规划求解来获得一个最佳化结果。当然，在进行规划求解之前，最重要的还是必须将问题分析清楚，以免 Excel 根据错误的假设条件，计算出似是而非的答案而误导了我们。

第19章　财务预测

在对企业的财务报表进行预测时，可以通过多种方法进行预测，如销售百分比法、资金需要量预测法、线性预测法、指数法预测和回归分析预测法。其中，销售百分比法是在实际工作中最为常用的一种方法，这种方法简单、方便，财务人员只需建立两个假设条件即可，其中一个是假设报表中各要素与销售有紧密的联系，另一个是目前资产负债表中的各项水平对当前的销售来讲都是最佳水平，但有一点是在有些情况下，这种假设会失去一定的真实性。因此在财务计划中，还需要掌握其他几种方法的应用。

19.1　资金需要量预测

资金需要量预测是指企业根据生产经营的需求，对未来所需资金的估计和推测。企业筹集资金，首先要对资金需要量进行预测，即对企业未来组织生产经营活动的资金需要量进行估计、分析和判断，它是企业制定融资计划的基础。资金需要量预测是财务预测的重要组成部分，科学预测企业的资金需要量是合理筹划和运用资金、提高经济效益的重要保证。

19.1.1　创建资金需要量预测模型

资金需要量预测常见的方法之一是资金性态法，是指根据资金的变动同产销量之间的依存关系预测未来资金需要量的一种方法。利用这种方法，要求首先把企业的总资金划分为随产销量成正比例变动的变动资金和不受产销量变动的影响而保持固定不变的固定资金两部分，然后再进行资金需要量预测。

下面我们以实例来说明如何创建资金需要量预测模型，一起来看一下实例。

已知某企业在 2011 年至 2016 年的产销量及每年资金的占用量，假设 2017 年预计产销量为 1500 万元，现需要预测 2017 年可能占用的资金量。假设资金需要量与销售量的关系为如下的一元线性关系：资金需要量（y）=a+b*销售量（x），这里 a、b 为待估计参数。

1. 新建一个工作簿，在工作表 Sheet1 中的输入图 19-1 所示的已知数据。

	A	B	C	D	E	F
1	产销量与资金使用情况资料					
2	年度	产销量（万件）	资金占用量（万元）			
3	2011	600	525			
4	2012	650	500			
5	2013	500	450			
6	2014	750	550			
7	2015	700	575			
8	2016	800	600			
9						

图19-1　输入已知数据

2. 创建图 19-2 所示的高低点资金预测模型和回归分析法资金预测模型。

图19-2　创建预测分析模型

19.1.2　高低点法资金需要量预测

高低点法是一种典型的资金性态法，它主要是利用函数关系 $y=ax+b$ 来进行资金的预算。高低点法预测模型表格中包括的项目有：产销量高点、产销量低点、预测方程变量 b、预测方程常量 a 及 2016 年预测值，接下来我们就利用上面做出的预测模型开始进行具体的预算操作。

1. 在单元格 B11 中输入公式 "=MAX(B3:B8)" 计算产销量最高点，按 "Enter" 键后，计算结果如图 19-3 所示。

图19-3　计算产销量高点

2. 在单元格 B12 中输入公式 "=MIN(B3:B8)" 计算产销量最低点，按 "Enter" 键后，计算结果如图 19-4 所示。

图19-4　计算产销量低点

3. 在单元格 C11 中输入公式 "=INDEX($C$3:$C$8,MATCH(B11,$B$3:$B$8))"，按 "Enter" 键后，拖动单元格 C11 右下角的填充柄，复制公式至单元格 C12，得到图 19-5 所示的结果。

图19-5　引用资金占用量

4. 在单元格 B13 中输入公式 "=(C11−C12)/(B11 − B12)"，计算结果如图 19-6 所示。

图19-6　计算常量 a

5. 在单元格 B14 中输入公式 "=C11－B11*B13"，计算结果如图 19-7 所示。

图19-7　计算常量 b

6. 在单元格 B15 中输入预计产销量 "1500"，在单元格 C15 中输入公式 "=B14+B15*B13"，计算结果如图 19-8 所示。即在 2016 年产销量为 1500 万元的情况下，资金需要量为 950 万元。

图19-8　计算预计资金

19.1.3　回归分析法资金需要量预测

回归法的计算原理与上一节中的高低点法类似，唯一的区别是在计算常量和变量时使用了 Excel 中的函数来替代数学公式。下面我们就来讲解一下回归法的具体操作步骤，体会一下回归法与高低法的不同。

1. 在单元格 B17 中输入公式"=SLOPE(C3:C8,B3:B8)"，按"Enter"键后，计算结果如图 19-9 所示。

图19-9　计算常量 a

2. 在单元格 B18 中输入公式"=INTERCEPT(C3:C8,B3:B8)"，按"Enter"键后，计算结果如图 19-10 所示。

图19-10　计算常量 b

3. 在单元格 B19 中输入预计产销量 1500，然后在单元格 C19 中输入公式"=B19*B17+B18"，按"Enter"键后，计算结果如图 19-11 所示。

图19-11 预计产销量

可以看出，通过回归分析法和高低点法这两种方法计算得到的结果不同，回归分析法计算的结果更加具体，因为回归分析法既避免了高低点法高低两点的选取带来的偶然性，同时又以计算代替目测，故其准确性相比较而言最高。

19.2 企业营业费用线性预测

我们先来讲述一下案例：已知明德企业在 2016 年上半年各月的营业额和营业费用，现根据公司目前的实际情况和市场环境，公司已做出了下半年各月预计营业额，现需要根据该营业额预测下半年各月份的营业费用。

19.2.1 创建营业费用预测模型

首先，我们需要根据已知条件来创建企业营业费用线性预测模型，具体操作方法如下。

1. 新建一个工作簿，命名为"明德营业费用"，在工作表 Sheet1 中输入上半年各月的营业额和营业费用，如图 19-12 所示。

图19-12 输入已知数据

2. 在工作表中创建一个"参数值"和下半年营业费用预测表格，如图 19-13 所示。

参数值		月份	预计营业额	营业费用预算值
		7	164000	
		8	168000	
		9	170000	
		10	180000	
		11	185000	
		12	190000	

图19-13　创建预算表格

19.2.2　线性拟合函数 LINEST 及应用

已知某函数的若干离散函数值 {f1,f2,...,fn}，通过调整该函数中若干待定系数 f(λ1,λ2,...,λm)，使得该函数与已知点集的差别（最小二乘意义）最小。如果待定函数是线性，就叫线性拟合或线性回归（主要在统计中）。

线性拟合作为数学计算中一种常用的数学方法，在物理、化学中都得到基本的应用。一般情况下，线性拟合需要根据实际需要，取用不同的拟合度，即 R^2。线性拟合函数 LINEST 的功能是使用最小二乘法对已知数据进行最佳直线拟合，并返回描述此直线的数组。因为此函数返回数组数据，所以必须以数组公式的形式输入。该函数语法表达式为：LINEST(known_y's,known_x's,const,stats)。Known_y's 是关系表达式 $y=mx+b$ 中已知的 y 值集合；Known_x's 是关系表达式 $y=mx+b$ 中已知的可选 x 值集合；Const 为一逻辑值，用于指定是否将常量 b 强制设为 0，如果 cons 为 TRUE 或省略，b 将按正常计算，如果 const 为 FALSE，b 将被设为 0，并同时调整 m 值使 $y=mx$；Stats 为一逻辑值，指定是否返回附加回归统计值，为 TRUE 时返回附归统计值，为 FALSE 或省略，只返回系数 m 和常量 b。

LINEST 函数返回的附加回归统计值（根据数据的位置）说明如表 19-1 所示。

表 19-1　　　　　　　　　　LINEST 函数回归统计值说明

参数 m 的估计值	参数 b 的估计值
参数 m 的标准误差	参数 b 的标准误差
判定系数 R2	Y 值估计标准误差
F 统计值	自由度
回归平方和	残差平方和

接下来我们利用上面所述营业费用预测案例来具体介绍 LINEST 函数的具体使用方法。

1. 选择单元格区域 E4:F8，在"公式"选项卡的"函数库"组中单击"插入函数"按钮,如图 19-14 所示。

图19-14 单击"插入函数"按钮

2. 在"插入函数"对话框的"搜索函数"框中输入函数名称"LINEST",然后单击"转到"按钮,如图 19-15 所示。

3. 此时在"选择函数"列表框中会显示与搜索函数相关的一系列函数,选择需要的函数 LINEST,然后单击"确定"按钮,如图 19-16 所示。

图19-15 搜索函数

图19-16 选择函数

4. 随后屏幕上弹出"函数参数"对话框,如图 19-17 所示。

5. 设置 known_y's 参数为单元格区域 C4:C9,设置 known_x's 参数为单元格区域 B4:B9,const 参数省略,为空,stats 参数设置为 1,然后单击"确定"按钮,如图 19-18 所示。

图19-17　"函数参数"对话框

图19-18　设置函数参数

6.　此时函数计算结果如图 19-19 所示，只返回了一个值，并没有返回回归附加值，是因为此时函数并没有作为数组公式输入。

图19-19　函数计算结果

7.　在编辑栏中单击，使公式处于编辑状态，然后按键盘上的组合键"Ctrl+Shift+Enter"，数组公式返回结果如图 19-20 所示，单元格 E4 和 F4 中的值分别对应参数 m 和 b。

图19-20　更改为数组公式

数组公式通常分为单个单元格数组公式和多个单元格数组公式，单个单元格数组公式返回一个结果，而多个单元格数组公式返回一个数组。创建和编辑数组公式的基本原则是：每当需要输入或编辑数组公式时都要按"Ctrl+Shift+Enter"组合键。

19.2.3　设置公式预测营业费用

求出参数 m 和 b 以后，接下来就需要根据线性预测公式 $y=mx+b$ 计算下半年各月的营业费用，这一步用户只需在单元格 J4 中设置正确的公式即可，下面我们就来操作一下。

在单元格 J4 中输入公式"=$E$4*I4+$F$4"，按"Enter"键后，向下复制公式至单元格 J9，得到 7 月～12 月各月的预计营业费用，如图 19-21 所示。

图19-21　计算营业费用预算值

19.3 使用指数法预测产量和生产成本

成本预测是根据企业未来的发展目标和现实条件，参考其他资料，利用专门的方法对企业未来成本水平及其变动趋势进行估算和预测。成本预测是成本控制活动中非常重要的一个环节，属于成本事前控制环节。成本事前控制是指在产品投产前，对未来生产经营活动中可能发生的成本进行规划、审核、监督的管理活动。下面我们就来学习如何用指数法预测产量和生产成本。

19.3.1 创建指数法预测模型

我们先来了解一下案例，根据案例创建指数法预测模型。

已知某企业生产的某种产品，产量与生产期间及生产成本与产量均成指数关系，现需要根据已有的 12 个期间的产量和成本数据，预测之后的 4 个期间的生产产量与生产成本。

具体操作步骤如下。

新建一个工作簿，将工作表 Sheet1 更改为"生产成本预测"，然后在该工作表中创建两个表格。一个表格用来输入已知的数据，包括已知的生产期间及各期间对应的产量和生产成本；另一个表格用来输入需要预测的生产期间、目标产量及目标成本，如图 19-22 所示。

图19-22 创建指数预测模型

19.3.2 使用 GROWTH 函数预测

函数 GROWTH 的作用是根据现有的数据预测指数增长值，即根据现有的 x 值和 y 值，GROWTH 函数返回一组新的 x 值对应的 y 值，可以使用 GROWTH 工作表函数来拟合满足现有 x 值和 y 值的指数曲线。

它的语法表达式为：GROWTH(known_y's,known_x's,new_x's,const)，参数 Known_y's 满足指数回归拟合曲线 $y=b*m^x$ 的一组已知的 y 值；Known_x's 满足指数回归拟合曲线

$y=b*m^x$ 的一组已知的 x 值，为可选参数；New_x's 为需要通过 GROWTH 函数返回的对应 y 值的一组新 x 值；Const 为一逻辑值，用于指定是否将常数 b 强制设为 1，如果 const 为 TRUE 或省略，b 将按正常计算，如果 const 为 FALSE，b 将设为 1，m 值将被调整以满足 $y=m^x$。

在本例中，将使用 GROWTH 函数来预测目标产量和生产成本，操作步骤如下。

1. 选择要返回结果的单元格区域 B8:E8，在活动单元格中输入等号和函数名 GROWTH，然后按照屏幕提示输入函数各参数，此时完整的公式为 "=GROWTH(B4:M4,B3:M3,B7:E7)"，如图 19-23 所示。

图19-23　输入函数及参数

2. 按键盘上的组合键 "Ctrl + Shift+Enter"，返回结果如图 19-24 所示。

图19-24　返回结果

3. 选择单元格区域 B9：E9，输入公式 "=GROWTH(B5:M5,B3:M3,B7:E7)"，按组合键 "Ctrl + Shift+Enter"，返回结果如图 19-25 所示。

图19-25　计算成本预测值

19.3.3　使用图表和趋势线预测

除了使用上一节中介绍的函数 GROWTH 进行指数预测外，还可以使用散点图和趋势线进行指数预测，我们仍然以预测目标产量和生产成本为例，具体的操作方法如下。

一、创建散点图

XY 散点图类似于折线图，它可以显示单个或多个数据系列的数据在某种间隔条件下的变化趋势。

1.　选择散点图类型。在"插入"选项卡的"图表"组中单击"散点图"下三角按钮，从展开的下拉列表中选择图 19-26 所示的散点图类型。

图19-26　选择"散点图"图形

2.　此时 Excel 会在工作表中插入一个空白的图表模板，在"图表工具-设计"选项卡的"数据"组中单击"选择数据"按钮，如图 19-27 所示。

图19-27 单击"选择数据"按钮

3. 在打开的"选择数据源"对话框中单击"添加"按钮，如图 19-28 所示。

图19-28 单击"添加"按钮

4. 随后打开"编辑数据系列"对话框，选择"系列名称"为单元格 A4，选择"X 轴系列值"为单元格区域 B3:M3，选择"Y 轴系列值"为单元格区域 B4:M4，然后单击"确定"按钮，如图 19-29 所示。

图19-29 编辑数据系列

5. 返回"选择数据源"对话框，再次单击"添加"按钮，如图 19-30 所示。

图19-30　单击"添加"按钮

6. 设置"系列名称"为单元格 A5，设置"X 轴系列值"为单元格 B3:M3，设置 "Y 轴系列值"为单元格 B5:M5，然后单击"确定"按钮，如图 19-31 所示。

图19-31　编辑数据系列

7. 返回"选择数据源"对话框，单击"确定"按钮，此时的散点图效果如图 19- 32 所示。

图19-32　散点图效果

8. 切换到"图表工具–设计"选项卡下，在"图表布局"组中单击"添加图表元 素"下三角按钮，从下拉列表中选择"图表标题"选项，在展开的选项卡中 选择图表标题的位置为"图表上方"，如图 19-33 所示。

图19-33　设置图表标题

9. 在图表占位符中输入图表标题，这里我们输入"成本趋势预测图"，如图 19-34 所示。

图19-34　输入图表标题

10. 单击选择图表中的横坐标轴，单击鼠标右键，从弹出的快捷菜单中选择"设置坐标轴格式"命令，如图 19-35 所示。

图19-35　选择设置坐标轴格式

11. 在"设置坐标轴格式"对话框中,将"最小值""最大值""主要刻度单位""次要刻度单位"的值分别设置为1、15、1、0.5,如图 19-36 所示。

12. 用类似的方法选择纵坐标轴,打开"设置坐标轴格式"对话框,设置"最小值"为100,如图 19-37 所示。

图19-36　设置横坐标轴刻度

图19-37　设置纵坐标轴刻度

13. 返回工作表中,散点图最终效果如图 19-38 所示。

图19-38　散点图最终效果

二、为图表添加趋势线

创建好散点图后，可以为图表中的数据系列添加趋势线，进而对图表中的数据发展趋势进行分析和预测。常见的图表趋势线类型有线性趋势线和指数趋势线，具体操作步骤如下。

1. 单击选择要添加趋势线的数据系列，如图 19-39 所示。

图19-39　选择数据系列

2. 在"图表工具－布局"选项卡的"图表布局"组中单击"添加图表元素"下三角按钮，从展开的下拉列表中选择"趋势线"选项，在展开的列表中选择"其他趋势线选项"，如图 19-40 所示。

图19-40　选择趋势线类型

3. 在"趋势线选项"区域单击选中"指数"单选按钮，在"趋势预测"中设置前推周期值为"4"，然后勾选"显示公式"复选框，如图 19-41 所示。

图19-41 设置趋势线选项

4. 单击"线条颜色"标签，单击选中"实线"单选按钮，从"颜色"下拉列表
   中选择"红色"，最后单击"关闭"按钮，如图 19-42 所示。

图19-42 设置趋势线颜色

5. 添加趋势线后的图表最终效果如图 19-43 所示，我们可以将其与下方的散点图
   进行对比观察，根据自己的需要选择适当的预测方法。

图19-43　图表最终效果

19.4　销量和利润总额回归分析

销量与利润之间是否存在相关关系呢？肯定是有的，一般而言，销量与利润是成正比的。但是如果用客观的数据来说明会更具有说服力。以某公司一段时期内产品的销售量和该期间产品的利润总额作为分析的样本数据，在 Excel 中，可以使用"回归"分析工具来解决这一问题。"回归"分析工具通过对样本数据的观察使用"最小二乘法"直线拟合来执行线性回归分析，观察出利润总额如何受销售量的影响。请打开实例文件"销量与利润样本数据.xlsx"。

19.4.1　加载分析工具

同其他版本的 Excel 一样，在使用数据分析工具之前需要先加载，因此在使用回归分析工具之前，需要先加载分析工具。Excel 2016 需要在"Excel 选项"对话框中完成分析工具的加载，具体方法如下。

1.　打开"Excel 选项"对话框，单击"加载项"标签，在"加载项"列表中选择"分析工具库"选项，如图 19-44 所示。

图19-44　选择加载项

2. 此时在"文档相关加载项"区域会显示当前选择的加载项，单击"转到"按钮，如图 19-45 所示。

3. 随后弹出"加载项"对话框，在"可用加载宏"列表中勾选"分析工具库"复选框，然后单击"确定"按钮，如图 19-46 所示。

图19-45　单击"转到"按钮

图19-46　勾选"分析工具库"复选框

4. 随后 Excel 2016 的"数据"选项卡的最右侧会新增加一个"分析"组，并在该组中显示"数据分析"按钮，如图 19-47 所示。

图19-47　显示"分析"组

19.4.2　使用"回归工具"进行预测

完成数据分析工具的加载后，接下来就可以使用具体的数据分析工具开始数据的分析了。

1. 在"数据"选项卡的"分析"组中单击"数据分析"按钮，如图 19-48 所示。

图19-48　单击"数据分析"按钮

2. 在"数据分析"对话框的"分析工具"组中选择"回归"分析工具，然后单击"确定"按钮，如图 19-49 所示。

3. 随后打开"回归"对话框，设置"Y 值输入区域"和"X 值输入区域"分别为单元格区域 C3: C8 和 B3: B8，设置"输出区域"为单元格 B11，勾选"置信度"复选框，保留默认的值为 95%；勾选"标准残差"和"线性拟合图"复选框，勾选"正态概率图"复选框，最后单击"确定"按钮，如图 19-50 所示。

图19-49　选择分析工具

图19-50　"回归"参数设置

4. 随后，回归工具分析结果如图 19-51 所示，该结果包含上一步中设置的标准残差、线性拟合图、正态概率图，以及回归统计值、方差分析值、百分比排位等。

SUMMARY OUTPUT					
回归统计					
Multiple R	0.87081849				
R Square	0.758324843				
Adjusted R Squar	0.697906053				
标准误差	25.60080655				
观测值	6				

方差分析					
	df	SS	MS	F	gnificance F
回归分析	1	8226.035	8226.035	12.55114	0.023954
残差	4	2621.605	655.4013		
总计	5	10847.64			

	Coefficients	标准误差	t Stat	P-value	Lower 95%	Upper 95%	下限 95.0%	上限 95.0%
Intercept	230.6327543	50.01078	4.611661	0.009943	91.78057	369.4849	91.78057	369.4849
X Variable 1	0.743621941	0.209899	3.542759	0.023954	0.160849	1.326395	0.160849	1.326395

RESIDUAL OUTPUT				PROBABILITY OUTPUT	
观测值	预测 Y	残差	标准残差	百分比排位	Y
1	347.3813991	12.9986	0.567673	8.333333	360.38
2	371.9209232	3.079077	0.134469	25	375
3	394.2295814	-6.22958	-0.27206	41.66667	388
4	416.5382397	-26.5382	-1.15897	58.33333	390
5	439.5905199	-19.5905	-0.85555	75	420
6	453.7193367	36.28066	1.584443	91.66667	490

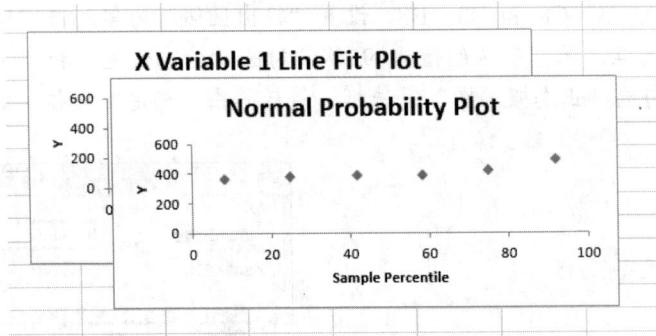

图19-51　回归分析返回结果

在 Excel 中，分析工具库等工具是通过加载宏的形式加载到系统中的，但是这样一来也存在一些安全隐患，因为一些常见的病毒，如宏病毒就可能会被允许执行而破坏计算机的中文件和数据。在 Excel 2016 中，用户可以对加载项的安全性进行设置，要求受信任的发布者签署应用程序加载项，操作方法如下。

1. 打开 "Excel 选项" 对话框，单击 "信任中心" 标签，单击 "信任中心设置" 按钮，如图 19-52 所示。

图19-52　单击"信任中心设置"按钮

2. 随后打开"信任中心"对话框，单击"加载项"标签，勾选"要求受信任的发布者签署应用程序加载项"复选框，最后单击"确定"按钮，如图 19-53 所示。

图19-53　加载项设置

这样，加载项安全性的设置就完成了。

第20章　网络化财务管理

　　财务管理的过程实质上是一个处理财务信息的过程，信息是网络经济条件下财务管理的基础，财务管理中信息处理的正确、及时及财务人员具有的信息处理能力决定着财务管理的能力和效率。因此，网络经济直接引发了新的竞争，以及对财务管理崭新的需求——网络化财务管理。所谓网络化财务管理系统，是在已实现的会计信息系统的基础上具有互联网功能的财务管理支持系统。互联网的出现使得网络化财务管理成为可能。企业可以综合运用各种现代化的计算机和网络技术手段，以整合实现企业电子商务为目标，开发能够提供互联网环境下财务管理模式、财务工作方式及其各项功能的财务管理软件系统，该系统应包括会计核算的网络化、财务控制的网络化、财务决策的网络化三部分。采用网络化财务管理，将会提高财务数据处理的适时性，减少中层管理人员，使最高决策层与基层人员直接联系，管理决策人员可以根据需求进行虚拟决算，实时跟踪市场情况的变化，迅速做出决策。本章我们将介绍利用 Excel 2016 进行网络化财务管理的工具：局域网资源共享和远程协同办公，并在20.3 节中详细介绍如何共享已经编辑好的财务报表。

20.1　局域网与共享资源基本定义

　　局域网是计算机与计算机相互连接并具有独立通信和数据传输的网络，分布在较小的地理范围内。建立局域网可带来巨大收益，可共享光驱、打印机、Modem、系统资源、数据库资源；能实现办公自动化和无纸化办公；可以实现局域网和外部互联网的连接，实现远程办公。局域网通常建立在计算机较集中的政府部门、学校、研究所、大中小型企业、家庭、服务型单位等。

　　网络连接后，就可以实现资源共享。比如，办公室里有若干台计算机，只有一台打印机与其中一台计算机相连，这样就只有这台计算机才能使用打印机功能，假如将办公室里的这些计算机连接成局域网，并将该打印机共享，这样办公室里的每台计算机就都能使用打印功能。再比如，半成品车间和成品车间的数据共享等。即可以被一个以上任务使用的资源叫做共享资源。只有资源共享，优势互补，才能达成共赢。21 世纪不再只求一己之力，而是在双赢中让更多的人团结起来，创造更多的财富及价值。但是为了防止数据被破坏，每个任务在与共享资源打交道时，必须独占该资源。

20.1.1　在 Excel 2016 中使用共享工作簿进行协作

　　财务与业务协同强调的是财务与业务进行协调、协作，推动企业经营管理优化提升，实现 1+1>2 的整体效应。财务与业务协同是不同应用系统之间、不同数据资源之间、不同终端设备之间、不同应用情景之间、人与机器之间，乃至人与人之间的协同，它是一种贯穿于生产经营过程中的管理理念，更是一种团队协作的精神，它将使财务管理先进思想内化为企业经营管理核心理念，发挥财务与业务协作效应。在生活中，很多任务并非我们一个人可以完成，大多数情况下我们都需要和同事进行合作，但是财务工作的交接和编辑通常比较烦琐和复杂，在局域网中如何使用共享工作簿进行协作？

下面以"明厦公司工资核定表.xlsx"为例详细介绍，具体操作步骤如下。

1. 打开"明厦公司工资核定表.xlsx"，切换至"审阅"选择卡，单击"更改"组中的"共享工作簿"按钮，如图 20-1 所示。

2. 在"共享工作簿"中，切换到"编辑"选项卡，在其窗口中勾选"允许多用户同时编辑，同时允许工作簿合并"复选框，单击"确定"按钮，如图 20-2 所示。

图20-1 选择"共享工作簿"

图20-2 设置共享工作簿

3. 这时会在 Excel 窗口标题栏中看到"共享"字样，如图 20-3 所示。

图20-3 显示"共享"字样

4. 在"共享工作簿"中，再次单击"更改"组中的"共享工作簿"按钮，在其窗口中取消勾选"允许多用户同时编辑，同时允许工作簿合并"可以取消共享工作簿，如图 20-4 所示。

图20-4　取消共享工作簿

20.1.2　在 Excel 2016 中使用共享文件夹进行协作

单位的电脑搭建成局域网后，要在主服务器上设置共享文件夹，具体步骤如下。

1. 在桌面上新建一个文件夹，并命名为"报名表"，右键单击后在快捷菜单中选择"属性"命令，如图 20-5 所示。

2. 随即打开"报名表属性"对话框，如图 20-6 所示。

图20-5　选择"属性"命令

图20-6　"报名表属性"对话框

3. 在弹出的对话框中，切换到"共享"选项卡，单击"网络文件和文件夹共享"列表下的"共享"按钮,如图 20-7 所示。

图20-7 单击"共享"按钮

4. 随即弹出"文件共享"对话框,单击右侧的下拉箭头,选择"Everyone"用户,如图 20-8 所示。

图20-8 选择用户

5. 随后单击"添加"按钮添加此用户,如图 20-9 所示。

图20-9　单击"添加"按钮

6.　添加成功后，可以单击用户右侧的箭头，修改权限，将权限改为"读/写"，
　　如图 20-10 所示。

图20-10　修改文档权限

7.　单击"共享"按钮，如图 20-11 所示，在"文件共享"对话框中即可显示信息
　　"您的文件已共享"，最后单击"完成"按钮即可，如图 20-12 所示。

图20-11　单击"共享"按钮

图20-12　文件已共享

20.2　远程协同办公

在使用笔记本电脑、平板电脑等移动设备进行办公时，除了可以使用本机的办公软件外，我们还可以充分利用移动设备和在线办公平台实现远程协同办公。远程协同办公可以利用互联网实现不同地点多个用户的数据共享。这样既克服了办公在距离上的缺点，也克服了缺乏正式办公场所的缺点，对工作人员来说，利用移动设备办公节省了大量的时间，那么，怎么实现远程协同办公呢？我们将在下面两个小节中具体介绍。

20.2.1　将财务数据发送到对方邮箱

如果我们要将财务数据页面直接发送到对方邮箱，我们需要怎么做呢？具体操作步骤如下。

1. 打开需要分享的财务数据"明尚公司会计报表.xlsx"工作薄,单击"文件"选项卡,在右侧导航栏中选择"共享"选项,随即弹出"共享"对话框,然后选择"共享"的方式为"电子邮件",随即在子列表选项中选择"作为附件发送"选项,如图 20-13 所示。

图20-13 选择"电子邮件"形式

2. 随即弹出"明尚公司会计报表.xlsx-邮件(HTML)"页面,即"会计报表.xlsx"将通过邮件的形式被分享,如图 20-14 所示。

图20-14 邮件发送页面

3. 在"收件人"选项卡右侧的文本框中输入邮箱号,最后单击"发送"按钮即可发送邮件，如图 20-15 所示。

图20-15　输入邮箱并发送

4. 除了可以在"收件人"文本框中输入邮箱号，还可以在"邮件"选项卡下的
"姓名"组中通过"通讯簿"查找收件人邮箱账号，如图 20-16 所示。

图20-16　选择"通讯簿"选项

5. 选择"通讯簿"选项后，随即弹出"选择姓名"对话框，在"搜索"框上方
可以单击"仅名称"按钮，也可以单击"更多列"按钮，如图 20-17 所示，然
后在"搜索"文本框中输入需要搜索的邮箱账号，单击"确定"按钮即可成
功添加收件人。

图20-17 在"搜索"文本框中搜索邮箱账号

20.2.2 将财务数据保存到 Web 网页

如果其他工作人员没有在办公设备上安装类似于 Office 这种专门用于办公的软件，当他们查看你发送给他们的 Office 文件时就会出现麻烦，所以我们在将文件发送给他人之前，可以先将所要发送的文件保存到 Web 网页。保存完成后的 Web 网页在链接网络的环境下随时都可以打开，那么怎样将具体的文件保存到 Web 网页中呢？

下面我们以 Excel 电子表格文件类型为例，具体讲解一下怎样将财务数据保存到 Web 网页，具体步骤如下。

1. 打开实例文件"明厦公司工资核定表.xlsx"，单击"文件"选项卡，在弹出页面的右侧导航栏中选择"另存为"选项，然后在弹出的"另存为"对话框中选择存储的位置为"这台电脑"，如图 20-18 所示。

图20-18 选择"另存为"位置

2. 随即打开"另存为"对话框，选择保存的位置为"桌面"，在"保存类型"下拉列表中选择"网页"类型，并在"文件名"文本框中输入"工资核定表完善"，在"保存"选项处选择"选择：工作表"选项，然后单击"保存"按钮，如图 20-19 所示。

图20-19 设置"另存为"对话框

3. 单击"保存"按钮后，随即弹出"发布为网页"对话框，然后单击"发布"按钮，返回"另存为"对话框，最后关闭"另存为"对话框，即可将财务数据保存到 Web 网页，如图 20-20 所示。

图20-20 单击"发布"按钮

4. 返回桌面，我们就可以找到所保存的 Web 网页快捷方式，如图 20-21 所示。

图20-21　查看保存的网页文件

5.　选中文件，单击鼠标右键，在弹出的快捷菜单中选择"打开方式" / "Internet
　　Explorer"，如图 20-22 所示。

图20-22　选择打开方式

6.　随即便可打开保存的财务数据，如图 20-23 所示。

图20-23　在网页中查看表格项目标题

20.3　共享财务报表

在本章的 2.1 节中我们已经详细介绍了共享工作簿的方法，下面我们将针对已经编辑好的工作簿，进一步进行操作，具体包括：保护并共享工作簿，修订或拒绝工作簿的修订。

20.3.1　保护并共享工作簿

1.　打开"明尚公司会计报表.xlsx"，切换至"审阅"选项卡，单击"更改"组中的"保护并共享工作簿"按钮，如图 20-24 所示。

图20-24　单击"保护并共享工作簿"按钮

2.　随后在弹出的"保护共享工作簿"对话框，勾选"以跟踪修订方式共享"复选框，并设置保护密码，然后单击"确定"按钮，如图 20-25 所示。

图20-25　设置"保护共享工作簿"

3.　随即弹出"确认密码"对话框，在文本框中重新输入密码，然后单击"确定"按钮，如图 20-26 所示，之后便会弹出"Microsoft Excel"提示框，单击"确定"按钮即可，如图 20-27 所示，共享成功后的效果如图 20-28 所示。

图20-26　再次输入密码

图20-27　单击"确定"按钮

图20-28　保护并共享工作簿

20.3.2　突出显示修订

使用修订可以在每次保存工作簿时记录工作簿修订的详细信息。此修订记录可帮助我们标识对工作簿中的数据所做的任何修订，几个用户编辑一个工作簿时修订特别有用。

1. 切换到"审阅"选项卡，单击"更改"组中的"修订"下三角按钮，在展开的列表中选择"突出显示修订"选项，如图 20-29 所示。

图20-29　选择"突出显示修订"选项

2. 在弹出的"突出显示修订"对话框中，勾选"时间"选项，单击右侧的下三角按钮，在展开的下拉列表中选择"全部"选项，然后单击"确定"按钮，如图 20-30 所示，文件中以不同颜色标记了不同用户的修订，如图 20-31 所示。

图20-30　设置"突出显示修订"选项

图20-31　标记修订

20.3.3　接受或拒绝工作簿的修订

共享工作簿被修改后，用户在审阅表格时可以选择接受或拒绝他人修改的数据信息。具体操作如下。

1. 切换到"审阅"选项卡，单击"更改"组中的"修订"下三角按钮，在展开的列表中选择"接受/拒绝修订"选项，如图 20-32 所示。

图20-32　选择"接受/拒绝修订"选项

2. 在弹出的"接受或拒绝修订"对话框中，勾选"时间"选项，单击右侧的下三角按钮，选择"2016/10/25"选项，勾选"修订人"选项，选择"每个人"，选择"位置"为 A1:D24，然后单击"确定"按钮，如图 20-33 所示。

图20-33　设置"时间"修订选项

3. 随即弹出"接受或拒绝修订"对话框，在此显示出所有用户对文档做出的修订。这里单击"全部接受"按钮，表示接受所有用户对文档做出的修改，如图 20-34 所示。

图20-34　选择"全部接受"

4. 返回工作表中，即可发现被修改单元格的蓝色边框和左上角的小三角形（即下图红色箭头位置）都已消失，如图 20-35 所示。

图20-35　接受修订效果图

5. 如果在步骤 3 中单击"拒绝"按钮，工作表便会返回未修改状态，如图 20-36 所示。

图20-36 拒绝修改效果

第21章 工作表的打印

在日常的工作中，我们通常通过手机或电脑等设备对需要整理或已经整理好的工作表进行提前预览或进一步操作，但最后我们都需要将其打印出来给自己看或交给上级领导查看。当今职场，Excel 以其无语伦比的生产力，牢牢地占据了各个公司的电脑。当你用 Excel 做了无论是精美的表格还是简单的数据记录，都需要打印出来与人分享。本章我们将具体介绍如何利用 2016 版 Excel 打印各种工作表，包括会计凭证、工资条和会计报表。

21.1 打印会计凭证

会计人员经常需要打印会计凭证，将其作为记账依据的书面说明进行存档，并定期将会计凭证装订成册，严格按照会计制度的有关规定进行保管。在打印前我们先对会计凭证的页面进行设置，具体操作步骤如下。

21.1.1 会计凭证的页面设置

在打印会计凭证前首先需要对其页面进行设置，具体操作步骤如下。

1. 打开实例文件"银行存款日记账.xlsx"，在主页功能区切换到"页面布局"选项卡，单击"页面设置"组中的"其他页面设置"按钮，如图 21-1 所示。

图21-1 单击"其他页面设置"按钮

2. 随即弹出"页面设置"对话框，切换到"页面"选项卡，在"方向"组合框中选择"横向"单选按钮，其他选项保持默认设置，然后单击"打印预览"按钮，如图 21-2 所示。

图21-2　选择横向

3. 随后便可以在弹出的窗口中预览打印效果，此时看到会计凭证未能在 1 页中完整地显示出来，如图 21-3 所示。

图21-3　预览打印效果

4. 单击"返回"按钮返回工作表页面，再次打开"页面设置"对话框，切换到

491

"页面"选项卡,然后在"缩放"组合框中选中"调整为"单选按钮,在其右侧的微调框中均选择"1",即调整为"1"页宽"1"页高,然后单击"打印预览"按钮查看打印预览窗口,如图 21-4 所示。

图21-4 调整缩放比例

5. 此时系统会自动对记账凭证进行调整,使其在 1 页中完整地显示出来,如图 21-5 所示。

图21-5 预览打印效果

6. 再次返回工作表页面,单击"页面设置"按钮,切换到"页面"选项卡,在

"缩放"组合框中，可以调整页面的缩放比例，我们调整缩放比例为 105%，然后单击"打印预览"按钮，如图 21-6 所示。

图21-6　放大比例

7. 放大比例预览图如图 21-7 所示。

图21-7　放大比例预览效果

8. 再次打开"页面设置"对话框，切换到"页面"选项卡，再次选择"调整为"单选按钮，在其右侧的微调框中均选择"1"，即调整为"1"页宽"1"页高，即可将打印预览的比例缩放到放大前的比例，然后单击"打印预览"按钮进行预览，此时可以看到最后一列的边框显示完整了，效果如图 21-8 所示。

银行存款　日　记　账

| 2016 年 | | 凭证 号数 | 结算方式 | | 摘　要 | 借　方 | √ | 贷　方 | 借或贷 | 余　额 |
月	日		类	号码						
10		1			期初余额				借	55483.40
10		2 记1	转支	2013	缴税			2500.00	借	52983.40
10		5 记3	电汇		购买原材料维修配件			6000.00	借	46983.40
10		5 记7			支付汇款手续费			5.70	借	46977.70
10		7 记15	转支	2014	缴税			15000.00	借	31977.70
10		8 记16	转支	2015	缴税			3000.00	借	28977.70
		20 记18			存现	200000.00			借	228977.70
		22 记19			存现	50000.00			借	278977.70
		24 记21	电汇		支付货款			78000.00	借	200977.70
		28 记22	转支	2015	缴税			15000.00	借	185977.70
		30							借	

图21-8　更改为原来的缩放比例

21.1.2　打印会计凭证

对会计凭证的页面进行设置并预览设置效果后，如果对设置的效果满意就可以打印了。

1. 打开"记账凭证.xlsx"工作簿，打开"页面设置"对话框，切换到"页面"选项卡，单击"打印"按钮，如图 21-9 所示。

图21-9　单击"打印"按钮

2. 随即弹出"打印"对话框，在"打印份数"微调框中设置打印份数为"1"，选择"打印机"类型为电脑安装的打印机，这里为"Snagit 12"，并设置打印区域为"仅打印活动工作表"，如图 21-10 所示。

图21-10 进行打印设置

3. 设置完成后，单击"打印"按钮即可开始打印活动的工作表。

此外，我们还可以设置打印机的属性，下面具体来操作一下。

1. 在"打印机"选择框下方单击"打印机属性"按钮，打开当前所选打印机的文档属性对话框，切换到"布局"选项卡，在"方向"下拉列表中选择"横向"，设置"页序"为"从前往后"，在"页面格式"组合框中设置"每张纸打印的页数"为"1"，如图 21-11 所。

2. 切换到"纸张/质量"选项卡，在"纸盒选择"中将"纸张来源"设置为"自动选择"，选择打印"颜色"为"黑白"，随后单击"确定"按钮，即可完成设置，如图 21-12 所示。

图21-11 设置布局

图21-12 设置"纸张/质量"

21.2　打印会计报表

每月月底，企业不分规模的大小、盈利的多少，都要求企业的财务人员提供相应的会计报表，因此会计人员需要将会计报表打印出来提交给相关人员。

21.2.1　会计报表的页面设置

在打印会计报表之前，首先要分别对资产负债表、利润表和现金流量表等进行页面设置。

一、资产负债表的页面设置

对资产负债表进行页面设置的具体步骤如下。

1. 打开"明尚公司会计报表.xlsx"工作簿，切换到"资产负债表"工作表，切换到"页面布局"选项卡，单击"页面设置"组中的"其他页面设置"按钮，如图 21-13 所示。

图21-13　单击"其他页面设置"按钮

2. 随即弹出"页面设置"对话框，切换到"页面"选项卡，在"方向"组合框中选中"横向"单选按钮，然后在"缩放"组合框中选中"调整为"单选按钮，其他选项保持默认设置，如图 21-14 所示。

3. 切换到"页边距"选项卡，在"居中方式"组合框中选中"水平"复选框，如图 21-15 所示。

图21-14 设置"页面"

图21-15 设置居中方式

4. 切换到"页眉/页脚"选项卡,在"页眉"下拉列表中选择"资产负债表"选项,然后单击"自定义页眉"按钮,如图 21-16 所示。

5. 随即弹出"页眉"对话框,此时"中"文本框中显示出"&[标签名]"字样,选中该文本,然后单击"格式文本"按钮,如图 21-17 所示。

图21-16 单击"自定义页眉"按钮

图21-17 选择"格式文本"

6. 随即弹出"字体"对话框,从中设置字体格式,这里我们将"字体"设置为"华文隶书","字形"设置为"加粗",字号大小设置为"12"号,单击"确定"按钮返回"页眉"对话框,如图 21-18 所示。

7. 此时,"中"文本框中文本的字体已经发生了变化,单击"确定"按钮,返回"页面设置"对话框,如图 21-19 所示。

图21-18 设置字体格式

图21-19 单击"确定"按钮

8. 此时即可在页眉预览框中预览页眉的设置效果，如图 21-20 所示。

9. 在"页脚"下拉列表中选择"第 1 页，共 ? 页"选项，随即页脚预览框中显示出设置的预览效果，如图 21-21 所示。

图21-20 预览页眉

图21-21 设置"页脚"

10. 切换到"工作表"选项卡，在"打印区域"文本框中输入"A1:H37"，然后单击"打印预览"按钮，如图 21-22 所示。

11. 随即在弹出的窗口中可以预览打印效果，如图 21-23 所示。

图21-22　设置打印区域

图21-23　预览打印效果

二、利润表的页面设置

1. 打开"明尚公司会计报表.xlsx"工作簿，切换到"利润表"工作表，功能区切换到"页面布局"选项卡，单击"页面设置"组中的"其他页面设置"按钮，如图 21-24 示。

图21-24　单击"其他页面设置"按钮

2. 随即打开"页面设置"对话框，切换到"工作表"选项卡，选择"打印区域"为"A1:D24"，然后单击"打印预览"按钮，如图 21-25 所示。

3. 随即可在弹出的窗口中预览打印效果，如图 21-26 所示。

图21-25　选择打印区域

图21-26　预览打印图效果

4. 在打印预览页面单击"页面设置"按钮，弹出"页面设置"对话框，切换到 "页边距"选项卡，在"上"和"下"微调框中均输入"3"，如图 21-27 所 示。

5. 切换到"页眉/页脚"选项卡，单击"自定义页眉"按钮，如图 21-28 所示。

图21-27　设置上下页边距

图21-28　选择"自定义页眉"

6. 随即弹出"页眉"对话框，将鼠标指针定位在"右"文本框中，然后单击

"插入数据表名称"按钮，此时，"右"文本框中显示出"&[标签名]"字样，单击"确定"按钮，返回"页眉"对话框，如图21-29所示。

图21-29　插入数据表名称

7. 单击"自定义页脚"按钮，弹出"页脚"对话框，在"右"文本框中输入"第页"，然后将鼠标指针定位在"第"和"页"之间，单击"插入页码"按钮，此时在"右"文本框中显示出"第&[页码]页"字样，单击"确定"按钮，如图21-30所示。

图21-30　选择"插入页码"按钮

8. 随即返回"页面设置"对话框，此时可在页脚预览框中预览页脚的设置效果，如图21-31所示。

501

图21-31　页脚预览效果

9. 单击"确定"按钮，返回预览窗口预览打印效果，如图 21-32 所示，最后关闭
预览窗口即可。

图21-32　打印预览图

三、现金流量表的页面设置

1. 打开"明尚公司会计报表.xlsx"工作簿，切换到"现金流量表"工作表，单击
主页功能区的"文件"选项卡，在左侧导航栏中选择"打印"选项，打开
"打印"对话框，然后单击"页面设置"按钮，如图 21-33 所示。

图21-33 单击"页面设置"按钮

2. 随即弹出"页面设置"对话框，切换到"页边距"选项卡，然后在"居中方式"组合框中选中"水平"复选框，如图 21-34 所示。

图21-34 设置居中方式

3. 切换到"页眉/页脚"选项卡，单击"自定义页眉"按钮，随即弹出"页眉"对话框，系统会自动将鼠标指针定位在"左"文本框中，单击"插入图片"按钮，如图 21-35 所示。

图21-35　选择插入图片

4. 随即弹出"插入图片"对话框，在查找范围中选择图片的保存位置，然后在
列表框中选择要插入的图片，最后单击"插入"按钮，如图 21-36 所示。

图21-36　选择图片

5. 随后返回"页面"对话框，此时，"左"文本框中会显示"&[图片]"字样，
单击"设置图片格式"按钮，如图 21-37 所示。

图21-37　单击"设置图片格式"按钮

6. 随即弹出"设置图片格式"对话框，切换到"大小"选项卡，然后在"比例"组合框的"高度"微调框中输入"20%"，单击"确定"按钮，返回"页眉"对话框，如图 21-38 所示。

图21-38　设置高度比例

7. 单击"确定"按钮返回"页面设置"对话框，此时可在页眉预览框中预览页眉的设置效果，如图 21-39 所示，然后单击"确定"按钮返回预览窗口，预览打印效果如图 21-40 所示。

图21-39　预览页眉效果

图21-40　打印预览图

21.2.2　打印会计报表

因为资产负债表、利润表和现金流量表分别位于不同的工作表中，因此用户可以用前面介绍的方法分别打印这三个工作表，除此之外还可以一起打印这三个工作表，下面我们来学习一下具体的操作方法。

如果用户要打印工作簿中的多个工作表，可以同时选中多个工作表后再打印，此时多个工作表可分别打印在单独的页面上。打印会计报表的具体步骤如下。

1. 打开实例文件"明尚公司会计报表"，切换到"资产负债表"工作表，按住"Ctrl"键不放，依次单击工作表标签"利润表"和"现金流量表"，然后选择"文件"选项，在左侧导航栏中选择"打印"选项，打开"打印"对话框，随即可在弹出的"打印"窗口中预览打印效果，如图 21-41 所示。

图21-41　预览打印效果

2. 如果对预览的打印效果比较满意，可以在"打印"对话框的"设置"选项组中根据实际情况设置各个打印选项，设置完毕后即可打印选中的三个工作表。

21.3　打印"本期余额"图表

前面我们已经学习了如何打印会计凭证和工资条，接下来我们接着学习新的知识——打印"本期余额"图表，具体步骤如下。

1. 打开"明尚公司会计报表.xlsx"工作簿，切换到"利润表"工作表，选中该工作表中的"本期余额"图表，切换到"页面布局"选项卡，单击"页面设置"组中的"其他页面设置"按钮，如图 21-42 所示。

图21-42　单击"其他页面设置"按钮

2. 随即弹出"页面设置"对话框，切换到"页面"选项卡，将页面"方向"设置为"横向"，然后单击"打印预览"按钮，如图 21-43 所示。

图21-43　设置页面方向

3. 随即弹出"打印"对话框，此时系统会自动在"设置"选项中显示要打印的内容为"打印选定图表"，如图 21-44 所示。

图21-44　默认打印选项

4. 同时在弹出的"打印"对话框中可以预览打印效果，如图 21-45 所示，如果对预览的打印效果比较满意，便可以开始打印选中的图表。

图21-45　预览打印效果

21.4　打印整个工作簿

前面我们讲的知识都是打印工作簿中的单个或多个工作表，接下来我们就具体来讲解一下怎么打印整个工作簿。

1. 打开"明尚公司会计报表.xlsx"工作簿，单击"文件"选项卡，然后在左侧导航栏中选择"打印"选项，随即弹出"打印"对话框，在"设置"选项组选择打印的内容为"打印整个工作簿"，右侧为设置完成后的打印预览图，如图21-46所示。

图21-46　选择打印整个工作簿

2. 预览第3页和第4页的打印内容，发现表格被打印在两页上，如图21-47和图21-48所示。

图21-47　第3页预览图

图21-48 第4页预览图

3. 在打印预览页面单击"页面设置"按钮,打开"页面设置"对话框,切换到
"页面"选项卡,然后在"方向"组合框中单击"横向"单选按钮,将缩放
比例改为65%,如图 21-49 所示。

图21-49 设置页面方向和缩放比例

4. 切换到"页边距"选项卡,然后在"居中方式"组合框中选中"水平"和
"垂直"两个复选框,单击"确定"按钮返回预览窗口,如图 21-50 所示。

图21-50　设置居中方式

5.　此时，工作表已经被调整到一个页面上，如图 21-51 所示。

图21-51　调整页面效果图

6.　用户若对预览的效果比较满意，就可以单击打印页面的"打印"按钮对整个工作簿的内容进行打印，如图 21-52 所示。

图21-52　打印工作簿